Der Irrtum in der Religion

Der Irrtum in der Religion

Eine Einführung in die Phänomenologie des Irrtums

von Gustav Mensching

Eingeleitet und herausgegeben
von Hamid Reza Yousefi
und Klaus Fischer

mit einem Nachwort von
Udo Tworuschka

Verlag Traugott Bautz

Bibliografische Information Der Deutschen Bibliothek
Die Deutsche Bibliothek verzeichnet diese Publikation in der Deutschen
Nationalbibliografie; detaillierte bibliografische Daten sind im Internet über
http://dnb.ddb.de abrufbar.

© Verlag Traugott Bautz GmbH
99734 Nordhausen 2003
Alle Rechte vorbehalten
Dieses Werk einschließlich aller seiner Teile ist urheberrechtlich geschützt.
Jede Verwertung außerhalb der engen Grenzen des Urheberrechtsgesetzte
ist ohne Zustimmung des Verlages unzulässig und strafbar. Das gilt insbe
sondere für Vervielfältigung, Übersetzungen, Mikroverfilmungen und di
Einspeicherung und Verarbeitung in elektronischen Systemen.
Printed in Germany
ISBN 3-88309-119-7
http://www.bautz.de

Inhaltsverzeichnis

Einleitung der Herausgeber 9
  1. Leben und wissenschaftlicher Werdegang 13
  2. Methodische Entwicklung 15
      2. 1. Angewandtes Religionsverständnis 19
      2. 2. Angewandte Religionswissenschaft 21
      2. 3. Die Toleranzphänomenologie 24
          2. 3. 1. Der Dualismus von Wahrheit und Irrtum 29
          2. 3. 2. Zur Phänomenologie des Irrtums 35

Vorwort 41

1. Irrtum als religiöse Unrechts- und Unheils-
   bezeichnung 45
2. Irrtum als Fehlurteil einer Religion über
   Fremdreligionen 55
3. Objektiver Irrtum in den Vorstellungen
   der Religionen voneinander 65
4. Irrtümliche Wunderdeutungen 75
5. Aberglaube als beweisbarer Irrtum 91
6. Religiöser Betrug als beabsichtigter Irrtum 107
7. Irrtümer in der Deutung kultischer Traditionen 123
8. Irrtümliche Schriftbeweise 137
9. Irrtümliche Welterklärungen 153
10. Sprachliche Irrtümer in den Religionen 165

Inhaltsverzeichnis

11. Irrtümliche religiöse Zukunftserwartungen 179
12. Religiöse Vorurteile als unheilvolle Irrtümer 189

Nachwort 219

Herausgeber und Autoren 225
Namensverzeichnis 227

Zitate zum Werk Gustav Menschings sind mit folgenden Siglen notiert

FdT *Die Forderung des Tages,* in: Sonntagsfeier, Nr. 18, 1920 (209-210).

VIF *Vom Idealismus der Freundschaft,* in: Sonntagsfeier, Nr. 18, 1920 (242-243).

DRU *Das religiöse Urteil.* Ein Beitrag zur Wesensfrage, in: Sozialistische Monatshefte, 28. Jg., Bd. 58, Berlin 1922 (520-521).

GDR *Geschichte der Religionswissenschaft,* Bonn 1948.

VRWb *Vergleichende Religionswissenschaft* (1938), 2. neubearbeitete Aufl., Heidelberg 1949.

WAW *Wahrheit als Wirklichkeit.* Eine religionswissenschaftliche Betrachtung, in: Deutsche Universitätszeitung, 9. Jg. 1954 (6-8).

RuR *Religion und Religionen,* in: Das große Bildungswerk. Ein Handbuch zum Selbststudium. Geisteswissenschaften, Bd. 2, hrsg. v. Theodor Richter, Braunschweig 1955 (129-194).

BWT *Die Bedeutung einer Welt-Universität als Pflegestätte religiöser Toleranz,* Stuttgart 1955.

RES *Die Religion.* Erscheinungsformen, Strukturtypen und Lebensgesetze, Stuttgart 1959.

TWRb *Toleranz und Wahrheit in der Religion* (1955), 2. überarbeitete Auflage, Hamburg 1966.

SDR *Soziologie der Religion* (1947), 2. neubearbeitete und erweiterte Auflage, Bonn 1968.

TUW *Toleranz und Wahrheit in der Religion,* in: Morgenröte, 52. Jg. 1970 (8-18).

Siglenverzeichnis

ROR *Rudolf Otto und die Religionsgeschichte*, in: Ernst Benz, Rudolf Ottos Bedeutung für die Religionswissenschaft und die Theologie heute, 1971 (49-69).

DWRa *Die Weltreligionen*, Darmstadt 1972.

ZIL *Kritische Anfragen zu Dietrich Zilleßen*, in: Thema Weltreligionen. Ein Diskussions- und Arbeitsbuch für Religionspädagogen und Religionswissenschaftler, hrsg. v. Udo Tworuschka u. a., München 1977 (19-22).

TWRc *Toleranz und Wahrheit in der Religion* (1955/1966), neu hrsg. mit einer Einleitung und ‚Einige kritische Bemerkungen zum Text' von Udo Tworuschka, Jena ³1996.

RSP *Religionsphilosophie* (1928), in: Aufsätze und Vorträge zur Toleranz- und Wahrheitskonzeption (Bausteine zur Mensching-Forschung, hrsg. v. Hamid Reza Yousefi, Ina Braun, Klaus Fischer und Udo Tworuschka), Bd. 2, Würzburg 2002 (53-92).

WUW *Wahrheit und Wahrheitsanspruch im Christentum* (1953), in: Aufsätze und Vorträge zur Toleranz- und Wahrheitskonzeption (Bausteine zur Mensching-Forschung), Bd. 2, Würzburg 2002 (169-219).

IAW *Idee und Aufgabe der Weltuniversität* (1962), in: Aufsätze und Vorträge zur Toleranz- und Wahrheitskonzeption (Bausteine zur Mensching-Forschung), Bd. 2, Würzburg 2002 (283-292).

DUL *Duldsamkeit* (1929), in: Aufsätze und Vorträge zur Toleranz- und Wahrheitskonzeption (Bausteine zur Mensching-Forschung), Bd. 2, Würzburg 2002 (95-98).

Einleitung der Herausgeber

Die Begriffe ‚Wahrheit' und ‚Irrtum' spielen nicht nur im Alltagsleben, sondern auch in den Wissenschaften, in der Philosophie und in der Theologie eine prominente Rolle. Während im Alltag und zumeist auch in den Wissenschaften eine naive Verwendung dieser Begriffe vorherrscht, versucht die Philosophie zu ergründen,

a) wann wir von ‚Wahrheit' und ‚Irrtum' reden *sollten*, d.h., was wir legitimerweise unter ‚Wahrheit' oder ‚Irrtum' zu verstehen haben;

b) was wir zum Ausdruck bringen *wollen* oder *können*, wenn wir die Begriffe ‚Wahrheit' und ‚Irrtum' verwenden;

c) was als Bereich möglicher oder akzeptabler *Rechtfertigungen* angegeben werden kann, wenn wir eine Behauptung als ‚wahr' oder ‚falsch' kennzeichnen, und

d) wie sich der unter c angegebene Bereich verschiebt, wenn sich der Kontext, innerhalb dessen eine Behauptung aufgestellt wird, verändert.

Die erste Frage ist die nach einer Norm, bzw. einem Maßstab, die zweite verlangt nach einer Beschreibung, bzw. einer Explikation, die dritte erfordert eine logische Analyse argumentativer Zusammenhänge zwischen vorliegenden Sätzen, die im Anschluß an die vierte Frage ihrerseits auf eine Stützung innerhalb nichtlogischer Kontexte (Handlungs- und Kommunikationszusammenhänge, Laborsituationen, Wahrnehmungsevidenzen, Messungen usw.) analysiert werden können. Die für die genannten Fragen zuständigen Disziplinen sind Erkenntnistheorie, analytische Philosophie bzw. Sprachanalyse, epistemische Logik und Wissenssoziologie.

Bei dieser Art der Betrachtung bleibt der gesamte Bereich der Ethik ausgeblendet. Von einer normativen Aussage, also einer Vorschrift, einem Gesetz, einer Handlungsanweisung oder einer ethischen Bewertung zu sagen, sie seien ‚wahr' oder ‚falsch', wäre ein simpler Kategorienfehler. Normative Sätze sind nicht wahrheitsfähig, da sie sich auf ein Sollen und nicht

Der Irrtum in der Religion
Eine Einführung in die Phänomenologie des Irrtums

auf ein Sein beziehen. Sie können allerdings – vor dem Hintergrund einer akzeptierten Regel, eines akzeptierten Normenkanons oder einer vorausgesetzten Ethik – einen bedingten Anspruch auf Gültigkeit oder Richtigkeit erheben.

Es gibt aber auch im Bereich der Ethik eine Klasse von Sätzen, denen man Wahrheit oder Falschheit zugestehen muß. Dies sind zum Beispiel Sätze, die ihrerseits Aussagen über ethische Systeme oder Normen machen, logische Beziehungen zwischen normativen Sätzen analysieren oder die kausalen Konsequenzen ethisch geforderter Handlungen untersuchen. Behauptungen dieser Art werden von der Meta-Ethik, der deontischen (Sollens-) Logik und den Verhaltenswissenschaften aufgestellt.

Kann man den Wahrheitsbegriff und sein logisches Komplement legitimerweise auch auf religiöse Sätze anwenden? Von der Intention der Religionen her gesehen, ist diese Frage müßig. Jede Religion tritt mit dem Anspruch auf, gewisse Grenzfragen menschlichen Daseins in einer Weise zu beantworten, die existentiellen Bedürfnissen genügt und sie leistet dies unter anderem auch dadurch, daß sie in ihren Lehren sachhaltige Aussagen macht. Zuweilen wird sogar der Anspruch erhoben, über sicheres Wissen zu verfügen oder Sprachrohr einer überlegenen Erkenntnisquelle zu sein. Diffizil wird die Sachlage dann, wenn verschiedene Religionen kontradiktorische Sachaussagen mit dem Anspruch auf absolute Wahrheit vertreten.

Der prekäre Charakter religiöser Behauptungen zeigt sich darin, daß sich diese überlegene Erkenntnisquelle in der Regel nicht objektivieren oder validieren läßt. Dies bedeutet, daß die von den Religionen getroffenen Sachaussagen oft nicht in gleicher Weise intersubjektiv überprüfbar sind wie es die Sätze der Wissenschaft in der Regel sein sollten. Damit entfällt die Möglichkeit, Widersprüche zwischen den betreffenden Sachaussagen mit den Mitteln der Logik und der Empirie, also unter Rekurs auf prinzipiell intersubjektiv verfügbare Erkenntnisquellen, auszuräumen.

Diese Situation war in der Vergangenheit Quelle und Ursache unzähliger, teilweise mit friedlichen, teilweise mit kriegeri-

Einleitung der Herausgeber

schen Mitteln ausgetragener Dogmenkonflikte innerhalb, aber auch zwischen Religionen.

Gibt es eine Möglichkeit, das Problem bereits an der Basis zu bereinigen – oder es zumindest zu entschärfen? Der angewandt orientierte Religionswissenschaftler Gustav Mensching glaubt, daß dies in der Tat der Fall ist. In dem vorliegenden Buch führt er den Nachweis, daß sich viele Behauptungen, die innerhalb religiöser Kontexte aufgestellt wurden, auf intersubjektiv überprüfbare Sachaussagen zurückführen lassen, die von den dafür zuständigen Disziplinen – von der Geschichtswissenschaft bis zur Philologie – geklärt werden können. Dies zugestanden, bleibt allerdings noch ein Bestand an religiösen Behauptungen, der sich nicht auf diese Weise in intersubjektiv überprüfbare sachhaltige Aussagen umformen läßt. Oft sind es gerade diejenigen Behauptungen, auf die eine Religion ihren Anspruch auf Geltung gründet: Offenbarungen, Erweckungserlebnisse, göttliche Verkündungen von Regeln oder zu befolgender Rituale, göttliche Aufträge etc.

Mensching glaubt, daß der traditionelle aristotelische Wahrheitsbegriff, nach dem Wahrheit als *adaequatio rei et intellectus* zu begreifen ist, dem Charakter zumindest eines Teils dieser religiösen Aussagen nicht angemessen ist. Als individuelle Erfahrungen der Manifestation einer transzendenten Macht verstanden, für deren Erscheinungsformen es keine menschlichen Begriffe gibt, unterliegen die Ergebnisse solcher Begegnungen keinem intersubjektiven Kontrollverfahren, sondern können als ‚Erfahrungsdaten' nur hingenommen werden – freilich um den Preis, daß sie innerhalb unterschiedlicher religiöser Bezugssysteme in jeweils spezifischer Weise interpretiert werden können. Mensching plädiert dafür, solche Erfahrungen einer ‚numinosen Wirklichkeit' als unhintergehbar hinzunehmen und ihre Deutungen innerhalb religiöser Systeme eher als Metaphern denn als objektive Beschreibungen anzusehen.

Mit dieser Wendung steht im Prinzip ein Weg offen, unterschiedliche Interpretationen religiöser Grunderfahrungen insofern als miteinander vereinbar zu halten, als in ihnen inkommensurable Formen einer ‚Begegnung mit einer anderen

Der Irrtum in der Religion
Eine Einführung in die Phänomenologie des Irrtums

Wirklichkeit' vorliegen können. Die Wahrheitsbehauptung würde sich somit nicht mehr auf die von dieser Begegnung evozierten sprachlichen Interpretationen richten, sondern sich auf die Behauptung der Realität dieser anderen Wirklichkeit beschränken.

Es ist offen, ob mit diesen beiden Klassen von Sätzen der faktische Gehalt religiöser Lehrgebäude ausgeschöpft ist. Diese Frage kann hier nicht entschieden werden. Weder unter die erste noch unter die zweite Kategorie fallen die normativen Gehalte der Religionen. Will man die Reibungsflächen zwischen den Religionen entschärfen und Konfliktfelder im Sinne einer Förderung wechselseitiger Toleranz beseitigen, dann kann man sich sicherlich nicht auf die faktischen Behauptungen religiöser Lehren beschränken, sondern muß auch ihre verhaltenssteuernden Komponenten thematisieren. Man kann sogar vermuten, daß hier das vergleichsweise größere Problem liegt. Menschings Bewertung der verschiedenen Religionstypen und seine Argumentation hinsichtlich der negativen Folgen der Institutionalisierung religiöser Lehren vor allem in den prophetischen Religionen deuten darauf hin, daß er diese Einschätzung teilt.

Mensching ist ein Klassiker der Religionswissenschaft, ein bedeutender Vertreter der Religionswissenschaft des Verstehens, Friedens- und Konfliktforscher und Vater der Angewandten Religionswissenschaft, englisch ‚Applied Religious Science'.[1] Hier wird der Blick nur kurz auf biographische Daten zum Leben Menschings gelenkt und sein wissenschaftlicher Werdegang kursorisch dargestellt.[2] Zu vertiefen sind die methodische

---

[1] Vgl. Yousefi, Hamid Reza und Ina Braun: *Mensching, Gustav*, in: Biographisch-Bibliographisches Lexikon, Bd. 21, 2003 (976-1007), hier Sp. 976 u. 984 f.

[2] Zu Leben, Werk und Methode Menschings wird verwiesen auf: Yousefi, Hamid Reza und Ina Braun: *Gustav Mensching – Leben und Werk*. Ein Forschungsbericht zur Toleranzkonzeption (Bausteine zur Mensching-Forschung, hrsg. v. H. R. Yousefi, I. Braun, Klaus Fischer und U. Tworuschka), Bd. 1, Würzburg 2002; vgl. auch Braun, Ina und Yousefi, Hamid Reza: *Entstehung der Reihe ‚Bausteine zur Men-*

Entwicklung und das Religionsverständnis, da durch sie Menschings Ideen zur Angewandten Religionswissenschaft erst verständlich werden. Auch sind die Eckpfeiler der Angewandten Religionswissenschaft, die erstmals dargestellt wird, eingehender zu erläutern. Schließlich wird die Frage nach dem Irrtum in der Religion aufgegriffen. Sie hängt eng mit dem Wahrheits- und Absolutheitsanspruch der Religionen und den Gedanken zur Toleranz zusammen.

1. Leben und wissenschaftlicher Werdegang

Gustav Mensching wird am 06. Mai 1901 in Hannover geboren und verstirbt 1978 in Düren. Auf seine philosophische Bildung üben der Kulturphilosoph Theodor Lessing (1872-1933), Immanuel Kant (1724-1804) und die buddhistisch-hinduistische Geisteswelt mit Mahatma Gandhi (1869-1948) und dem indischen Dichter-Philosoph Rabindranath Tagore (1861-1941) großen Einfluß aus. In der Religionswissenschaft wird der systematische Theologe Rudolf Otto (1869-1937) Menschings wichtigster Lehrer. Er nimmt Ottos Beschreibung des Heiligen als irrationale Größe und dessen Ideen zum religiösen Menschheitsbund auf und führt sie mit seinem anwendungsorientierten Religionsverständnis weiter.

Mit der Lizentiatsarbeit ‚Das Heilige Schweigen' 1926 legt Mensching seine erste methodisch konzipierte Untersuchung vor. Er habilitiert sich 1927 in Religionsgeschichte. Im gleichen Jahr folgt er einem Ruf an die lettische Staatsuniversität Riga, wird dort planmäßiger Professor und Verwalter des Lehrstuhles für allgemeine Religionsgeschichte und erwirbt 1932 den Doktortitel. Nach einer Vertretung an der Universität Kiel wird Mensching 1936 in der Philosophischen Fakultät der Universität Bonn Professor für Vergleichende Religionsgeschichte in der

---

sching-Forschung', in: Neue Herausforderungen für den interreligiösen Dialog, Bd. 7, hrsg. v. Reinhard Kirste, Paul Schwarzenau und Udo Tworuschka, Balve 2002 (406-410). Gegenwärtig wird in Trier an einer vollständigen Biographie zu Mensching gearbeitet.

Der Irrtum in der Religion
Eine Einführung in die Phänomenologie des Irrtums

Funktion eines Lehrbeauftragten für Vergleichende Religionswissenschaft. Er übernimmt 1942 die Leitung des Religionswissenschaftlichen Seminars und hat sie bis 1970 inne. Nach dem Krieg wird Mensching vorübergehend die Lehrerlaubnis entzogen. Er wird 1947 rehabilitiert und nimmt 1948 seine Lehrtätigkeit wieder auf.[3] In der folgenden Zeit verfaßt er viele religionsphänomenologische Werke und betätigt sich als Herausgeber religionswissenschaftlicher Reihen. 1950 wird er mit der Wahrnehmung eines Ordinariats für Vergleichende Religionswissenschaft beauftragt. 1951 verleiht ihm die Universität Marburg die Ehrendoktorwürde als ‚Doktor für Religionswissenschaften'. 1955 wird er an der Universität Bonn zum ordentlichen Professor ernannt, 1964 erhält er einen ordentlichen Lehrstuhl für Vergleichende Religionswissenschaft. Diese Disziplin bildet zugleich die methodische Basis der Angewandten Religionswissenschaft. Nach seiner Emeritierung 1969 übernimmt Mensching die Vertretung seines Lehrstuhls, bis 1972 sein Schüler Hans-Joachim Klimkeit (1939-1999) seinen Platz einnimmt.

Mensching gehört zur Gründergeneration des ‚Bundes für Freies Christentum', ist Mitglied der ‚Humanistischen Union', bekleidet von 1967 bis 1972 das Amt des Ersten Vorsitzenden des ‚Deutschen Zweiges der internationalen Vereinigung für das Studium der Religionsgeschichte' (IAHR) und wird anschließend Ehrenvorsitzender. Auch wird er 1960 von dieser Instanz berufen, die Idee einer Weltuniversität zu konzipieren.

Hauptgegenstände der Forschung Menschings sind die Religionsphänomenologie, die Religionstypologie, die Religionssoziologie und die Toleranzphänomenologie. Sein komplexes und vielgestaltiges Schrifttum umfaßt ca. 650 Titel. Sein Werk läßt somit sechs thematische, aufeinander bezogene Schwerpunkte erkennen: Theologische Schriften in der Frühphase, religionstypologische, -phänomenologische und -soziologische Schriften in der Übergangsphase, Textsammlungen aus den heiligen Schriften und Werke zur Toleranzphänomenologie in

---

[3] Vgl. Yousefi, Hamid Reza und Ina Braun: *Gustav Mensching – Leben und Werk,* 2002 S. 55-78.

der Spätphase. Mit der Angewandten Religionswissenschaft gehört Mensching zu den ersten Vertretern der Idee eines interkulturellen Pluralismus und des Dialoges der Kulturen. So prägt er den Begriff ‚Inhaltliche Toleranz', welche die positive Anerkennung aller Religionen fordert. Auf der Basis dieser Toleranzhermeneutik verfolgt er das Ziel, Nationen und Religionen zu einem Dialog zusammenzuführen. In unermüdlichem Einsatz hält er zu diesem Thema Vorträge.

Nachfolger seiner Religionstypologie ist Menschings Schüler Karl Hoheisel in Bonn. Kritischer Weiterführer des Werkes Mensching ist sein letzter Schüler Udo Tworuschka in Jena. Weiterhin werden Menschings Ideen überwiegend in der Friedens- und Konfliktforschung und in der interkulturellen Philosophie weitergeführt.[4] Seine Denkart findet sich im Werk des Schweizer Konfliktforschers Richard Friedli. Dieser nimmt Menschings Begriff der Lebensmitte auf und hält dessen Toleranztypologie bei der Konfliktbewältigung und dem Dialog der Kulturen für unverzichtbar. Auch der Münchner Kulturwissenschaftler Ram Adhar Mall legt seiner ‚hermeneutischen Dialektik' die Idee der inhaltlichen Toleranz Menschings und die Gedanken zum Absolutheitsanspruch zugrunde und führt die Selbst- und Fremdhermeneutik weiter.

2. Methodische Entwicklung

In ‚Vergleichende Religionswissenschaft' 1938 grenzt Mensching die Religionswissenschaft von anderen Disziplinen ab. Von der Theologie und Religionsphilosophie als vorwiegend normativen Disziplinen trennt sie ihre primär analytisch-

---

[4] Vgl. Tworuschka, Udo: *Heilige Wege*. Die Reise zu Gott in den Religionen, Frankfurt am Main 2002; Friedli, Richard: *Frieden wagen*. Ein Beitrag der Religionen zur Gewaltanalyse und zur Friedensarbeit, Ökumenische Beihefte, Heft 14, Freiburg-Schweiz 1981; Mall, Ram Adhar: *Philosophie im Vergleich der Kulturen*. Interkulturelle Philosophie – eine neue Orientierung, Darmstadt 1995; *Der Hinduismus*. Seine Stellung in der Vielfalt der Religionen, Darmstadt 1997.

Der Irrtum in der Religion
Eine Einführung in die Phänomenologie des Irrtums

beschreibende Ausrichtung. Hinsichtlich des Sachgehalts religiöser Kernaussagen stellt sie nicht die Wahrheits-, sondern die Wesensfrage, d.h., sie fragt nicht nach dem Wahrheitswert religiöser Kernaussagen, sondern sie macht diese Aussagen zum Gegenstand anderer Wissenschaften. Von der traditionellen Religionswissenschaft trennt sie die phänomenologische Betrachtung des Heiligen. Mensching setzt sich auch mit Positivismus, Psychologismus und Reduktionismus kritisch auseinander und zieht eine Grenze zur Lebensphilosophie.

Menschings Werk zeigt starke Bezüge zur Philosophie. Er wendet sich der Aufklärung zu, lehnt aber eine daraus resultierende ‚religio naturalis' ab. Unter anderem studiert er die Vertreter einer rationalen Metaphysik wie Christian Wolff (1679-1754) und Gottfried Wilhelm Leibniz (1646-1716). Überwiegend beschäftigen ihn Kants Entwurf ‚Zum ewigen Frieden' und seine Ideen zu Freundschaft und Egoismus. Sie sind feste Bestandteile seiner Toleranzphänomenologie. Mensching setzt sich auch mit der Religionstypologie Georg Wilhelm Friedrich Hegels (1770-1831) auseinander, beschäftigt sich mit dem Begriff des ‚Verstehens' Wilhelm Diltheys (1833-1911) und der Phänomenologie Edmund Husserls (1859-1938). Beeinflußt ist er ebenfalls von Max Schelers (1874-1928) Ideen zum Heiligen. Auch führt er Karl Jaspers´ (1883-1969) Begriff der Gehäusefrömmigkeit in sein Werk ein.

Zu Menschings Hauptforschungsgebieten gehört zunächst die Vergleichende oder Systematische Religionswissenschaft. Sie erstrebt, durch Vergleich Strukturen, typische Ausdrucksweisen und Gesetzmäßigkeiten in der Entwicklung zu erkennen. Sie basiert auf den Forschungen der Allgemeinen und der Speziellen Religionsgeschichte, die sich auf eine Einzelreligion beschränken. Mensching vertritt seine Ergebnisse in öffentlichen Vorträgen, sondiert ihre praktischen Implikationen und erweitert ihre Bedeutung über den universitären Bannkreis hinaus.

Kernpunkt ist die phänomenologische Erforschung des ‚Heiligen' oder der numinosen Wirklichkeit, die in der ‚Lebensmitte' jeder Religion vorkommt.[5] Sie ist nach Mensching eine völlig eigene Wirklichkeit und wird, in der Tradition Ottos, als das ‚Ganz Andere' im Gegensatz zum Gewohnten, erfaßt. Nur durch die Berücksichtigung des Heiligen sieht Mensching »dem irrationalen Charakter des Forschungsobjektes der Religion Rechnung getragen.«[6] Die erlebnishafte Realität des Numinosen wird dabei hingenommen und nicht auf ihren Wahrheitsgehalt hin befragt. Es geht um den Umgang mit dem Irrationalen und nicht um dessen Akzeptanz. Damit legt Mensching den Grundstein für die gegenseitige Anerkennung der Religionen und für seine Forderung nach inhaltlicher Toleranz.

Methodisch steht Mensching in der Tradition des niederländischen Religionsphänomenologen Gerardus van der Leeuw (1890-1950). Er geht jedoch über dessen Arbeitsweise des ‚In-Beziehung-zueinander-Setzens' hinaus. Aus den bestehenden Ansätzen der deskriptiven und typologischen Religionsphänomenologie und der phänomenologischen Religionsforschung heraus entwickelt Mensching die beschreibende und verstehende Religionsphänomenologie, bzw. -typologie. Bei allen Phänomenen gilt es ihm, nach dem Sinn desjenigen zu fragen, was sich dem Religionswissenschaftler darbietet. Eine isolierte Betrachtung von Fakten oder die Bewertung von Religion als bloßem phänomenalen Kultgebrauch ist ihm nicht weiterführend. Hier setzt Menschings ‚Religionswissenschaft des Verstehens' ein. Vor ihm gaben Otto, Friedrich Heiler (1897-1967) und der schwedische Religionsforscher Nathan Söderblom (1866-1931) dieser Methode wichtige Impulse.

Die Arbeitsmethode Menschings umfaßt das ideologiekritische Erforschen, Verstehen und Darstellen der Religionen. Im

---

[5] Auf eine Auseinandersetzung mit dem Begriff des Heiligen wird hier grundsätzlich verzichtet. Hierzu ist eine systematische Untersuchung im Entstehen, die im ersten Halbjahr 2004 erscheinen wird. Eine Darstellung zum Begriff des Heiligen hat Wolfgang Gantke gegeben. Vgl. Gantke, Wolfgang: *Der umstrittene Begriff des Heiligen. Eine problemorientierte religionswissenschaftliche Untersuchung* (Religionswissenschaftliche Reihe Bd. 10), Marburg 1998.

[6] Vgl. GDR, 1948 S. 81.

Der Irrtum in der Religion
Eine Einführung in die Phänomenologie des Irrtums

vorliegenden Werk wendet Mensching diese Methode auf das Problem des Irrtums in den empirischen Religionen exemplarisch an. Kernbegriffe seiner Methode sind »Vergleichen und Verstehen.«[7] Beim Vergleichen ist vor voreiliger Identifizierung zu warnen, bei der das Wesen der Religionen in Gemeinsamkeiten vermutet wird oder Homologes als identisch bewertet wird. Andererseits darf keine voreilige Unterscheidung vorgenommen werden, der eine apologetische Absicht zugrunde liegt oder die zu tendenziösen Bewertungen führt.[8] Das Gemeinte ist in einem Akt des Verstehens zu erschließen. Erforschte Einzelphänomene sind als Möglichkeiten der Verwirklichung einer religiösen Intuition und des ihnen immanenten Lebens zu erkennen. Wird der theoretische Begriff als Möglichkeit vom Lebenssinn verstanden, dann wird zugleich seine innere Notwendigkeit eingesehen.

Der Begriff der ‚Lebensmitte' ist in Menschings Gesamtkonzeption von großer Bedeutung. Religionen können für ihn als lebendige Ganzheiten nur verstanden werden, »wenn sie in ihrer Lebensmitte erfaßt werden.«[9] Es gilt, Eigenart und Einmaligkeit der Phänomene zu studieren und nach dem dahinterstehenden Leben zu fragen und auf das Besondere, nicht auf das Allgemeine der Religion zu achten. Für ihn muß »alle echte Religionswissenschaft auf eine Tatsachengrundlage bezogen sein [...]. Religionswissenschaft ist also keine willkürliche Spekulation über jenseitige Wirklichkeiten [...]. Die Tatsachengrundlage, die die Basis aller Religionswissenschaften sein muß, liefern die historischen Religionen der Welt in ihren Kultbräuchen und Gottesvorstellungen, ihren ethischen Anschauungen und Glaubenshaltungen. Wenn wir hier von Tatsachen sprechen, so liegt der Tatsachencharakter nicht etwa darin, daß die in den verschiedenen religiösen Traditionen überlieferten Vorstellungen, die mythischen Berichte und die an die Kultpraktiken geknüpften Erwartungen Tatsachen, also objektive

---

[7] Vgl. RES, 1959 S. 11.
[8] Vgl. VRWb, 1949 S. 26 ff.
[9] Vgl. DWRa, 1972 S. 35 f.

Wirklichkeit betreffen und also in diesem Sinne ‚wahr' sind, sondern darin, daß alle diese Erscheinungsformen religiöses Lebens historisch sind, d.h. in der Ebene der tatsächlichen Geschichte gegeben sind.«[10]

2. 1. Angewandtes Religionsverständnis

Menschings Methode beruht auf der analytischen Differenzierung des Phänomenbereichs der Angewandten Religionswissenschaft in fünf Ebenen oder Komponenten.[11] Religiösen Aussagen liegen in seiner Sicht existentielle Entscheidungen und keine reinen Kognitionen zugrunde: »Religion ist keine Denk-, sondern eine Lebensform.«[12] Dies bringt er auf die Formel: »Religion ist erlebnishafte Begegnung mit dem Heiligen und antwortendes Handeln des vom Heiligen bestimmten Menschen.«[13] Ableitbar aus ihr sind fünf Komponenten, von denen das Heilige als das für den religiösen Menschen wesentliche Element hervortritt. Das Religionsverständnis Menschings verbindet »alle Religionen. Von daher kann die Religion des anderen im Kern verstanden werden und sollte das Verstehen des anderen das Zusammenleben und Zusammenwirken der Religionen stimulieren.«[14]

Als erste Komponente ist die erlebnishafte Begegnung mit dem Heiligen im religiös bewegten Menschen zu nennen. Das antwortende Handeln, als zweite Komponente, ist der sich nach außen manifestierende Akt dieses Menschen. Es findet seinen Ausdruck in Symbolen, Gegenständen, die real existieren, de-

---

[10] Vgl. Ebenda, S. 9.
[11] Vgl. Yousefi, Hamid Reza und Ina Braun: *Gustav Mensching – Leben und Werk*, 2002 S. 281-293.
[12] Vgl. RuR, 1955 S. 134.
[13] Vgl. RES, 1959 S. 18 f.
[14] Vgl. Tröger, Karl-Wolfgang: *Das Heilige als interreligiöse Kategorie. Mit Rudolf Otto im Gespräch*, in: Neue Herausforderungen für den Interreligiösen Dialog, Religionen im Gespräch, Bd. 7, 2002 (92-101), hier S. 98.

Der Irrtum in der Religion
Eine Einführung in die Phänomenologie des Irrtums

ren Bedeutung jedoch im Verweis auf einen subjektiven religiösen Sinngehalt liegt. Dieses Symbolverstehen ist die dritte Komponente. Werden die erlebnishaften religiösen Manifestationen nicht als subjektiv erlebte Wirklichkeit, sondern als intersubjektiv überprüfbare Wahrnehmungen verstanden, so entsteht aus der Vermischung von Heiligem und Profanem eine Verschiebung der Wahrheitsebenen, die mit dem Auftreten des Irrtums in der Religion eng verbunden ist. Dieser Problematik widmet Mensching das vorliegende Werk. Die Verschiebung der Wahrheitsebenen führt unmittelbar zum Wahrheits- und Absolutheitsanspruch, der die vierte Komponente bildet. Er manifestiert sich gegenüber anderen Religionen durch eine intolerante Haltung, die häufig zur Inhumanität führt.[15] Sie ist als fünfte Komponente zu nennen.

Nach Mensching gibt es nicht die ‚einzig wahre' Religion. Das Wesen der Religion sei zwar, je nach Religionsauffassung, ‚göttlich', ihre Interpretation unterläge aber menschlichen Maßstäben. Aus dieser Perspektive stellt Mensching die Frage nach dem Wesen der Religionen. Er lehnt jeden nach außen gerichteten Wahrheits- und Absolutheitsanspruch ab, denn dieser führe in der Regel zu inhaltlicher Intoleranz. Diese Haltung wird nach ihm hauptsächlich von prophetischen Religionen praktiziert. Im Gegensatz dazu stünden die mystischen Religionen, die ihren interpretativen Anspruch auf die Innenperspektive beschränken und sich gegenüber anderen Religionen tolerant verhielten.

Mensching ist sich sicher, daß »alle Inhumanität, an der die Gegenwart leidet, aus dem Fehlen der Menschheitsidee.«[16] hervorgeht. Er plädiert für eine Humanisierung des Umgangs mit anderen Kulturen, denn »die Humanität, [...] ist eine mitmenschliche Haltung, die analoge Voraussetzungen hat wie die religiöse Toleranz, nämlich die Anerkennung einer gleichgearteten, gleichberechtigten Menschheit. Das aber wurde nun kei-

---

[15] Vgl. Yousefi, Hamid Reza und Ina Braun: *Gustav Mensching – Leben und Werk*, 2002 S. 176 ff. und 276-280.
[16] Vgl. IAW, 2002 S. 286.

neswegs überall und zu allen Zeiten in den Religionen angenommen.«[17]

2. 2. Angewandte Religionswissenschaft

Kant unterscheidet die Philosophie nach dem Schulbegriff von der Philosophie nach dem Weltbegriff.[18] Diese Unterteilung läßt sich auf die traditionelle und die Angewandte Religionswissenschaft übertragen. Die Angewandte Religionswissenschaft ist Welt- und Schulbegriff zugleich. Ihr Tätigkeitsfeld ist die Weltgesellschaft. Als Weltbegriff ist sie außengerichtet, ohne philologisch-historische Fragestellungen aus den Augen zu verlieren. Die traditionelle Religionswissenschaft ist – frei nach Mensching – dem nach innen gerichteten Schulbegriff verhaftet. Sie beschränkt sich ausschließlich auf innerakademisch-wissenschaftliche Diskurse, die Darstellung ästhetischer Werte und Probleme oder die Lösung philologischer Aufgaben.

Die Intensivierung der zwischenkulturellen Beziehungen der Völker und Religionen im Zuge der Globalisierung machen jedoch neue Überlegungen notwendig. Gegenwärtig vollzieht sich in dem Bereich dieser Beziehungen ein tiefgreifender Wandel. Damit stellen sich auch der Religionswissenschaft neue Fragen - oder alte Fragen in verschärfter Form. Was bislang innerhalb der verschiedenen Spielarten von Religionswissenschaft an Übereinstimmungen im Hinblick auf Intention und Methode bestand, wird einer kritischen Diagnose unterzogen. Ein Ergebnis dieser Diskussion könnte sein, daß sich die Grenzen zu anderen, nicht normativen Disziplinen in stärkerem Maße öffnen als bisher. Hier setzt die Angewandte Religionswissenschaft ein, die sich einem erweiterten thematischen Spektrum öffnet.

---

[17] Vgl. TUW, 1970 S. 16.
[18] Vgl. Kant´s gesammelte Schriften, hrsg. v. der Königlich Preußischen Akademie der Wissenschaften und Nachfolgern, Bd. IX, erste Abteilung: Werke: *Logik*, Berlin 1923 (1-146), hier S. 23 f.

Der Irrtum in der Religion
Eine Einführung in die Phänomenologie des Irrtums

Den Begriff ‚Angewandte Religionswissenschaft' verwendet Mensching in seinem Werk nicht explizit.[19] Es ist jedoch offensichtlich, daß er in seinem gesamten Werk »praktisch orientierte Religionswissenschaft«[20] betreibt, indem er über philologisch-historische Fragestellungen hinausdenkt. Aufgrund dieser aus heutiger Perspektive weitsichtigen fachlichen Neuerung wurde er häufig kritisiert. In seinem Hauptwerk ‚Soziologie der Religion' 1968 weist er darauf hin, »daß die Kritiker geneigt sind, »mangelnde Objektivität immer dann festzustellen, wenn der Verfasser nicht von ihrem Standpunkt aus die Dinge ansieht und beurteilt.«[21] Menschings Anliegen ist, die Theorieverhaftetheit und Praxisuntauglichkeit der traditionellen Religionswissenschaft zu überwinden. Mit ihrer ausschließlich vergleichenden oder philologisch ausgerichteten Perspektive ist sie für ihn zu eng. Die Erweiterung ihres Anwendungsbereichs, die er aus dieser Einsicht heraus fordert, macht ihn zum Begründer der Angewandten Religionswissenschaft. Eine der Aufgaben dieser neuen Disziplin ist die Untersuchung der tatsächlichen Begegnung der Kulturen und Zivilisationen in ihren Gemein-

---

[19] Vgl. Yousefi, Hamid Reza und Ina Braun: *Mensching, Gustav*, in: Biographisch-Bibliographisches Lexikon, Bd. 21, Nordhausen 2003 Sp. 984 f.; vgl. auch Tworuschka, Udo: *Angewandte Religionswissenschaft – am Beispiel der Heiligen Stätten in Jerusalem. Johannes Lähnemann zum 60. Geburtstag gewidmet*, in: Berliner Theologische Zeitschrift. Schwerpunkt des Heftes: Religionswissenschaft, 19. Jg., Heft 1, 2002 (5-24), hier S. 6. Als Beispiel für ‚Angewandte Religionswissenschaft' versuchte Tworuschka den Ansatz Wilfred Cantwell Smiths zu charakterisieren, ohne dies mit Menschings religionswissenschaftlichem Programm in Verbindung zu bringen. Vgl. Udo Tworuschka, *Was ist Religionswissenschaft? Methoden und Arbeitsweisen*, in: Thema Weltreligionen. Ein Diskussions- und Arbeitsbuch für Religionspädagogen und Religionswissenschaftler, hrsg. v. Udo Tworuschka und Dietrich Zilleßen, Frankfurt am Main 1977 (31-43), hier S. 39 f.
[20] Vgl. Yousefi, Hamid Reza und Ina Braun: *Gustav Mensching – Leben und Werk*, 2002 S. 313.
[21] Vgl. SDR, 1968 S. 7.

samkeiten und Diskrepanzen aus verschiedenen wissenschaftlichen Blickwinkeln und in all ihren Facetten.

Das vorliegende Buch liefert ein Beispiel für eine sowohl philologisch ausgerichtete als auch anwendungsorientierte Religionswissenschaft. Mensching macht auf Irrtümer aufmerksam, die auf philologische Ungenauigkeiten bei der Übertragung von einer Sprache in eine andere zurückzuführen sind. Als Beispiele nennt Mensching: »überlieferte Worte [werden] mit anderen bedeutungsverschiedenen Worten irrtümlich gleichgesetzt, etwa ‚wegen des [...] vorhandenen Gleichklanges oder auch nur Anklanges' oder es herrscht die Tendenz, unverständlich gewordene Wörter der Überlieferung in verständliche umzuwandeln.«[22] So hat Michelangelo Moses aufgrund eines Übersetzungsfehlers mit Hörnern dargestellt. Im hebräischen Urtext lautet die entsprechende Passage: »Da sahen dann jedes Mal die Israeliten, daß die Haut des Antlitzes des Mose glänzte.«[23] Das hebräische Wort ‚karan' für ‚leuchten' wurde in der Vulgata mit ‚kéren', d.h. ‚Horn', übersetzt und führte zu der oben genannten Darstellung. Die Aufdeckung solcher Irrtümer führt Mensching mit philologischer Versiertheit und Akribie durch. Er bettet diese Erkenntnisse in seine Angewandte Religionswissenschaft ein, indem er dazu auffordert, die erkannten Irrtümer auszuräumen. Ein solcher Läuterungsprozeß in den Religionen würde maßgeblich dazu beitragen, Falsch- und Vorurteile zu überwinden.

Die Angewandte Religionswissenschaft bietet völlig neue Tätigkeitsfelder und umfaßt viele geisteswissenschaftliche Disziplinen wie bsw. Philosophie, interkulturellen, Psychologie, Soziologie, Politologie, Ökonomie, Ethnologie, Pädagogik. Angewandte Religionswissenschaft hat auch Bedeutung für die interdisziplinäre Friedens- und Konfliktforschung. Sie beschäftigt sich mit Fakten und mit Wegen zur Problemlösung und betrachtet die Wirklichkeit mit dem Ziel, aktiv an der Gestaltung des Weltfriedens teilzunehmen. Ihr Ziel- und Ausgangs-

---

[22] Vgl. vorliegendes Werk, S. 168.
[23] 2. Mos. 34, 35, vgl. auch vorliegendes Werk, S. 176.

punkt ist die conditio humana. Angewandte Religionswissenschaft und Anthropologie treffen sich in der Frage nach dem Menschen und seiner Stellung im Kosmos.

Die Angewandte Religionswissenschaft nimmt das Heilige als Gegenstand individueller Wahrnehmungen ernst und setzt sich mit seinen Erscheinungsformen auseinander. Das Heilige ist in allen prophetischen, mystischen oder Weisheitsreligionen, aber auch in Sekten und religiösen Bewegungen ein zentrales Element. Für den religiösen Menschen ist es eine Quelle seiner Identität, deren Versiegen zugleich Identitätsverlust bedeuten würde. Neueste religionsphänomenologische Untersuchungen Tworuschkas bestätigen diese Feststellung.[24] Auch der Religionswissenschaftler und Friedensforscher Friedli bemerkt: »Selbst eine radikale Religionskritik der ‚Meister des Verdachtes' kann diesen faktischen Einfluß religiöser Kräfte auf die gegenwärtige Diesseitsgestaltung nicht wegdiskutieren. Wenn die *Futurologie* und die *Friedensforschung* an diesen Dimensionen vorbei gingen, würden sie dabei entscheidende und tragfähige Motivationen ihrer Forschungseinsätze verlieren.«[25]

2. 3. Die Toleranzphänomenologie

Die Toleranzhermeneutik Menschings nimmt ihren Ausgang bereits in der Frühphase seines Schaffens. Er greift diesen Themenbereich mehrfach auf, führt sie weiter und vernetzt sie in seinem Werk.[26] Mensching beschreibt Wesen, Bedeutung und Funktion der Religionen und ihre Beziehungen zueinander. Als frühe Manifestation seiner Toleranzideen gelten: ‚Die Forderung des Tages' 1920, ‚Vom Idealismus der Freundschaft' 1920

---

[24] Vgl. Tworuschka, Udo: *Heilige Wege*, 2002.
[25] Vgl. Friedli, Richard: *Frieden wagen,* 1981 S. 15.
[26] Vgl. Mensching, Gustav: *Aufsätze und Vorträge zur Toleranz- und Wahrheitskonzeption* (Bausteine zur Mensching-Forschung, hrsg. v. Hamid Reza Yousefi, Ina Braun, Klaus Fischer und Udo Tworuschka), Bd. 2, eingeleitet und hrsg. v. Hamid Reza Yousefi, Würzburg 2002.

und ‚Das religiöse Urteil. Ein Beitrag zur Wesensfrage' 1922. In ‚Vom Idealismus der Freundschaft' sieht Mensching den Ersten Weltkrieg als Ursache, der zu Immoralität des Einzelnen und zur Zerrissenheit und Gleichgewichtsstörung der Gesellschaft führte. Mensching sieht einen ‚stolzen Idealismus', der dem Äußeren wieder Inhalt verleihen kann, als noch nicht verloren an.[27] Diese von hoher Moral geprägten und im Zeitalter der Postmoderne antiquiert wirkenden Frühüberlegungen machen Menschings spätere Forderung nach inhaltlicher Toleranz verstehbar. Sie ist ihm »ein die menschliche Existenz zutiefst betreffendes Anliegen.«[28]

Überlegungen aus ‚Das religiöse Urteil' setzt Mensching in ‚Religionsphilosophie' 1928 inhaltlich fort. Ausgehend von der eigentlichen Funktion der Religion und dem Umgang der Gläubigen mit ihr entwickelt er Dualismen für seine späteren Begriffstypologien. Er leitet verschiedene Wahrheitsebenen ab und stellt verschiedene Formen der Religiosität und das Wesen des Religiös-Irrationalen beschreibend dar. In ‚Die Forderung des Tages' kritisiert Mensching das Fehlen einer Menschheitsidee und lokalisiert als Grund den Verlust von Ehrfurcht, die für ihn ein seelisches, metaphysisch-religiöses Erlebnis darstellt. Würde dieses Gefühl mit in das Leben hineingenommen, »dann könnte aus dieser Wurzel ein gedeihlich Leben und Staat und Familie wachsen.«[29]

‚Gut und Böse im Glauben der Völker' 1950 umfaßt die komparatistische Ethik Menschings. Sie stimmen in den wichtigsten Fragen mit der Kantischen Ethikkonzeption überein. Mit seinen religionssoziologischen Untersuchungen macht sich Mensching um die Aufklärung der ‚latenten Funktionen' der Religionen verdient – ohne diesen Begriff zu benutzen. Häufig sind diese Auslöser für Unfrieden zwischen den Religionsgemeinschaften. Mensching untersucht die Beziehungen der Religionsgemeinschaften zueinander, die aufgrund ihrer Ansprü-

---

[27] Vgl. VIF, 1920 S. 242.
[28] Vgl. TWRc, 1996 S. 41.
[29] Vgl. FdT, 1920 S. 209.

che auf Wahrheit und Absolutheit erhebliche Kommunikationsschwierigkeiten untereinander haben.

Seine Gedanken zur Toleranz thematisiert Mensching erstmals im Aufsatz ‚Duldsamkeit' 1929. Hier setzt er sich mit den prophetischen Religionen auseinander, welche den Glauben anderer Völker als Unglauben ablehnen und ihnen mit Unduldsamkeit begegnen. Mensching fährt fort: »Dafür ist die Leidenschaft der Religionskriege, die blutige Geschichte der Kreuzgerichte und der Hexenprozesse Zeugnis.«[30] Dulden bedeutet für Mensching im Gegensatz zu einer unbeteiligten Indifferenz oder Intoleranz, daß man das »Wehen wirklichen Geistes auch innerhalb der Fremdreligionen«[31] anerkennt. Diese Haltung bieten die Grundlage seiner späteren Toleranzphänomenologie. Mensching modifiziert und ergänzt seine Idee in ‚Toleranz und Wahrheit in der Religion' 1955/1966.[32] In einer Reihe kleinerer Aufsätze vertieft Mensching seine Toleranzhermeneutik immer weiter. Auch die religionsphänomenologische Schrift ‚Die Religion' 1959/1962 beendet er mit zwei Kapiteln zur Toleranz und Einheit in der Vielheit der Religionen. Die Schriften zur Toleranzphänomenologie werden mit einem Vergleich zwischen ‚Buddha und Christus' 1978 kurz vor seinem Tod abgeschlossen.[33]

Mensching unterscheidet zwei verschiedene Toleranzformen. Die formale Toleranz zeichnet sich durch das bloße Unangetastetlassen einer Glaubensüberzeugung aus und beschränkt sich auf Religionsfreiheit. Das Ergebnis von Dialogen, die auf diesem Toleranzverständnis fußen, kann nach Menschings An-

---

[30] Vgl. DUL, 2002 S. 95.
[31] Vgl. Ebenda, S. 97.
[32] Dieses Werk wurde zu seinen Lebzeiten in viele Sprachen, auch ins Persische übersetzt. Tworuschka gab die Schrift 1996 mit einer Einleitung und kritischen Bemerkungen zum Text neu heraus. Vgl. TWRc, 1996 im Siglenverzeichnis.
[33] Udo Tworuschka gab dieses Werk 2001 in einer verkürzten Form und mit einem Nachwort neu heraus. Vgl. Mensching, Gustav: *Buddha und Christus*, hrsg. v. Udo Tworuschka mit einem Nachwort und Anhang, Freiburg 2001.

sicht nur ein ‚Gehäusedialog' sein, die Toleranzform selbst eine ‚Gehäusetoleranz' Mensching hält die Idee der Toleranz als ‚ablehnender Anerkennung' für nicht weiterführend. Ihm ist auch ein ‚Weltethos' ohne Verinnerlichung der inhaltlich-hermeneutischen Toleranz zu kurz gegriffen.

Den genannten Formen stehen inhaltliche Toleranz und einschließender Dialog gegenüber. Die inhaltliche Toleranz als Staats- und Zivilisationsprinzip besteht in der »positiven Anerkennung fremder Religionen als echter und berechtigter Möglichkeit der Begegnung mit dem Heiligen.«[34] Sie verlangt »nicht die Preisgabe der eigenen religiösen Überzeugung.«[35] Die Forderung nach inhaltlicher Toleranz wird von Mensching aus der geistigen Einheit begründet, die sich in der Mannigfaltigkeit der Religionen finden lasse und auf einen gemeinsamen Urgrund verweise. In der Idee des Weltgewissens finde inhaltliche Toleranz als ein hermeneutischer Begriff ihren höchsten Ausdruck. Mensching plädiert für eine wirkliche Anerkennung des Anderen in seiner Andersheit im Geiste der Interkulturalität und der ‚verstehenden Toleranz'. Er hebt hervor: »Alle Versuche, die unheilvollen Spaltungen und die durch sie bewirkten Spannungen im Leben der Völker organisatorisch zu überwinden, sind letzten Endes zum Scheitern verurteilt, wenn nicht in tieferen Zonen menschlicher Existenz als in denen politischer oder wirtschaftlicher Willensbildung grundlegende Wandlungen sich vollziehen.«[36]

Die Idee einer ‚verstehenden Toleranz' soll nach Mensching nicht nur zu einer historischen Analyse motivieren, sondern auch den Weg zu einer systematischen Synthese weisen, die kulturübergreifend agiert und reagiert. Die Toleranzidee zieht sich wie ein roter Faden durch die Tätigkeitsfelder von Menschings Angewandter Religionswissenschaft. Sie hat als Verhaltensform die Funktion eines regulativen Prinzips mit kommunikativem Charakter. Als Basis des interreligiösen und interkul-

---

[34] Vgl. TWRc, 1996 S. 43.
[35] Vgl. Ebenda, S. 43.
[36] Vgl. BWT, 1955 S. 1.

turellen Dialoges zielt sie darauf ab, zur Anerkennung anderer Religionen aus freier Einsicht zu führen.

Es liegt nahe, Menschings Toleranzbegriff mit dem von Jürgen Habermas beschriebenen Begriffspaar ‚strategisches' versus ‚kommunikatives' Handeln in Beziehung zu setzen. Während die erste Handlungsform nur ihr eigenes partikulares Ziel vor Augen hat, ist das Ziel der zweiten Handlungsform insofern ein universalistisches, als es zunächst nur auf das Verstehen des anderen gerichtet ist. Menschings Toleranzphänomenologie kann, an diese Terminologie anknüpfend, ihr Ziel nur im Funktionskreis kommunikativen Handelns innerhalb eines nicht durch Machtstrukturen verzerrten Diskurses erreichen.

Die von der Kantischen Ethik geprägte Idee der inhaltlich-hermeneutischen Toleranz betrachtet das Individuum nicht nur als Mittel sondern immer auch als Zweck. Als regulatives, richtungsweisendes Prinzip beschränkt sie sich nicht nur auf kulturelles und religiöses Gebiet, sondern schließt zugleich soziale und politische Toleranz ein. Sie wird zu einer übergreifenden, praxisorientierten handlungsleitenden Idee. Inhaltliche Toleranz beruht auf einem Lernprozeß, der die intelligente Aneignung kultureller Welten voraussetzt und zu reziproker Verständigung der Kulturen führen soll. »Inhaltliche Toleranz ist eine Bildungsaufgabe«[37], die von der Heteronomie befreien und zur Autonomie des Individuums führen kann. Für Mensching muß sich Toleranz aus freier Einsicht ergeben. Ihre Dynamik wird von Gelten und Geltenlassen geprägt. Für Mensching ist sie die Voraussetzung eines gedeihlichen religiösen Pluralismus, Basis des interreligiösen Dialogs und Vorbedingung eines dauerhaften Weltfriedens.

Menschings dialogische Kulturanthropologie läßt sich Friedli zufolge in vier Phasen zusammenfassen: »Analyse der Vorverständnisse, Nachvollzug der jeweiligen fremden Grunderfahrung, Versuch des existentiellen Dialogs und interkulturelle

---

[37] Vgl. Yousefi, Hamid Reza und Ina Braun: *Gustav Mensching – Leben und Werk*, 2002 S. 353.

Kommunikation.«[38] Diese Phasen sind Schritte zum kommunikativen Handeln im Dialog der Kulturen. Die Analyse der Vorverständnisse ist notwendig, weil jeder Begriff oder jede religiöse Haltung ein kulturspezifisches Gewicht hat. Damit ist auch die Sinnhaftigkeit und Evidenz des impliziten Wertesystems gemeint. Die Analyse von Vorverständnissen greift auf die Ergebnisse aller oben genannten Disziplinen zurück. Die geleistete Analyse ermöglicht ein annäherndes Verstehen der jeweiligen fremden Grunderfahrung. Das Ergebnis dieses Prozesses macht den Weg zum unvoreingenommenen Dialog, d.h. zur interkulturellen Kommunikation frei. Ohne das Vorschalten inhaltlicher Toleranz als Basis ist diese zum Scheitern verurteilt.[39]

Der Toleranz sind dort Grenzen gesetzt, wo sie auf die Intoleranz anderer trifft. Damit wird nicht die Religion jener kritisiert, die Intoleranz zeigen, mißbilligt wird die Haltung ihrer Vertreter. Die Festsetzung der Grenzen der Toleranz hat in einem rationalen Diskurs, bei dem die kommunikative Vernunft oberstes Prinzip ist, immer wieder neu zu erfolgen.

2. 3. 1. Der Dualismus von Wahrheit und Irrtum

Es ist seit jeher ein Bedürfnis der Menschheit, zu zweifelsfreien Erkenntnissen zu gelangen. »Eine Erkenntnis [...], durch die keine Gewißheit entsteht, [...] ist keine sichere Erkenntnis.«[40] Da dieses Bedürfnis durch die Wissenschaften nur unzureichend gestillt werden kann, verlagert sich das Streben nach transzendenter Sinngebung oft auf Religion und Metaphysik.

---

[38] Vgl. Friedli, Richard: *Zwischen Himmel und Hölle – Die Reinkarnation.* Ein religionswissenschaftliches Handbuch, Freiburg/Schweiz 1986 S. 97.

[39] Vgl. Mall, Ram Adhar: *Der Hinduismus,* 1997 S. 118 ff.

[40] Vgl. Al-Ghasali, Abū Hamid Mohammad ibn Mohammad: *Der Erretter aus dem Irrtum,* aus dem Arabischen übersetzt und hrgs. v. Abd-Elsamad Abd-Elhamīd Elschazlī (Philosophische Bibliothek 389), Hamburg 1988, hier S. 6.

Der Irrtum in der Religion
Eine Einführung in die Phänomenologie des Irrtums

Der Wahrheitsbegriff Menschings lehnt sich an das aristotelische Wahrheitsverständnis an, versucht dieses aber zu erweitern. Die von ihm als Rationalismus bezeichnete Position kritisiert Mensching, indem er diesem vorwirft »daß ihm das Organ für irrationale Lebensbezüge fehlt.«[41] Deshalb dürfe er nicht auf Irrationales, wie beispielsweise den Mythos, angewendet werden. Tut er es doch, so sucht er fälschlich »die Wahrheit des Mythos in rationalen Richtigkeiten und ‚Wahrheiten'. Auf diesem Wege entsteht bereits eine ‚Entmythologisierung' in dem Sinne, daß man die der ratio widersprechenden Züge des Mythos dadurch zu entfernen und ihres anstößigen Charakters zu entkleiden suchte, daß man verborgene Weisheiten in mythischen Gewande zu entdecken bemüht war. Damit aber wurde der Lebenssinn des Mythos verfehlt. Die ‚Wahrheit' als wahre Lehre trat an die Stelle der Wahrheit als lebendige Wirklichkeit.«[42]

Um die Idee der Wahrheit in der Religion zu verdeutlichen, geht Mensching vom allgemeinen Sprachgebrauch aus, der einen doppelten Sinn hat. Im ersten Fall ist Wahrheit keine selbständige Größe, sondern »die Eigenschaft eines Urteils, einer Aussage über einen objektiven Sachverhalt.«[43] In diesem Falle besteht Wahrheit in der Übereinstimmung einer Aussage mit dem ausgesagten objektiven Sachverhalt. Hierbei geht es – in der Diktion von Mensching – um rationale Richtigkeit. Der Gegensatz zu dieser Wahrheit ist die Unwahrheit, bei der keine Übereinstimmung von Aussage und Sachverhalt vorliegt. Im zweiten Fall, wenn in religiösen oder vergleichbaren Erfahrungskontexten zuweilen gesagt wird ‚Ich habe die Wahrheit erkannt', ist Wahrheit im Sinne einer erfahrbaren objektiven Wirklichkeit gemeint.[44] Sie bezieht sich auf die Erlebnishaftigkeit und persönliche Erfahrbarkeit einer Realitätsebene, für die

---

[41] Vgl. WAW, 1954 S. 7.
[42] Vgl. Ebenda, S. 7.
[43] Vgl. TWRb, 1966 S. 146 und WUW, 2002 S. 169.
[44] Vgl. TWRb, 1966 S. 147.

keine intersubjektiv gültige sprachliche Beschreibungsform vorliegt.

Mensching unterscheidet somit Wahrheit als Korrespondenz zwischen Satz und Sachverhalt (‚rationale Richtigkeit') und Wahrheit als sprachlose Erfahrung einer numinosen Wirklichkeit. Schon 1928 scheidet er philosophische und religiöse Wahrnehmung: »Denkurteile gehen auf die Realitäten der denkbaren Welt und der sinnlichen zurück. In Denkurteilen spricht sich rationale Erkenntnis aus. Die religiöse Sphäre kennt vorwiegend Erlebnisurteile, die darum ausschließlich jene Realität meinen, aber selten im rationalen Sinne Erkenntniswert haben.«[45] Denkurteile nutzen die rationalen Begriffe der Sprache. Erlebnisurteile bedürfen des Symbols. Mensching folgert: »So baut sich neben der rationalen Denksprache eine irrationale Erlebnissprache auf. Diese Begriffe verbinden sich zu religiösen Erlebnisurteilen.«[46]

Diese Aufteilung ist für Menschings Angewandte Religionswissenschaft von essentieller Bedeutung. Religiöse Inhalte, die auf subjektive Erfahrungen einer numinosen Wirklichkeit verweisen, können nicht wissenschaftlich bewiesen oder widerlegt werden. Mensching weist darauf hin: »Wo sowohl Religion wie Wissenschaft sich selbst recht verstehen und ihre Grenzen kennen, gibt es keinerlei Möglichkeit zum Konflikt.«[47]

Für Mensching darf die Erfassung numinoser Wirklichkeit nicht nach dem Muster empirischer Erfahrungserkenntnis verstanden werden: »Wäre sie beweisbar, dann hörte sie auf, göttliche Lebenswirklichkeit zu sein, und hätte die Richtigkeit eines mathematischen Lehrsatzes, der von Verstand zu Verstand weitergegeben werden kann, ohne auf die Existenz des Menschen den mindesten Einfluß zu haben.«[48] Mit folgender Begründung bekräftigt Mensching seine Haltung: »Ist Wahrheit Richtigkeit religiöser Aussagen und Lehren oder die Wirklich-

---

[45] Vgl. RSP, 2002 S. 75.
[46] Vgl. Ebenda, S. 75.
[47] Vgl. Ebenda, S. 92.
[48] Vgl. WUW, 2002 S. 219.

Der Irrtum in der Religion
Eine Einführung in die Phänomenologie des Irrtums

keit numinoser Begegnung? Im ersten Fall wäre die Begegnung nichtchristlicher Religionen relativ einfach; denn wie 2 x 2 = 4 und jede andere Lösung falsch ist, so wären entsprechend nur die christlichen Aussagen über Gott, Welt und Erlösung richtig und alle anderen falsch. Versteht man dagegen unter Wahrheit in der Religion die wirkliche Begegnung mit der numinosen Realität, die in der betreffenden Religion vermittelt wird, dann ist diese Wahrheitsart weniger leicht zu ermitteln; denn sie vollzieht sich im Innern des Menschen und keineswegs notwendig bei jedem. Außerdem verträgt diese Wahrheitsart, daß verschiedene Religionen nebeneinander ‚wahr' sind; denn in jeder von ihnen kann numinose Wirklichkeit vermittelt werden.«[49]

Mensching präzisiert: »Eine Religionswissenschaft, die sich ihrer Grenzen als Wissenschaft bewußt ist und bleibt, kann nach meiner Überzeugung über die Wahrheit einer Religion nichts aussagen, ob man darunter nun Wahrheit im Sinne von Richtigkeit der Religionslehre versteht, oder ob man unter Wahrheit die numinose Wirklichkeit selbst begreift, mit der die betreffende Religion in Verbindung steht oder in Berührung bringt; in keiner Weise ist je auf diesem Felde eine Aussage über die größere oder geringere oder ganz fehlende Wahrheit der einen oder der anderer Religion möglich, sofern man nicht auf den Charakter der Wissenschaftlichkeit verzichten will.«[50]

Es ist zu beobachten, »daß in den religiösen Texten Wahrheit nicht im Sinne von Richtigkeit logischer Gedankengebilde aufgefaßt wird, sondern als numinose Wirklichkeit selbst.«[51] Hier handelt es sich offensichtlich um religiöse Wirklichkeit und nicht um wahre Aussagen, die durch Lehre vermittelt und durch Denken erfaßt werden können.[52] Diese Form der Wahr-

---

[49] Vgl. ZIL, 1977 S. 21.
[50] Vgl. ROR, 1971 S. 63.
[51] Vgl. WUW, 2002 S. 219. Zum Begriff der Wahrheit im Gebrauch der religiösen Schriften vgl. WAW, 1954, zur Wahrheit im Christentum vgl. WUW, 2002 S. 212.
[52] Vgl. WAW, 1954 S. 6.

heit findet sich in allen Religionen.[53] Sie wird bspw. im Judentum als heiliger Wille erfahren. Nach Mensching läßt sich auch im biblischen Sprachgebrauch eine Dualität des Wahrheitsbegriffs feststellen. Der hebräische Begriff für Wahrheit ‚emet' bezeichnet die dem religiösen Gefühl unmittelbar zugängliche Wirklichkeit, aber das in ihm enthaltene rationale Moment führt dazu, daß Wahrheit auch als Gesetz Gottes erscheint und dieses Gesetz als Quelle der Wahrheit im Sinne der Regel menschlichen Verhaltens aufgefaßt wird. Hier wird das ‚Gesetz als Wahrheit'[54] angesehen. Dies ist eine religiöse Tatsachenbehauptung, die auch insofern problematisch ist, als ein normativer Satz nicht wahr, sondern allenfalls gültig sein kann.

Nach Mensching sind auch rational klingende Aussagen ursprünglicher Theologie als bloßer Hinweis auf eine andere Wirklichkeit zu verstehen. Entscheidend für die Ausformung des religiösen Wahrheitsbegriffs war die vielfach in der Religionsgeschichte vollzogene Transformation religiösen Erlebens zu einer organisierten universalen Religion. Aus religiösen Erfahrungen wurden Universalwahrheiten konstruiert, die – zumindest für die Anhänger einer Kultgemeinde – als verbindlich galten. So entstanden religiöse Heilslehren.[55] Aussagen über subjektiv Erlebtes wurden zu intersubjektiv gültigen Wahrheiten erhoben. Dabei ist es korrekt, »daß dieses Wahrsein einen ganz bestimmten religiösen Sinn hat, wenn es legitim ist. Es besteht aber die Möglichkeit, daß dieses Wahrsein illegitim als Richtigkeit rationaler Lehre verstanden wird.«[56] Dies führt zum Irrtum. Mensching schreibt: »In dieser Auffassung religiöser Wahrheit als rationaler Richtigkeit wurzelt die intolerante Verfolgung fremder religiöser Meinung.«[57]

Im Anfangsstadium der Religionen und in religiösen Erneuerungsbewegungen erfolgt nach Mensching eine Rückfüh-

---

[53] Mensching führt aus: »Diese Wirklichkeit ist göttliche Wirklichkeit und der Wissenschaft nicht zugänglich.« Vgl. WUW, 2002 S. 217.
[54] Ps. 119, 142 und 86, 11. Vgl. auch WAW, 1954 S. 6.
[55] Vgl. WAW, 1954 S. 7.
[56] Vgl. WUW, 2002 S. 170.
[57] Vgl. RuR, 1955 S. 138.

rung religiöser Aussagen auf ihren ursprünglichen lebendigen Sinn, nämlich auf die Wahrheit im Sinne lebendiger Begegnung mit der heiligen Wirklichkeit. In diesem Sinne kann Luther als Reformator angeführt werden: »Wer das Wort hat, hat die ganze Gottheit«[58], denn »hier bringt das Wort nicht allein das Zeichen und Bild, sondern auch das ganze Wesen mit sich und ist ebenso voller Gott als der, des Bild oder Wort es ist.«[59] Luther versteht hier nach Mensching unter Wahrheit nicht die Richtigkeit der Lehre, sondern erfahrene lebendige Wirklichkeit.

Die religiöse Wirklichkeit oder – wie Mensching sie nennt – religiöse Wahrheit gilt dem religiös bewegten Menschen unberechtigterweise, durch die organisierte Religion gestützt, als absolutes, ewiges und nicht überholbares Aussagesystem, obwohl sie empirisch nicht erfaßt werden kann. Sie mag ihren Wert in einer religiösen Lebensform haben, sobald sie aber »in einem wissenschaftlichen Zusammenhang übernommen wird, wird dieser bereits durchbrochen, und es besteht die Gefahr der Ideologisierung oder der Theologisierung einer Argumentationskette.«[60] Wie Mensching immer wieder betont, handelt es sich bei der religiösen Wahrheit ausschließlich um den Ausdruck »eigener persönlicher Erfahrung.«[61]

Nach diesen Ausführungen entspringen zumindest einige Irrtümer in der Religion einem sich verabsolutierenden Wahrheitsanspruch. Diese Aussage ist weiter zu differenzieren. Nach Mensching schließen vor allem prophetische Religionen andere Religionen als Unglauben aus und pflegen ihnen gegenüber eine intolerante Haltung. Mystische und Weisheitsreligionen hingegen schließen andere Religionen zumeist ein und üben ihnen gegenüber verstehende Toleranz.

---

[58] Vgl. WAW, 1954 S. 8.
[59] Vgl. Ebenda, S. 8.
[60] Vgl. Grabner-Haider, Anton: *Vernunft und Religion*. Ansätze einer analytischen Religionsphilosophie, Köln 1978 S. 47.
[61] Vgl. WAW, 1954 S. 7.

2. 3. 2. Zur Phänomenologie des Irrtums

Wahrheit und Irrtum sind, wie eingangs erwähnt, zwei unzertrennliche Begriffe. Die Wege zur Wahrheit schließen den Irrtum nicht aus, denn ein Irrender strebt grundsätzlich nicht nach dem Irrtum, sondern nach der Wahrheit. Der Irrtum erscheint in verschiedenen Formen. Er kann als Teil der Natur des Menschen, der ein irrendes Wesen verkörpert, angesehen werden. Auch kann er als Moment der Wahrheit, sozusagen als ihre Kehrseite, erscheinen. In diesem Falle ist der Irrtum mit der Suche nach der Wahrheit untrennbar verbunden. Einer der ersten, die den Irrtum als Bestandteil der menschlichen Natur und als Moment der Wahrheit würdigten, war Abū Hamid ibn Mohammad Ghazāli (1058-1111).[62]

Kant hält den Menschen für den Verursacher des Irrtums: »Die Natur hat uns zwar viele Kenntnisse versagt, sie läßt uns über so manches in einer unvermeidlichen Unwissenheit, aber den Irrtum verursacht sie doch nicht. Zu diesem verleitet uns unser eigener Hang, zu urteilen und zu entscheiden, auch da, wo wir wegen unserer Begrenztheit zu urteilen und zu entscheiden nicht vermögend sind.«[63]

Für Mensching existieren mehrere Arten von Irrtum. Zu ihrer Erklärung greift er zunächst auf die oben dargestellte Unterscheidung der Wahrheitsebenen »als Wirklichkeit und [...] Richtigkeit«[64] zurück und spezifiziert sie weiter. Zur Wahrheit als erlebnishafte Wirklichkeit bemerkt er: »Einerseits kennen die Religionen Wahrheit als göttliche Wirklichkeit, mit der in den Religionen in einer der verschiedenen geschichtlichen Formen der Begegnung Kontakt hergestellt wird.«[65] »Wahr sind von diesem Standort aus Religionen, die mit göttlicher Wahrheit in diesem ersten Sinne Menschen in Berührung bringen, bzw. in

---

[62] Vgl. Al-Ghasali, Abū Hamid Mohammad ibn Mohammad: *Der Erretter aus dem Irrtum*, 1988 S. 6.
[63] Vgl. Kant´s gesammelte Schriften, *Logik*, 1923 S. 54.
[64] Vgl. vorliegendes Werk, S. 41.
[65] Vgl. Ebenda, S. 41.

denen solche Berührung stattfindet.«[66] Hierzu stellt er den Irrtum im existenziellen Sinn in Opposition: »Der Gegensatz zu dieser Wahrheitsform ist Irrtum nicht im Sinne falscher Meinung und Lehre, sondern im existenziellen Sinne als unheilvolle Isolierung von jener göttlichen Wahrheitswirklichkeit.«[67] Hiernach beginnt Irrtum »erst dann und da, wo mit dem Anspruch auf Ursprünglichkeit [...] Deutungen vorgetragen werden und ihnen damit zugleich ein autoritativer Gültigkeitswert verliehen wird.«[68]

Zur Wahrheit als erkenntnismäßige Richtigkeit, d.h. als richtige »mit dem Objekt übereinstimmende Aussage«[69] bemerkt Mensching: »Von diesem Wahrheitsbegriff aus ist natürlich zu sagen, daß fremde Religionen oder abweichende Lehrüberzeugungen innerhalb der eigenen Religionsgemeinschaft unwahr sind, da nur *eine* Wahrheit über Gott und Welt richtig sein kann.«[70] Hierzu bildet er die Oppositionen mit ‚unbewußtem' und ‚bewußtem' Irrtum: »Der Gegensatz zu dieser Art Wahrheit ist Irrtum, und zwar sowohl der unbewußte Irrtum, den nur andere als solchen erkennen, als auch der bewußte Irrtum, den man Lüge nennt. [...] Der Irrtum, der hier gemeint ist, bildet also den Gegensatz zu einer meinungsmäßigen Wahrheit.«[71] Solche Urteile von Religionsgemeinschaften über andere Religionen sind eine der Grundlagen inhaltlicher Intoleranz.

Mensching äußert sich zur Idee des Irrtums erstmals in seiner genannten Frühschrift ‚Das religiöse Urteil. Er stellt verschiedene Erscheinungsformen von Urteilen dar. Subjektivität und Objektivität schließen einander aus, doch wird das objektiv Faßbare mit dem subjektiv Erlebnishaften häufig vermengt: »Was man also tut, ist, daß man Erlebnisurteil für Denkurteil erklärt und dann logische Konsequenzen zieht. Hieraus, aus

---

[66] Vgl. Ebenda, S. 41.
[67] Vgl. Ebenda, S. 42.
[68] Vgl. Ebenda, S. 131.
[69] Vgl. Ebenda, S. 42.
[70] Vgl. Ebenda, S. 42.
[71] Vgl. Ebenda, S. 42.

dieser meist unbewußten Vermengung der doch artverschiedenen Urteile, stammt die Antithetik von Wissenschaft und Religion. Hier treten tatsächlich religiöse Denkurteile auf mit erschlichenen Prämissen gegen echte Denkurteile des wissenschaftlichen Denkens.«[72]

Seine Überlegungen zum Irrtum in der Religion stellt er immer wieder zur Diskussion, vervollkommnet und vertieft sie in Veranstaltungen an der Universität Bonn und bei Vortragsreihen. So bietet er 1962 das Seminar ‚Die Bedeutung des Irrtums in der Religionsgeschichte' an. 1963 hält er den Festvortrag ‚Die Möglichkeit des Irrtums in der Religionswelt'. Im gleichen Jahr referiert er über ‚Die Erscheinungsformen des Irrtums in der Religionsgeschichte'. 1964 faßt er die Ergebnisse dieser Veranstaltungen in ‚Erscheinungsformen des Irrtums in der Religionsgeschichte' zusammen. 1966 greift er in der ‚Religionsphilosophischen Woche' der Volkshochschule Klappholttal auf Sylt das Thema ‚Irrtum in der Religion' erneut auf und referiert über ‚Irrtümliche Wunderdeutung', ‚Irrtümliche Urteile über fremde Religionen', ‚Unheilvolle Irrtümer: Ketzerprozesse und Hexenverfolgungen', ‚Aberglaube als beweisbarer Irrtum', ‚Bewußter Irrtum: Fromme Lüge' und ‚Irrtum als menschliche Unheilsituation'. 1969 bietet er eine Diskussionsrunde unter dem Titel ‚Wahrheit und Irrtum in der Religion', an.

Auf der Basis dieser in der Praxis zur Diskussion gestellten Forschungsarbeiten entsteht schließlich die Monographie ‚Der Irrtum in der Religion'. Dieser Band ist ein Standardwerk zur Phänomenologie des Irrtums. Um dies deutlicher zum Ausdruck zu bringen, wurde als Untertitel ‚Eine Einführung in die Phänomenologie des Irrtums' hinzugefügt. Mensching führt den Leser durch die mit Irrtümern überzogene Geschichte der Religionen. Ihm geht es darum zu zeigen, worin kulturelle Barrieren, Vorurteile und religiöser Unfrieden begründet sind. Er nimmt dabei Abstand von jeglicher Polemik oder unsachlicher Auseinandersetzung und bemüht sich um die nüchterne Aufklärung der Ursachen von Irrtümern.

---

[72] Vgl. DRU, 1922 S. 521.

Der Irrtum in der Religion
Eine Einführung in die Phänomenologie des Irrtums

In 12 Kapiteln untersucht Mensching verschiedene wissenschaftlich feststellbare Erscheinungsformen von Irrtümern in den prophetischen und mystischen Religionen. Ausgehend vom Irrtum als religiöser Unrechts- oder Unheilsbezeichnung oder dem Irrtum als Fehlurteil einer Religion über Fremdreligionen behandelt er objektive Irrtümer in den Vorstellungen der Religionen voneinander, aber auch ‚irrtümliche Wunderdeutungen', ‚Aberglaube als beweisbarer Irrtum', ‚Religiöser Betrug als beabsichtigter Irrtum', ‚Irrtümer in der Deutung kultischer Traditionen', ‚Irrtümliche Schriftbeweise', ‚Irrtümliche Welterklärungen', ‚Sprachliche Irrtümer in den Religionen', ‚Irrtümliche religiöse Zukunftserwartungen' und ‚Religiöse Vorurteile als unheilvolle Irrtümer'.

Auch später setzt Mensching seine Forschungen zum Irrtum fort. So gibt ‚Der offene Tempel. Die Weltreligionen im Gespräch untereinander' 1974 Antworten auf die Frage, wie verschiedene Religionen von ihrem Standpunkt her die Grundaussagen anderer Religionen bewerten oder verwerfen. Auf das Gespräch der Weltreligionen untereinander in wechselseitigen Stellungnahmen geht der Bonner Gelehrte in einer Vielzahl kleinerer Vorträge und Aufsätze ein.

‚Der Irrtum in der Religion. Eine Einführung in die Phänomenologie des Irrtums' wird mit dieser zweiten Auflage inhaltlich unverändert dem Publikum überlassen. Einige Bemerkungen zum Text sollen aufzeigen, welche Details gegenüber dem Originaltext verändert wurden:

— Die römische Numerierung der Kapitel wurde in eine arabische Numerierung geändert.
— Die im Text angegebenen Quellenangaben wurden grundsätzlich in Fußnoten aufgenommen, um ein höheres Maß an Übersichtlichkeit zu gewährleisten.
— Zitierweise und Anführungen wurden vereinheitlicht, offensichtliche Schreibfehler korrigiert und unvollständige Literaturangaben ergänzt.
— Ein Namensverzeichnis wurde der Übersichtlichkeit halber aufgenommen.

Schließlich danken die Verfasser und Herausgeber dem Verlag Traugott Bautz für die Bereitschaft, das Buch neu aufzulegen sowie Herrn Prof. Dr. Günther Mensching, dem Sohn Gustav Menschings, für die Erteilung der Rechte zur Neuauflage. Nicht zuletzt möchten wir der Biographin Gustav Menschings, Frau Ina Braun, die uns Archivmaterialien zur Verfügung stellte, Herrn Prof. Dr. Udo Tworuschka, der dem Werk ein Nachwort beisteuerte, Frau Sandra Petry, Sekretärin in der Abteilung Philosophie, und Herrn Jérôme Jaminet danken. Auch soll an dieser Stelle Herrn René Görgens für die Hilfe beim Satz des Buches unser herzlicher Dank ausgesprochen werden.

Hamid Reza Yousefi und Klaus Fischer
Trier, im März 2003

Vorwort

Das Verlangen des religiösen Menschen ist auf Wahrheit gerichtet, was immer er auch darunter versteht. Anspruch und Angebot der Religionen gelten der Wahrheit. Gegner der Religion bestreiten grundsätzlich die Möglichkeit religiöser Wahrheit überhaupt und erklären, was die Religionen als Wahrheit verkünden, als Irrtum.

Der religiöse Mensch befindet sich nach dieser Auffassung in einem fundamentalen Irrtum, der ihm Wirklichkeiten und Wahrheiten vorspiegelt, die es nicht gibt bzw. die seiner eigenen Phantasie entsprungen sind. Von dieser zu allen Zeiten auftretenden Gegnerschaft gegenüber jedem Wahrheitsanspruch der Religion und der Religionen, den man für Irrtum hält, soll hier nicht die Rede sein; denn hier handelt es sich um Glaubensentscheidungen und Glaubensüberzeugungen, deren Wahrheit oder Irrtum nicht Gegenstand einer ihrer Grenzen bewußten Religionswissenschaft sein können.

Machen wir uns einleitend zuvor klar, was unter Wahrheit und ihrem Gegenteil, dem Irrtum, in der Religion zu verstehen ist. Wir haben an anderer Stelle ausführlich über die Idee der Wahrheit in der Religion gesprochen.[1] Hier sei kurz zusammengefaßt, was dort ausgeführt wurde, und auf die Idee des Irrtums bezogen. Wir unterscheiden zwei Wahrheitsbegriffe: Wahrheit als Wirklichkeit und Wahrheit als Richtigkeit. Beide im allgemeinen Leben und Denken vorkommende und verwendete Wahrheitsbegriffe finden sich auch in der Religion.

Einerseits kennen die Religionen Wahrheit als göttliche Wirklichkeit, mit der in den Religionen in einer der verschiedenen geschichtlichen Formen der Begegnung Kontakt hergestellt wird. Von hier aus läßt sich sagen, daß die Wahrheit der Religionen darin besteht, daß und ob sie jenen Kontakt mit der göttlichen Wahrheit-Wirklichkeit herstellt oder nicht. Wahr sind von diesem Standort aus Religionen, die mit göttlicher

---

[1] Vgl. Mensching, Gustav: *Toleranz und Wahrheit in der Religion*, 1. Aufl., Heidelberg 1955 S. 127 ff.

Wahrheit in diesem ersten Sinne Menschen in Berührung bringen, bzw. in denen solche Berührung stattfindet. Dieser Wahrheitsbegriff ermöglicht die Vorstellung, daß nicht nur *eine* Religion wahr sein kann, sondern zahlreiche Religionen. Der Gegensatz zu dieser Wahrheitsform ist Irrtum nicht im Sinne falscher Meinung und Lehre, sondern im existenziellen Sinne als unheilvolle Isolierung von jener göttlichen Wahrheitswirklichkeit. Davon wird unter anderem im ersten Abschnitt dieser Untersuchung zu sprechen sein.

Die zweite Möglichkeit, den Begriff der Wahrheit zu interpretieren, besteht darin, daß Wahrheit als Richtigkeit, also als richtige, d.h. mit dem Objekt übereinstimmende Aussage verstanden wird. Wahr ist eine Aussage, wenn sie mit dem ausgesagten Sachverhalt übereinstimmt. Im Bereich der Religionen finden wir diese Auffassung von Wahrheit in allen Orthodoxien, in denen die Richtigkeit der eigenen Religionslehre behauptet wird.

Von diesem Wahrheitsbegriff aus ist natürlich zu sagen, daß fremde Religionen oder abweichende Lehrüberzeugungen innerhalb der eigenen Religionsgemeinschaft unwahr sind, da logischerweise nur *eine* Wahrheit über Gott und Welt richtig sein kann. Der Gegensatz zu dieser Art Wahrheit ist Irrtum, und zwar sowohl der unbewußte Irrtum, den nur andere als solchen erkennen, als auch der bewußte Irrtum, den man Lüge nennt. Wir werden auch davon in einem Abschnitt zu sprechen haben. Der Irrtum, der hier gemeint ist, bildet also den Gegensatz zu einer meinungsmäßigen Wahrheit.

Nach dieser einleitenden Begriffserklärung sei kurz festgestellt, wovon in dieser religionswissenschaftlichen Untersuchung die Rede sein wird, und wovon nicht.

Zunächst ist klar, wie eingangs bereits bemerkt wurde, daß hier keine Urteile über die Wahrheit der einzelnen Religionen im Sinne beider Wahrheitsbegriffe abgegeben werden können. Ob eine Religion im ersten Sinne des Wahrheitsbegriffs den Kontakt mit jener Wirklichkeit des Heiligen wirklich vermittelt oder nicht, das vermag der Religionswissenschaftler nicht festzustellen. Wohl aber wird die Rede sein davon, daß Religionen solche Urteile ihrerseits über andere Religionen fällen.

Was nun den Wahrheitsbegriff im zweiten Sinne als Richtigkeit betrifft, so handelt es sich hier um objektiv erweisbare Irrtümer, aber natürlich wiederum nicht darum, daß etwa im Sinne von Richtigkeit bestimmte religiöse Lehren von uns als wahr oder falsch erkannt würden. Vielmehr findet sich dieser wissenschaftlich feststellbare Irrtum als Gegensatz zur meinungsmäßigen Wahrheit in verschiedenen Sachbereichen der Erscheinungswelt der Religion: z.B. darin, daß eine Religion objektiv falsche Ansichten über eine andere Religion etwa hinsichtlich ihrer Lehren oder der Formen ihres Kultes hat.

Diese Irrtümer können weiter in Ansichten bestehen über religiös bedeutsame Vorgänge wie z.B. Wunderereignisse, in religiösen Anschauungen, die sich indessen bei näherem Zusehen als nachweisbarer Aberglaube erweisen, in irrtümlichen Deutungen religiöser Traditionen, in religiösen Zukunftserwartungen, die sich nicht erfüllten, in religiösen Beweisverfahren für die Wahrheit theologischer Aussagen und Lehren. Der vielfach in der Religionsgeschichte auftretende religiöse Betrug (pia fraus) ist bewußte Unwahrheit, also Lüge. Was hier den Menschen als Wahrheit suggeriert werden soll, ist dann also auch bei ihnen Irrtum, dessen Irrtümlichkeit diejenigen, die den Betrug verbreiten oder zulassen, kennen. Irrtümer können weiterhin Vorurteile sein, die verhängnisvolle Folgen haben. Ketzerverfolgungen, Hexenwahn und Antisemitismus entspringen aus nachweisbaren Vorurteilen, und diese sind wiederum auch Irrtümer.

Gustav Mensching

1.
Irrtum als religiöse Unrechts- und Unheilsbezeichnung

Die beiden ersten Abschnitte dieser Untersuchung behandeln nicht den hernach ausführlich zu erörternden beweisbaren objektiven Irrtum innerhalb der Religion, sondern zunächst die Verwendung des Begriffes Irrtum im Sprachgebrauch der Religion selbst. Ganz im allgemeinen ist zu sagen, daß der Begriff Irrtum immer von einem vorgegebenen, normierenden Ziel aus Anwendung findet. So wird der Irrtum in der Lösung einer Rechenaufgabe von der richtigen Lösung der Aufgabe aus als Irrtum erkannt. Je nach Art des jeweiligen Zieles ist die Art des Irrtums: ist das Ziel die richtige Ansieht über einen Sachverhalt, dann ist der Irrtum eine fehlerhafte Ansicht; handelt es sich um einen Ziel-Ort, so ist der Irrtum eine falsche Richtung des Weges; ist das Ziel die Erfüllung einer aufgegebenen Pflicht, so ist der Irrtum pflichtwidriges Verhalten im einzelnen Falle. Wenn aber das Ziel eine bestimmte Seinsweise, vielleicht innerhalb einer totalitären Gemeinschaft ist, dann besteht der Irrtum in dem verfehlten gesamtmenschlichen Verhalten und Leben.

Wenden wir diese Begriffe auf die Religion an, so ergibt sich von hier aus eine zwiefache Grundunterscheidung: Irrtum als akute und aktuelle Verfehlung eines konkreten Zieles, also bestimmter Aufgaben oder konkreter Lehrmeinungen z.B., und andererseits Irrtum als existenzielle, d.h. auf die religiöse Existenz bezogene Gesamtsituation, die von der Heilswirklichkeit, also von dem Ziele aus, als unheilvoll und verfehlt angesehen wird.

Wir müssen zuvor noch eine weitere Unterscheidung treffen. Es soll sich in diesem und in dem nächsten Abschnitt nicht um erweisbare und zu erweisende Irrtümer handeln, sondern um die Anwendung des Begriffes Irrtum im Sprachgebrauch der Religionen. Wir stellen fest, daß dieser Begriff, der in einem doppelten Sinne Verwendung findet, einerseits Bezeichnung von akuten Verfehlungen verschiedener Art und andererseits Urteil über die negative Gesamtsituation des Menschen sein kann. Davon unterschieden wird der Wahrheitsbegriff nun vielfach unter erkennbar verwandten Voraussetzungen zur Bewertung fremder Religionen und ihres Wahrheitsanspruches.

Wir beginnen mit der Erörterung der Form religiöser Aussage, in der konkrete Abirrungen verschiedener Art sowohl sittlicher als auch meinungsmäßiger Art als Irrtum im Rahmen einer Religion bezeichnet werden. Im Alten Testament z.B. heißt es: »Weiter als auf den gewöhnlichen Wegen des Irrtums waren sie abgeirrt, indem sie diejenigen Tiere für Götter hielten, welche noch verachteter waren, als die sonst verhaßtesten.«[1]

Hier handelt es sich also um eine akute und aktuelle Abweichung von der Alleinverehrung Gottes durch den Tierkult, also durch ein konkretes, abgöttisches Tun, wobei noch zu erwägen wäre, ob nicht die Behauptung, Tiere wären für Götter gehalten worden, religionsgeschichtlich einen Irrtum enthält, da es zumindest fraglich ist, ob je Tiere als solche für Götter gehalten wurden und nicht nur für deren Erscheinungsformen. Diese Irrtumsart ist in einem späteren Abschnitt zu erörtern. Ein ähnlicher Sachverhalt ist auch bei Hesekiel gegeben. Da ist von einer Festordnung die Rede, vom Opfer eines Stieres und vom Blute, das zur Entsühnung an die Pfosten des Tempels gestrichen werden soll, und dann heißt es: »und ebenso sollst du tun im 7. Monat am Ersten des Monats wegen derer, die sich aus Irrtum oder Unwissenheit verfehlt haben.«[2]

Wieder ist offenbar von aktuellen Verfehlungen gegen göttliche Gesetze aus Irrtum die Rede. Im Römerbrief des Neuen Testamentes wird gesagt, daß der Lohn des Irrtums böse Lüste seien[3], und im Koran heißt es: »Die Menschen waren nur *eine*

---

[1] Weish. 12, 24.
[2] Hes. 45, 20.
[3] Röm. 2, 15.

1.
Irrtum als religiöse Unrechts- und Unheilsbezeichnung

Religionsgemeinde, später wurden sie uneins.«[4] Hier wird die religionsgeschichtlich fragliche Behauptung aufgestellt, daß am Anfang der Menschheitsgeschichte nur *eine* religiöse Gemeinschaft existiert habe, und daß die verschiedenen nun vorhandenen Religionen als sektiererische Abirrungen zu verstehen seien. Auch christliche Sekten wurden ja seitens der christlichen Kirchen vielfach als irrtümliche Abspaltungen, als Abirrungen von der einen wahren Kirche verstanden.

In diesem Zusammenhang sind Irrtümer zu erwähnen, die aus Abweichungen von kirchlichen Lehrsätzen entstehen, und die sogenannten Ketzern vorgeworfen werden. Die katholische Theologie hat in dieser Hinsicht eine systematische Unterscheidung verschiedener Formen des Lehrsatzes und der entsprechenden Differenzierung der Irrtümer entwickelt. Da gibt es z.B. einen ‚ärgerlichen Lehrsatz' (propositio scandalosa), worunter ein Lehrsatz zu verstehen ist, der inhaltlich Anlaß zum Irrtum geben kann; ein ‚häretischer Lehrsatz' (propositio haeretica) widerspricht einer »geoffenbarten und als Glaubenswahrheit endgültig festgesetzten Lehre«[5]; ein die Häresie streifender oder der Häresie verdächtiger Lehrsatz dagegen besteht darin, daß in ihm eine Wahrheit geleugnet wird, die zwar noch nicht sicher als Dogma festgelegt ist, aber doch allgemein als Glaubenswahrheit gilt.

Weiter gibt es einen ‚irrigen Lehrsatz' (error), der eine Glaubenswahrheit, die noch nicht vom kirchlichen Lehramt als Glaubenswahrheit endgültig erklärt ist (error in fide divina), oder eine endgültige Lehrentscheidung leugnet. Ein ‚schismatischer Lehrsatz' (propositio schismatica) endlich ist ein die Auflehnung gegen den Papst und die kirchliche Obrigkeit enthaltender aufrührerischer Satz. Um aus der schier unübersehbaren Fülle kirchlicher Verurteilungen solcher Irrtümer zwei berühmte Beispiele anzuführen, sei einerseits an den Inquisitionspro-

---

[4] Sure 10, 20.
[5] Vgl. Braun, Joseph: *Handlexikon der katholischen Dogmatik*, hrsg. v. Joseph Braun, Freiburg 1926 S. 189.

zeß Meister Eckharts und andererseits an die gegen Martin Luther gerichtete Bannbulle erinnert.

Von Eckhart wurde, wie von allen der Häresie Verdächtigten, ein Widerruf seiner als Irrtümer bezeichneten Anschauungen verlangt. Eckhart hat zwar 1327 eine Kanzelerklärung abgegeben derart, daß er vorhandene aber nachzuweisende Irrtümer nicht vertreten wolle. Widerrufen hat er aber nicht. Das Urteil in diesem Inquisitionsprozeß erging erst nach Eckharts Tode: in der Bulle ‚In agro dominico' wird eine Reihe von Lehrsätzen Meister Eckharts verdammt. Von ihm selbst heißt es in diese Bulle unter anderem: »Verführt [...] durch jenen Vater der Lüge, der sich oft in den Engel des Lichts verwandelt, um den dunklen und abscheulichen Dunst der Sinne statt des Lichtes der Wahrheit zu verbreiten, hat dieser Mensch, entgegen der hell leuchtenden Wahrheit des Glaubens, auf dem Acker der Kirche Dornen und Unkraut hervorbringend und emsig beflissen, schädliche Disteln und giftige Kräuter zu erzeugen, zahlreiche Lehren vertreten, die den wahren Glauben in vieler Herzen umnebelten.«[6]

Die Bannandrohung gegen Luther erfolgte 1520 in der Bulle ‚Exsurge domine'. Darin werden alle als Irrtümer angesehenen Lehrmeinungen Luthers aufgezählt und am Ende heißt es dann: »Praefatos omnes et singulos articulos seu errores tamquam, ut praemittitur, respective haereticos aut scandalosos aut falsos aut piarum aurium offensivos vel simplicium mentium seductivos et veritati catholicae obviantes damnamus, reprobamus atque omnino reicimus.«[7]

Neben dieser Anwendungsmöglichkeit des Begriffes Irrtum seitens der Religion als Bezeichnung aktueller Abirrungen steht nun andererseits die Verwendung dieses Begriffs als Unheilsbezeichnung. Dabei geht es, wie oben ausgeführt wurde, um die existenzielle Isolierung des Menschen von einer wie immer vorgestellten Heilswirklichkeit. Wir unterscheiden,

---

[6] Vgl. Bulle ‚In agro dominico' vom 27.03.1329.
[7] Vgl. Ebenda, § 3; vgl. auch Mirbt, Carl: *Quellen zur Geschichte des römischen Katholizismus*, 1. Aufl., Tübingen 1911 S. 194.

1.
Irrtum als religiöse Unrechts- und Unheilsbezeichnung

wie stets, zwischen prophetischer und mystischer Universalreligion. In beiden Religionsstrukturen begegnet uns der Begriff des Irrtums zur Bezeichnung der Gesamtsituation des Menschen. In den prophetischen Religionen liegt der Irrtum darin, daß hier eine existenziell verfehlte Richtung des Lebens des Menschen vorliegt.

Im Jakobus-Brief des Neuen Testamentes heißt es: »Wisset, daß wer einen Sünder bekehrt hat vom Irrtum seines Weges, der wird seine Seele retten vor dem Tode«[8], und bei Petrus lesen wir: »Ihr waret wie die irrenden Schafe, nun aber habt ihr euch bekehrt zum Hirten und Bischof eurer Seelen.«[9] Ich wiederhole: Irrtum ist hier existenzielles Unheil, das durch einen wiederum existenziellen Akt der Bekehrung, also der Richtungsänderung, zu beheben ist. Im Johannesbrief ist die Rede vom ‚Geist der Wahrheit' und vom ‚Geist des Irrtums'[10], die sich ausschließen, und Hebräer heißt es im gleichen Sinne: »Allzeit gehen sie irre mit ihrem Herzen.«[11]

Auch im Islam findet sich die Verwendung des Begriffs Irrtum für die Existenzform der ‚Ungläubigen'. Im Koran lesen wir: »Wir [Allah] wollen ihr Herz und Gesicht von der Wahrheit abwenden, darum wollen wir sie in ihrem Irrtum herumirren lassen«[12] und an einer anderen Stelle heißt es: »Einen Teil der Menschen hat er [Allah] recht geleitet, einen Teil hat er gebührend dem Irrtum übergeben.«[13] Daß es sich hier um eine existenzielle Haltung des Ungläubigen handelt, geht hervor, wo es heißt: »Diese [Ungläubigen] sind es, denen Gott das Herz versiegelt hat und ihr Gehör und ihr Gesicht. Diese sind die Achtlosen.«[14] Das In-die-Irre-Führen des Menschen geschieht mit Allahs Willen durch ihn selbst. So sagt Koran: »Gott läßt

---

[8] Jak. 5, 20.
[9] 1. Petr. 2, 25.
[10] 1. Joh. 4, 6.
[11] Hebr. 3, 10.
[12] Sure 6, 111.
[13] Sure 7, 51.
[14] Sure 16, 110.

irre gehen, wen er will, und leitet recht, wen er will.«[15] Also auch der Irrtum dieser Art ist durch den allmächtigen Willen Allahs determiniert.

Dieses Koranzitat hat eine erstaunliche Parallele im Römerbrief des Apostels Paulus, wo von Gott gesagt wird: »So erbarmt er sich nun wessen er will und verstockt wen er will.«[16] Das Ziel in solchen prophetischen Religionen ist die persönliche Gemeinschaft mit Gott. Irrtum ist daher, so können wir zusammenfassend sagen, die Bezeichnung der für die prophetische Unheilsidee charakteristischen falschen Grundrichtung der Existenz.

Wie steht es nun in der anderen Strukturform der Universalreligion, in der Mystik, mit der Verwendung des Begriffs des Irrtums? Man kann das Ziel in der Mystik als Erkenntnis der Wahrheit bezeichnen. Dabei muß man sich indessen bewußt sein, daß hier Wahrheit als Wirklichkeit verstanden wird, und daß die Erkenntnis dieser Art von Wahrheit keine intellektuelle Einsicht ist, sondern ein erlebendes Erfassen jener Wirklichkeit des Heiligen. Unter Irrtum wird man hier also das Getrenntsein von jener Wirklichkeit verstehen müssen. In dem Kleanthes-Hymnus, der in der sogenannten Areopagrede zitiert wird, heißt es zu Zeus gewandt: »Geber alles Guten, löse von des Irrtums Fluch die Menschen, daß wir die Wahrheit erkennen.«[17]

Hier handelt es sich also nicht um aktuelle Irrtümer, sondern um das existenzielle Verhängnis des Menschen, generell von der Wahrheitserkenntnis ausgeschlossen zu sein. In ähnlicher Weise finden wir die existenzielle Isoliertheit von der Wahrheitswirklichkeit in der Gnosis ausgesprochen, wo wir bei Poimandres lesen: »Die Sünde der Unwissenheit überschwemmt alles Land, vernichtet mit dem Leib die in ihn eingeschlossene Seele und läßt sie nicht in die Häfen des Heils gelangen. So sucht den Leiter, der euch zu den Pforten des Wissens [der Gottesschau] führt.« Ziel ist hier also Gottesschau und der

---

[15] Sure 35, 9.
[16] Röm. 9, 18.
[17] Apg. 17.

1.
Irrtum als religiöse Unrechts- und Unheilsbezeichnung

Irrtum liegt in der Unwissenheit, d.h. im Getrenntsein von der göttlichen Wirklichkeit. Wiederum also bezeichnet der Begriff Irrtum ein existenzielles Hindernis des Heils und die asketische Vorbereitung, die verlangt wird, umschreiben gnostische Texte folgendermaßen: »Vorher freilich mußt du zerreißen das Gewand, das du trägst, das Gewebe der Unwissenheit«[18], als des Irrtums.

Besonders in den mystischen Religionen Indiens begegnet uns der Begriff des Irrtums zur Bezeichnung der existenziellen Situation des Unheils. So lesen wir z.B. in der Kathaka-Upanishad: »In des Nichtwissens Tiefe hin sich windend, sich selbst als Weise, als Gelehrte wähnend, so laufen ziellos hin und her die Toren.« »Das Sterben geht nicht ein dem Toren, dem Taumelnden, durch Reichtums Blendung Blinden. ›Dies ist die Welt, kein Jenseits gibt's‹, so wähnend verfällt er immer wieder meiner [Yamas, des Todesgottes] Macht.«[19] Irrtum ist hier also Nichtwissen, worunter man existenzielle Gebundenheit an die vordergründig diesseitige Welt und die damit gegebene Todverfallenheit versteht. Der in diesem Irrtum Befangene wähnt, die empirische Welt sei die einzige Realität, die es gibt.

In einem anderen indischen Texte wird eine andere Variation des Begriffs des Irrtums in der Anwendung auf die in der Mystik gesehene Unheilsexistenz gegeben. Hier heißt es: »Der Ātman ist Gott. Wenn aber einer wähnt [also irrtümlich meint]: der Leib usw., welcher nicht Ātman ist, sei Ātman, so heißt dieser Wahn die Bindung des Ātman. Das Zunichtewerden des Wahns ist die Erlösung [moksha].«[20]

Hier liegt also der existenziell sich auswirkende Irrtum in der irrtümlichen Gleichsetzung des Körpers und anderer körperlicher Organe mit dem Ātman, dem göttlichen und ewigen Selbst. Wieder eine andere Form des Irrtums wird als Vielheitsglaube bezeichnet, d.h. als die irrige Meinung, daß die Vielheit der empirischen Welt wahrhaft existiere. So heißt es in der Isha-

---

[18] Vgl. Libelus VII.
[19] Kathaka-Upanishad 2, 5, 6.
[20] Sarva-Upanishad-Sara.

Upanishad: »In blinde Finsternis fahren, die dem Nichtwissen huldigen«[21], also der Vielheitsvorstellung, die als Nichtwissen, als Irrtum bezeichnet wird. In der Bhagavadgītā stehen die Worte: »Verwirrt durch alles dieses [mannigfaltige] Sein in dem Dreiqualitätenreich [der empirischen Welt] erkennt die Welt mich [Vishnu] nicht als höher und unvergänglich. Mein göttlich Scheinbild [Māyā] dieser Welt ist schwer zu überwinden. Doch wer mir selbst sich wendet zu, überwindet dieses Zauberbild.«[22] Der in diesen Texten ausgesprochene Irrtum, die Vielheitswelt für real zu halten, darf indessen nicht als eine philosophische Weltanschauung betrachtet werden, sondern muß verstanden werden in ihrem religiösen Charakter. In einer Welt zu leben, in der man seinen eigenen Körper und die Umwelt für wirklich hält, bedeutet religiös gesehen Abspaltung und Kontaktlosigkeit dem absoluten Selbst gegenüber.

In gleicher Weise sieht es auch der Buddhismus als Irrtum an, wenn der Mensch die empirische Welt für wirklich hält und sein eigenes Ich dazu. In Udana lesen wir: »Dieses Geschlecht haftet an der Ichvorstellung. Das haben einige nicht erkannt und nicht gesehen, daß dies der Stachel [aller leidvollen Existenz] ist. Für den aber, der den Stachel sieht, gibt es nicht die Vorstellung: ›ich handle.‹«[23] Im Ichbewußtsein sieht der Buddhismus den Höhepunkt unheilvoller Individuation. Das Individuelle aber ist unheilvoll, ist Leiden (dukkha).

Der im Irrtum dieser Art Lebende, also Unerlöste hält sich in dem, was er tut und denkt, selbst für handelnd, während nach buddhistischer Auffassung das Ich und die Ichvorstellung zur vergänglichen Unheilswelt gehören. Die buddhistische Bezeichnung für den Ursprung leidvoller d.h. erlösungsbedürftiger Existenz ist avijja, Nichtwissen, also Irrtum. Bodhi aber ist Erleuchtung und mit ihr ist die Wahnvernichtung gegeben, die sich auf die Elemente der Individualität bezieht, wie es Samyutta-Nikaya heißt: »Was nicht euch gehört, das gebt auf; das Auf-

---

[21] Isha-Upanishad 9.
[22] Bhagavadgītā 7, 13 f.
[23] Udana 6, 6.

1.
Irrtum als religiöse Unrechts- und Unheilsbezeichnung

geben wird euch zu Heil und Segen gereichen. Was aber gehört nicht zu euch? Die Gestalt, die Empfindung, die Wahrnehmung, die Geistestätigkeit und das Bewußtsein. Diese gebet auf; das Aufgeben wird euch zu Heil und Segen gereichen.«[24] Der Wahn, der hier als Unheil beseitigt werden soll, besteht darin, daß diese ‚Gruppen' von Daseinsfaktoren (dharma) irrtümlich für das Selbst gehalten werden.

---

[24] Samyutta-Nikaya 22, 33.

2.
Irrtum als Fehlurteil einer Religion über Fremdreligionen

Eine zweite Verwendungsform des Begriffs des Irrtums im Sprachgebrauch der Religionen liegt vor, wenn eine Religion andere des Irrtums bezichtigt. Solche Urteile über den angeblichen Irrtum fremder Religionen durch eine andere Religion sind zu unterscheiden von den in solchen Urteilen oft nachweisbaren objektiven Irrtümern, nach denen wir im nächsten Abschnitt gesondert fragen werden.

Wir stellen diese wechselseitige Irrtumsbezichtigung zwischen bestimmten Religionen zunächst nur als Phänomen dar. Über die Richtigkeit solcher Vorwürfe ist ein wissenschaftlich begründetes Urteil nicht möglich, sofern nicht in den Ansichten über Wesen und Praxis fremder Religionen objektiv nachweisbare Irrtümer sich vorfinden.

Zahlreiche frühchristliche Kirchenlehrer bezichtigen fremde Religionen des Irrtums. Bereits Tertullian (ca. 160-220 n. Chr.) vertritt die Anschauung, daß die ‚Heiden' in tiefem Irrtum sich befinden, wenn sie dämonische Wesen, die sie angeblich zu allerlei Verbrechen und Schandtaten verführen, für Götter halten.[1] Einen weiteren Irrtum sieht er in typischer, bereits im Alten Testament begegnender Weise darin, daß nach seiner Ansicht die Götterbilder mit den Göttern in eins gesetzt würden, wodurch ihre Ohnmacht bewiesen sei. Dieser Vorwurf wurde, wie gesagt, auch im Alten Testament bereits erhoben, wenn es z.B. bei Jesaja heißt: »Vor dem Machwerk seiner Hände fällt

---

[1] Vgl. Tertullian, Quintus Septimius Florens: *Apologeticum*. Verteidigung des Christentums, lateinisch und deutsch, 1. Aufl., München 1952.

man nieder, vor dem, was seine Finger hergestellt haben.«[2] Der Irrtum, der hier behauptet wird, besteht also darin, daß angeblich tote Dinge zu Göttern selbst erhoben werden.

Im Jahre 305 schrieb Arnobius eine Schrift ‚Wider die Heiden' (Adversus nationes). Auch in diesen 7 Büchern werden Vielgötterei und Unsittlichkeit, die er in den nichtchristlichen Religionen zu finden glaubt, als Irrtum angeprangert. Ein Schriftsteller des 4. Jahrhunderts war der zum Christentum übergetretene Firmicus Maternus.

Wenige Jahrzehnte nach dem Toleranzedikt Kaiser Konstantins 313 schrieb dieser fanatische Konvertit ein Buch mit dem Titel ‚De errore religionum profanarum' 347, in dem er die von ihm als Irrtümer angesehenen Kulte der fremden Religionen beschreibt. Nach seiner Ansicht – und darin besteht der Grundirrtum der ‚profanen Religionen' – dienen diese nichtchristlichen Religionen bzw. ihre Gläubigen in ihren Kulten den Elementen: die Ägypter dem Wasser, die Phrygier der Erde, die Assyrer der Luft, die Mithrasgläubigen dem Feuer. Zugleich liegt hier ein Beleg für jene Form des Irrtums vor, von der wir später sprechen werden, daß nämlich Religionen Fremdreligionen und ihre Kulte objektiv falsch interpretieren; denn es ist sehr fraglich, ob die von Firmicus Maternus gegebene Charakterisierung fremder Kulte richtig ist.

Firmicus verachtete die Kulthandlungen der Nichtchristen, weil sie die Menschen einen Weg nicht zum Heil, wie sie irrtümlicherweise meinen, sondern ins Verderben führen. Er sagt: »Ich will, durch die Lehre der heiligen Schriften unterwiesen, die verlorenen Menschen mit einer religiösen Rede mahnen. Wenn die, welche ihr verehrt, Götter sind, warum betrauert ihr sie? [Wie z.B. im Attiskult den gestorbenen Kultgott.] Warum beklagt ihr sie in alljährlichen Trauerfeiern? Wenn sie Tränen und Trauer verdienen, warum überhäuft ihr sie mit göttlicher Ehre? Tut darum eines von beiden: unterlaßt es entweder, sie zu betrauern, wenn sie Götter sind, oder, wenn ihr sie der Trauer und Tränen für würdig haltet, dann unterlasset es, sie

---

[2] Jes. 2, 8.

2.
Irrtum als Fehlurteil einer Religion über Fremdreligionen

Götter zu nennen, damit nicht durch eure Trauer und eure Tränen die Majestät des göttlichen Namens befleckt werde.«

Auch der Kirchenlehrer Augustin (354-430), der zwar bisweilen auch fremde Religionen in seinen Begriff des Christentums einbezog und sagen konnte: »Das, was man jetzt als christliche Religion bezeichnet, bestand bereits bei den Alten und fehlte nie seit Anfang des Menschengeschlechtes, bis Christus im Fleische erschien, von wo an die wahre Religion, die schon vorhanden war, anfing, die christliche genannt zu werden«[3] – derselbe Augustin hat sich in seiner Schrift ‚De civitate Dei. Contra paganos' über den Irrtum speziell der nichtchristlichen römischen Religion geäußert. In dem Glauben an die ‚digentium' [= Götter der Völker] sah Augustin den Urabfall von Gott, den Aufstand des Menschen gegen den Schöpfer. Augustin meinte, daß die Götter aus superbia, aus menschlicher Überhebung erfunden seien, auch seien hier Dämonen, deren Existenz er nicht leugnete, zu Göttern erhoben. Mit diesem Vorwurf zugleich wurde von Augustin auch die viel gerühmte römische Sittlichkeit beanstandet. Von ihm stammt das Wort, die virtutes der Nichtchristen seien splendida vitia [‚glänzende Laster'], weil sie nicht auf der Grundlage des Glaubens an den wahren Gott entstanden seien.

Eine wechselseitige Irrtumsbezeichnung liegt zwischen Juden und Christen vor. Der Irrtum der Juden besteht nach christlicher Auffassung darin, daß sie Jesus nicht als den ihnen geweissagten und von ihnen erwarteten Messias anerkennen. Der Irrtum der Christen wiederum liegt nach jüdischer Auffassung darin, daß sie [die Christen] in Jesus die Erfüllung der messianischen Weissagungen des Alten Testamentes sehen und das Alte Testament vom Neuen Testament aus interpretieren. Das Judentum kennt kein Altes Testament, da es kein Neues Testament kennt bzw. anerkennt. Das Judentum hat es daher stets als irrige Anmaßung bezeichnet, daß das Christentum das Alte Testament als die Voraussetzung des Neuen Testamentes und

---

[3] Vgl. Augustin, Aurelius: *Retractiones*: libri 1, 12, 3, Lugdunum; *De civitate Dei. Contra paganos.*

dieses als Vollendung des Alten Testamentes ansieht. Auch die christliche Idee von der Gottessohnschaft Jesu wird seitens des Judentums als Irrtum bzw. als Lüge bezeichnet, wenn es in der Mischna gelegentlich heißt: »Närrisch ist das Herz der Lügner, welche sagen, der Heilige, gepriesen sei sein Name, habe einen Sohn. Wenn Gott es vor Schmerz schon nicht mit ansehen konnte, daß Abraham seinen Sohn schlachtete, wozu er bereit war, wie viel weniger hätte er wohl seinen eigenen Sohn töten lassen, ohne die ganze Welt zu zerstören.«[4]

So positiv die Person Jesu vom Islam bewertet wird, so entschieden werden die mit ihm verbundenen dogmatischen Vorstellungen als Irrtümer abgelehnt. Voran steht auch hier die Leugnung der Gottessohnschaft Jesu. Im Koran heißt es: »Nicht steht es Gott zu, einen Sohn zu zeugen«[5], und an einer anderen Stelle lesen wir: »Es sprechen die Christen: Der Messias ist Gottes Sohn' [...] Sie führen ähnliche Reden, wie die Ungläubigen von zuvor, Gott schlage sie tot [...] wo ihnen doch allein geboten ward, einem einzigen Gott zu dienen, außer dem es keinen Gott gibt.«[6]

Weiterhin lesen wir die Worte »Gezeugt hat der Erbarmer einen Sohn. Wahrlich, ihr behauptet ein ungeheuerlich Ding. Fast möchten die Himmel darüber zerreißen, die Erde möchte sich spalten und es möchten die Berge in Trümmer stürzen, daß sie dem Erbarmer einen Sohn beilegen, dem es nicht geziemt, einen Sohn zu zeugen. Keiner in den Himmeln und auf Erden darf sich dem Erbarmer anders nahen, denn als Sklave.«[7] Durch irrtümliche Verfälschung der ursprünglichen christlichen Wahrheit wurde nach islamischer Meinung Jesus zu göttlicher

---

[4] Vgl. Mischna. Dies ist eine Sammlung der außerhalb der Tora ursprünglich nur mündlich überlieferten Lehren des Judentums. Vgl. Beer, Georg: *Die Mischna*, übersetzt mit eingehender geschichtlichen und sprachlichen Einleitung, hrsg. v. Georg Beer, Berlin 1971.
[5] Sure 19, 36.
[6] Sure 9, 31.
[7] Sure 19, 91

2.
Irrtum als Fehlurteil einer Religion über Fremdreligionen

Würde erhoben. Im Koran heißt es: »Er war weiter nichts als ein Knecht [Gottes].«[8]

Das war auch Mohammed und so wurden beide als Gesandte Allahs einander gleichgestellt mit dem Unterschied, daß Jesus der vorletzte und Mohammed der endgültig letzte Prophet und Gesandte Allahs war. Im Koran lesen wir: »Nicht ist der Messias, der Sohn Marias, etwas anderes als ein Gesandter; vorausgingen ihm Gesandte, seine Mutter war aufrichtig.«[9] Die Aufrichtigkeit der Maria, die hier betont wird, bestand darin, daß sie keinen Anspruch auf Göttlichkeit erhoben hat, was der Wahrheit widersprochen hätte.

In der christlichen Trinitätslehre sah und sieht der Islam einen Rückfall in den von ihm so entschieden bekämpften Polytheismus der Götzendiener. Wir lesen: »Wahrlich ungläubig sind, die da sprechen: ‚Gott ist ein dritter von dreien'. Aber es gibt keinen Gott denn den einzigen Gott [...] Wollen sie denn nicht umkehren zu Gott und ihn um Verzeihung bitten?«[10] Wir kommen auf diese Frage der Trinität in islamischer Betrachtung noch einmal zu sprechen, wenn wir im nächsten Abschnitt den Irrtum des Propheten hinsichtlich der christlichen Trinitätslehre behandeln.

Das Christentum im allgemeinen wird vom Islam des Irrtums bezichtigt, eine irrige, von der einen wahren und geoffenbarten Religion Abrahams, die auch das Christentum nach islamischer Auffassung ursprünglich war, abweichende Religion zu sein und durch Fälschung der heiligen Schriften entsprechend irrige Anschauungen zu haben. Es heißt: »Christus, der Sohn Marias, ist nur ein Gesandter, so wie ihm Gesandte auch vorausgegangen sind. Seine Mutter war eine wahrhafte und wahrhaftige Frau, keine Göttin. Beide aßen gewöhnliche Speise [...] Doch seht nun, wie sie [von der Wahrheit] abwichen [...] Sage ihnen: o ihr Schriftbesitzer, überschreitet doch nicht gegen die Wahrheit die Grenzen eurer Religion und folgt nicht dem

---

[8] Sure 43, 59.
[9] Sure 5, 77.
[10] Sure 5, 77 f.

Verlangen der Menschen [= der früheren Theologen], welche schon früher geirrt und manchen verführt haben. Sie sind von der rechten Bahn abgewichen.«[11]

Unter den Irrtümern, die der Islam außerdem am Christentum beanstandet, gehört die übliche Vorstellung vom gewaltsamen Tode Jesu. Im Koran wird gesagt, die Juden behaupteten: »wir haben den Messias Jesus [...] den Gesandten Gottes ermordet [...]. Sie wissen nichts von ihm, sondern folgen nur Meinungen; nicht töteten sie ihn wirklich, sondern es erhöhte Gott ihn zu sich.«[12] Der Grund für die Ablehnung des Kreuzestodes Christi seitens des Islams liegt darin, daß für den Islam als Gesetzesreligion, die Gott als gerechten Richter betrachtet, es unmöglich ist, daß Gott einen Unschuldigen mit der Todesstrafe belegen läßt. Auch der Bibel Alten und Neuen Testaments, die voller Widersprüche sei, wirft der Islam Irrtümer in Gestalt der teilweisen Verfälschung vor. Die Bibel war, wie andere heilige Schriften auch, Buch der Offenbarung Gottes, bis es von Juden und Christen gefälscht wurde.

Der Koran ist die wiedererstandene Uroffenbarung, in ihr ist die ‚Religion Abrahams' in reinster Weise bezeugt. So ist der Koran der Maßstab, von dem aus die Abweichungen von ihm im Alten Testament und Neuen Testament als Irrtümer erkannt werden. Nach islamischer Auffassung ist daher die Bibel vom Koran aus zu beurteilen und zu interpretieren; denn der Koran ist die abschließende Offenbarung. Dieselbe Ansicht vertritt die christliche Theologie gegenüber dem Alten Testament, das ebenfalls vom Neuen Testament, der nach christlicher Auffassung abschließenden Offenbarung, aus zu interpretieren ist.

Wenden wir uns noch einmal dem Judentum der nachbiblischen Zeit zu. Wie die mittelalterliche Kirche die Juden des Irrtums bezichtigte und verfolgte, so hat auch der Reformator Martin Luther in sehr scharfer Weise sich gegen die Irrtümer der Juden gewandt. Darin heißt es unter anderem, daß bereits 1500 Jahre vergangen seien, daß Vespasian (9-79 n. Chr.) und

---

[11] Sure 5, 75.
[12] Sure 4, 156 ff.

2.
Irrtum als Fehlurteil einer Religion über Fremdreligionen

Titus (39-81 n. Chr.) Jerusalem zerstört und die Juden vertrieben hätten: »solcher grausamer Zorn Gottes zeigt also genug an, daß sie gewißlich müssen irren und Unrecht tun.«[13]

Der Islam nun ist vom kirchlichen Christentum im Laufe der Jahrhunderte immer wieder des Irrtums, ja, der teuflichen Lüge bezichtigt worden. Bereits Johannes Damascenus (ca. 650-754) setzte sich mit dem Islam in der Weise auseinander, daß er in ihm eine christliche Häresie also eine Irrlehre sah. In dieser und der weiteren kurz zu nennenden Auseinandersetzung mit dem Islam wird dieser weniger des unbewußten Irrtums als der bewußten Lüge bezichtigt.

Damascenus wirft dem Propheten vor, er habe die »lächerlichen Verfügungen«, die er in den Koran hineinsetzte, als heilige Lehre ausgegeben. Nach Eulogius von Cordoba[14] habe Mohammed gegen Ende seines Lebens geweissagt, daß nach seinem Tode Engel ihn aufwecken würden. Das aber war ein Irrtum; denn nachdem seine Seele in die Hölle hinabgestiegen sei, hätten Hunde seinen Leichnam aufgefressen.

Hildebert von Lavardin[15] wirft Mohammed folgenden Schwindel vor: er habe seine göttliche Sendung dadurch bewiesen, daß er einen Stier, den der ‚Betrüger' insgeheim gezähmt hatte, vor sich niederknien ließ. In derselben Richtung, Mohammed als Betrüger zu erweisen, liegt die Behauptung von Andrea Dandolo (gest. 1354), Mohammed habe eine weiße Taube abgerichtet, Getreidekörner auf seiner Schulter sitzend aus seinem Ohr zu picken. Das Volk habe daraufhin die Taube für einen Boten Gottes angesehen, der mit dem angeblichen Propheten in Verbindung trat.

Bei Martin Luther begegnet uns ebenfalls eine radikale Ablehnung des Islam, der ein Gemisch von jüdischen, christlichen und heidnischen Elementen sei. Vor allem werden hier dem Islam als grundlegende Irrtümer die Leugnung der Kernstücke des christlichen Glaubens vorgeworfen: daß Jesus nicht Gottes

---

[13] Vgl. Luther, Martin: *Von den Jüden und ihren Lügen*, 1543.
[14] Eulogius von Cordoba wurde 859 als Märtyrer hingerichtet.
[15] Hildebert von Lavardin starb 1133 als Erzbischof von Tours.

Sohn sei und mit anderen Propheten gleichgesetzt werde, die Bestreitung der Trinität, der Verzicht auf die Sakramente usw. Immer wieder bis zu Voltaire (1694-1778) und darüber hinaus bis in die gegenwärtige christliche Orthodoxie hinein erscheint Mohammed als der Betrüger bzw. als »falscher Prophet«, der, wie Gottfried Simon in einem Aufsatz über Mohammed in der Evangelischen Pastoraltheologie 1953 sagt, seine kühnen, ehrgeizigen Eroberungspläne für göttliche Eingebungen ansah, und in dessen Wirken ‚satanische Kräfte' entbunden wurden.

Es sind, wie sich in den voraufgegangenen Ausführungen gezeigt hat, in erster Linie, ja eigentlich ausschließlich prophetisch-gesetzliche Religionen, die diese Form der Irrtumsbezichtigung fremden Religionen gegenüber aussprechen. Das hängt natürlich zusammen mit dem exklusiven Absolutheitsanspruch, den diese Religionen erheben. Einerseits verurteilen die prophetischen Religionen die fremde Religionslehre wegen ihrer von der eigenen Wahrheit abweichenden Anschauung als Irrtum, andererseits begegnen wir z.B. im Bereich des Katholizismus einer institutionalisierten Form des Absolutheitsanspruches in dem Unfehlbarkeitsanspruch des Papstes. Unfehlbarkeit (infallibilitas) aber bedeutet Irrtumslosigkeit. Bekanntlich wurde durch das erste Vatikanische Konzil 1870 das Dogma der Unfehlbarkeit des Papstes definiert und zur verbindlichen Glaubenslehre gemacht.[16] Gegenstand dieser Irrtumslosigkeit sind sowohl Glaubenswahrheiten als auch andere nicht geoffenbarte Lehren, die aber mit den Glaubenswahrheiten zusammenhängen.

Hier ist also in aller Klarheit der Begriff der Wahrheit im Sinne von Richtigkeit zu Grunde und das als irrtumslos erklärte System rationaler Wahrheiten des Glaubens zum Maßstab gemacht für die Erkenntnis dessen, was als Irrtum, sei es in der eigenen Kirche, sei es außerhalb ihrer, zu gelten hat.

In den mystischen Religionen fehlen die Vorwürfe des Irrtums gegenüber fremden Religionen. Radhakrishnan z.B. sagte in dieser Hinsicht, daß nach seiner Ansicht alle Religionen wahr

---

[16] Vgl. Sess, 4, c. 4.

2.
Irrtum als Fehlurteil einer Religion über Fremdreligionen

seien außer denen, die Ausschließlichkeit beanspruchen. Solche Ausschließlichkeit aber nehmen die mystischen Religionen ganz ausdrücklich nicht in Anspruch; denn die Mystiker empfanden stets eine tiefe letzte Gemeinsamkeit aller Religionen miteinander. Diese Gemeinsamkeit liegt darin, daß alle im Sinne inhaltlicher Toleranz voneinander anerkennen, irgendwie mit dem göttlich Absoluten in Kontakt zu stehen.[17] Dieser Kontakt ist ihre Wahrheit. Wo also, wie in der Mystik, ein inklusiver (nicht ein exklusiver) Absolutheitsanspruch erhoben wird, d.h. wo auch fremde Religionen einbezogen werden in die Welt des Glaubens, da gibt es keine Irrtumsbezichtigung außerhalb der eigenen Religion.

---

[17] Vgl. Mensching, Gustav: *Toleranz und Wahrheit in der Religion* (1955), 2. überarbeitete Aufl., Hamburg 1966 S. 182.

3.
Objektiver Irrtum
in den Vorstellungen der Religionen voneinander

Die Religionen bzw. ihre Vertreter sind, sofern sie nicht mystischen Charakters sind, wenig geeignet, objektive Urteile und Aussagen übereinander abzugeben; denn zu einem liebevollen Eingehen auf fremde Religionsvorstellungen und -praktiken fehlen sowohl die Motive angesichts des Glaubens an den eigenen Wahrheitsbesitz, als auch die Möglichkeit mangels Quellenkenntnis ein sachgemäßes Urteil über fremde Religionen sich zu bilden.

Daß fremde Religionen abgelehnt werden, aus Gründen, die hier nicht zu erörtern sind, ist verständlich und soll uns hier nicht weiter beschäftigen, aber daß in solchen Urteilen über fremde Religionen bzw. in ihren Vorstellungen vom Wesen der fremden Religionen objektive Irrtümer sich finden, läßt sich wissenschaftlich nachweisen. Wir wählen einige Beispiele aus verschiedenen Bereichen der Religionsgeschichte, um diese These zu erhärten. Dabei kann es sich selbstverständlich nicht um die schlechthin unerfüllbare Aufgabe handeln, ein erschöpfendes Verzeichnis aller solcher objektiver Irrtümer in den Religionen der Welt aufzustellen. Unsere Absicht ist, wie überhaupt in diesem Buch, gerichtet auf eine Typologie solcher Irrtümer.

Greifen wir zunächst wieder auf das Alte Testament zurück. In der Genesis wird der Turmbau zu Babel geschildert.[1] Bekanntlich handelt es sich hier um ein wirkliches geschichtliches Geschehen: die Babylonier bauten solche Türme (Zikkurats), deren Fundamente vielfach noch vorhanden sind. Der Irrtum nun, den man objektiv nachweisen kann, bestand seitens der

---

[1] 1. Mos. 11.

biblischen Beobachter und Beurteiler darin, daß nach dem Zeugnis des Alten Testamentes die Menschheit den Versuch gemacht habe, Türme zu bauen, mit denen sie frevelmütig den Himmel stürmen wollte. Diese Türme waren also in dieser Beurteilung Ausdruck der allgemeinen Sündhaftigkeit der damaligen Menschen. Das war aber nun keineswegs die Absicht, die man mit diesen Tempeltürmen verband. Sie bestand bei den frommen Babyloniern gerade darin, der Gottheit sozusagen auf halbem Wege entgegenzukommen; denn oben auf diesen Türmen befanden sich Tempel, zu denen die Menschen hinauf- und die Götter hinabsteigen sollten. So dienten diese Türme der Begegnung der Menschen mit ihren Göttern.

Durch das ganze Alte Testament zieht sich die Vorstellung, nicht nur, daß die Götter der Nichtjuden (,der Völker') machtlos sind, sondern daß sie von ihren Gläubigen mit den Götterbildern identifiziert und angebetet werden. Diese Vorstellung ist fraglos irrig; denn in wirklicher Religion (im Unterschied zur Magie) sind die Götterbilder nur symbolhafte Repräsentationen, aber nicht die Gottheiten selbst. Diese Vorstellung bezeugt z.B. der Psalm: »Jener [der Völker] Götzen aber sind Silber und Gold, von Menschenhänden gemacht. Sie haben Mäuler und reden nicht, sie haben Augen und sehen nicht, sie haben Ohren und hören nicht, sie haben Nasen und riechen nicht, sie haben Hände und greifen nicht, Füße haben sie und gehen nicht und reden nicht durch ihren Hals.«[2]

Dieser typische Irrtum, Kultgegenstände für die dargestellte Gottheit selbst zu halten, findet sich vielfach in der Religionsgeschichte, z.B. auch bei Heraklit (um 500 v. Chr.) aus Ephesos im alten Griechenland. Im Fragment 5 heißt es: »Und sie beten auch zu diesen Götterbildern, wie wenn einer mit Gebäuden Zwiesprache pflegen wollte.« Zweifellos wird diese Identifikation von Götterbild und Gott irrtümlicherweise von der breiten Masse vielfach vollzogen, wenn magischer Kontakt zu diesen Bildern (z.B. durch Kuß oder sonstige Berührung) gesucht wird. Die eigentliche Intention aber, die dem Götterbild

---

[2] Ps. 115.

3.
Objektiver Irrtum
in den Vorstellungen der Religionen voneinander

zugrunde liegt, meint nur die Gottheit und repräsentiert sie durch das Bild.

Daß die Religionen von einander weithin irrige Vorstellungen haben, zumal es an Anschauung und Textkenntnis zumeist fehlt, läßt sich besonders deutlich am Islam zeigen, der hinsichtlich des Christentums zahlreiche Irrtümer objektiver Art im Koran aufweist. Wir nennen einige von ihnen: Maria wird mit Miriam, der Tochter Aarons, verwechselt.[3] So heißt es an einer anderen Stelle: »Es sprachen die Juden: Esra ist Allahs Sohn.«[4] Auch das ist objektiv unrichtig; denn niemals haben die Juden Esra für einen Sohn Jahves gehalten. Irrig ist natürlich auch das von Mohammed bzw. vom Koran angenommene Verhältnis von Koran, Thora und Evangelium.

Nach islamischer Auffassung waren alle drei heiligen Schriften (auch das Evangelium, das tatsächlich ja in vier kanonischen Evangelien vorliegt, wird als *ein* Buch angesehen) von gleichem Inhalt, wenigstens ursprünglich, d.h. ehe Altes Testament und Neues Testament nach islamischer Meinung, die natürlich gleichfalls irrig ist, verfälscht wurden. Es heißt: »Dem Mose gaben wir die Schrift [worunter irrigerweise wohl das ganze Alte Testament oder zumindest das ganze sogenannte ‚mosaische Gesetz', das ja auch nur zum geringsten Teil von Mose stammt, verstanden wird] und ließen ihm Gesandte nachfolgen; wir gaben Jesus, dem Sohn der Maria, deutliche Zeichen und stärkten ihn mit heiligem Geist.«[5]

Im Weitern lesen wir: »Wahrlich, wir entsandten Noah und Abraham und gaben seiner Nachkommenschaft das Prophetentum und die Schrift [...] und wir ließen Jesus, den Sohn der Maria, folgen, und gaben ihm das Evangelium«[6] (offenbar auch als Buch verstanden, was wiederum der geschichtlichen Entstehung des Neuen Testamentes widerspricht). Nach islamischer Auffassung ist also das Evangelium gleichfalls ein Gesetzbuch

---

[3] Sure 19, 29.
[4] Sure 9, 30.
[5] Sure 2, 81.
[6] Sure 57, 26.

wie das des Mose und wie der Koran. Deshalb ist auch nach islamischer Ansicht Jesus zur Bestätigung der zuvor geoffenbarten Thora, also des mosaischen Gesetzes, gesandt worden. Der Koran bezeugt diese Vorstellung: »Und in ihren [d.h. der voraufgehenden Gesandten] Spuren ließen wir folgen Jesus, den Sohn der Maria, zu bestätigen die Thora, die vor ihm war, und gaben ihm das Evangelium, darin eine Leitung und ein Licht bestätigend die Thora.«[7]

Daß hier sowohl irrige Vorstellungen über den Inhalt des Evangeliums, das eben gerade kein Gesetzbuch ist, als auch über das Verhältnis der drei Offenbarungsurkunden zueinander vorliegt, ist offenkundig. Zugrunde liegt eben die Idee, daß es nur *eine* Offenbarung des *einen* Gottes gibt, die in den drei heiligen Schriften des Alten Testamentes, Neuen Testament und des Koran niedergelegt war. Was heute noch in der Bibel mit dem Koran übereinstimmt, und was die Wissenschaft als Übernahme aus Altem Testament und Neuem Testament erklärt, sieht, geschichtlich irrig, der Islam als Reste der Uroffenbarung an.

Ein weiterer Irrtum im Koran bezieht sich auf die Trinitätslehre des Christentums, die bereits von Mohammed entschieden abgelehnt wurde wegen des darin von ihm gesehenen Rückfalls in den Polytheismus. So heißt es: »Wahrlich, ungläubig sind, die da sprechen: ,Gott ist ein Dritter von dreien'. Aber es gibt keinen Gott, denn den einigen Gott [...] Wollen sie [die Christen] denn nicht umkehren zu Gott und ihn um Verzeihung bitten?«[8] Der konkrete Irrtum bestand nun darin, daß Mohammed offenbar annahm, die drei Personen der Gottheit seien Gott-Vater, Sohn-Jesus und Mutter-Maria. Im Koran heißt es nämlich: »Und wenn Gott sprechen wird: Jesus, Sohn der Maria, hast du zu den Menschen gesprochen: ›Nehmt mich und meine Mutter als zwei Götter neben Gott an?‹ Dann wird er

---

[7] Sure 5, 50 f.
[8] Sure 5, 77.

3.
Objektiver Irrtum
in den Vorstellungen der Religionen voneinander

sprechen: ›Es steht mir nicht zu, etwas zu sprechen, was nicht wahr ist.‹«[9]

Nicht nur im Islam finden sich Irrtümer über das Christentum, auch christlicherseits begegnen uns zahlreiche Irrtümer hinsichtlich des Islam. Daß der Islam von seinem Eintritt in die Geschichte an, nämlich von Johannes von Nikiu in Nordägypten (geb. um 640 n. Chr.), dem ersten Theologen, der sich mit dem neu entstandenen Islam beschäftigte, an bis in die Gegenwart hinein abgelehnt und mit verletzenden Prädikaten versehen wurde, läßt sich leicht nachweisen, was hier indessen nicht geschehen soll.

Nur einige Hinweise seien gestattet: Johannes von Nikiu z.B. nannte den Islam »Glaube des Tieres« und Mohammed bezeichnete er selbst als Tier. Dante (1265-1321) versetzte Mohammed mit Brutus und Cassius, den Mördern Caesars, in den untersten Kreis der Hölle, und der Theologe Gottfried Simon, der 1948 ein Buch über die ›Welt des Islam‹ schrieb, stellte in einem Aufsatz die rhetorische Frage: »werden nicht in dem Wirken dieses Mannes [Mohammed] tatsächlich satanische Kräfte entbunden?«[10]

Diese negative Bewertung des Islam läßt sich durch die ganze christliche Kirchen- und Geistesgeschichte verfolgen. Doch das geht uns in unserem Zusammenhange nichts an; denn nicht die grenzenlose Intoleranz der christlichen Theologie gegenüber dem Islam gilt es hier festzustellen, sondern daß in den Urteilen über den Islam objektive Irrtümer vorliegen. Ohne im mindesten Vollständigkeit anzustreben, greifen wir einige charakteristische Irrtümer heraus. Johannes Damascenus, einer der größten Lehrer der Ostkirche, setzte sich mit dem Islam auseinander, unterlag dabei aber dem Irrtum, den Islam als christliche Häresie zu behandeln. Daß die Reformatoren des 16. Jahrhunderts nicht freundlich über den Islam dachten, ist angesichts der seit der Eroberung Konstantinopels durch die Türken (1453)

---

[9] Sure 5, 116.
[10] Vgl. Simon, Gottfried: *Der Islam und die christliche Verkündigung*. Eine missionarische Untersuchung, Gütersloh 1920.

erfolgenden ständigen Bedrohung des Abendlandes durch den Islam verständlich.

Von Luthers Ansicht über den Islam zeugen die 1542 erschienenen Schriften: ‚Vom Kriege wider die Türken', ‚Heerpredigt wider den Türken' und die ‚Verlegung des Alcoran Bruder Ricardi'. Über Luthers Stellung zum Islam ist vielfach geschrieben worden.[11] Wir verzichten darauf, Luthers irrige Auffassungen vom Islam hier im einzelnen darzustellen. Der Koran war für Luther ein »faul schändlich Buch« und in den Türken, in denen der Islam dem Abendland der damaligen Zeit begegnete, sah er »den leibhaftigen Teufel.« Von dieser Grundeinstellung aus ist es verständlich, daß Luther keine sonderliche Sorgfalt auf eine korrekte Darstellung des Islam, sofern sie ihm überhaupt möglich gewesen wäre, verwandte. »Auch Luther zeigt [...], daß er Muhammed, Koran, Muslime, überhaupt den gesamten Islam nur unter dem bekannten, verengten mittelalterlichen Blickwinkel zu sehen vermag.«[12] Wir wollen vielmehr am Beispiel des noch radikaler intoleranten Melanchthon zeigen, welche objektiven Irrtümer ihm bei der Darstellung des Islam unterlaufen. Dabei stützen wir uns auf das oben zitierte Buch von Manfred Köhler.

Schon bei der Deutung des Namens des Propheten Mohammed stoßen wir auf eine Fehlinterpretation. Der arabische Name bedeutet ‚der Gepriesene'. Melanchthon aber leitet den Namen von einem anderen arabischen Wortstamm ‚hammath' ab und kommt zu der unrichtigen, wohl auch aus Abneigung

---

[11] Vgl. Vossberg, Herbert: *Luthers Kritik aller Religionen*. Untersuchung zu einem systematischen Hauptproblem, Leipzig 1922; Holsten, Walter: *Christentum und nichtchristliche Religion nach der Auffassung Luthers*, Gütersloh 1932; Ders., Luthers Gedanken über die moslemische Welt, in: Kirchliche Rundschau, 33. Jg. 1918; Barge, Hermann: *Luthers Stellung zum Islam*, in: Allgemeine Missionszeitschrift, 43. Jg. Berlin 1923.

[12] Vgl. Köhler, Manfred: *Melanchthon und der Islam*. Ein Beitrag zur Klärung des Verhältnisses zwischen Christentum und Fremdreligionen in der Reformationszeit, Leipzig 1938 S. 162.

3.
Objektiver Irrtum
in den Vorstellungen der Religionen voneinander

geborenen Worterklärung »Noinen Mahomet significat indignationem, iram, einen grim. Fuit vere furia Diabolica.«[13]

Nach Köhler liebte es Melanchthon, seine Etymologie durch den Grundsatz ‚nomen est omen' bestimmen zu lassen.[14] Melanchthon wird also wohl, um den gewünschten negativen Sinn des Namens zu erhalten, nach einem entsprechenden arabischen Wort gesucht haben, das er dann in ‚hammath' (Zorn) fand und als Stammwort für ‚Mohammed' ansah.

Ein weiterer Irrtum Melanchthons liegt in der Behauptung, Mohammed habe seine Religion nur als Mittel zum Zweck der Staatsbegründung erfunden, aus machtpolitischen und imperialistischen Motiven also: »postrema tentatio est regni causa manifestam idolatriam constituere et defendere. Sicut utrumque regnum Papae et Mahometi habet praecipuos nervos, terram idolatriam.«[15] Es ist natürlich vollkommen irrig, die religiösen Intentionen des Propheten unbeachtet zu lassen und ihn als Feldherrn und Staatsgründer abtun zu wollen, der die islamische Religion zu machtpolitischen Aktionen mißbrauchte.[16]

Hinsichtlich der Entstehung des Korans hatte Melanchthon gleichfalls irrige Vorstellungen, wenn er meinte, daß Mohammed den Koran mit Juden, Häretikern und dem Mönche Sergius zusammen verfaßt habe.[17] Der Koran ist nach Melanchthons Ansicht ein unter Ausnützung der durch den Arianismus bedingten innerchristlichen Schwierigkeiten entstandenes, Mohammeds Anmaßung dienendes, schlimme Häresien enthal-

---

[13] Vgl. Corpus Reformatorum 25, 499.

[14] Vgl. Köhler, Manfred: *Melanchthon und der Islam.* Ein Beitrag zur Klärung des Verhältnisses zwischen Christentum und Fremdreligionen in der Reformationszeit, Leipzig 1938 S. 30.

[15] Vgl. Corpus Reformatorum 14, 229.

[16] Vgl. Köhler, Manfred: *Melanchthon und der Islam.* Ein Beitrag zur Klärung des Verhältnisses zwischen Christentum und Fremdreligionen in der Reformationszeit, Leipzig 1938 S. 135.

[17] »[...] et narratur in Alcorano scribendo Sergium monachum, et alios quosdam haereticos et Judaeos adhibitos esse quorum deliberatione popularia dogmata electa sint [...].« Vgl. Corpus Reformatorum 12, 1075.

tendes, vom Teufel inspiriertes Staatsgesetz[18], von dem Melanchthon sagt: »Im Alcoran ist nichts denn eitel unverschampt Lügen und greulich Gotteslästerung.«[19] Melanchthon sieht irrigerweise also in Mohammed den Nachfolger des Arius.[20] Für alle Zerstörungswut der Muslimen macht Melanchthon Mohammed selbst verantwortlich: »Etliche sind vasa Misericordiae [...] Und dagegen vasa irae, verworfene Strafgefäß, als welche guten Stand in der Regierung zerrütten und in Haufen werfen, Gottes Zorn schrecklichererregen, als Pharao, Catilina, Nero, Arius, Mahomet etc.«[21]

Wir heben noch einen charakteristischen Irrtum hervor: Melanchthon war der Meinung, Mohammed habe durch die durch ihn vollzogene Einführung des Beschneidungsritus sich und sein Volk in die legitime Nachkommenschaft der Sara einschmuggeln wollen.[22] Tatsächlich aber ist weder von Mohammed noch von seinem Nachfolger, dem ersten Kalifen Abu Bekr, die Beschneidung verordnet worden. Es handelt sich vielmehr um eine bei Arabern und anderen Völkern von jeher üblich gewesene Sitte, die vom Islam weitergeführt wurde. Auch bezüglich der islamischen Sexualethik verbreitete Melanchthon unrichtige Vorstellungen, worauf hier im einzelnen nicht weiter eingegangen werden soll.[23]

Endlich sei noch auf den fundamentalen Irrtum hingewiesen, daß nach Melanchthons Ansicht, Mohammed sich selbst in

---

[18] Vgl. Köhler, Manfred: *Melanchthon und der Islam*. Ein Beitrag zur Klärung des Verhältnisses zwischen Christentum und Fremdreligionen in der Reformationszeit, Leipzig 1938 S. 47.

[19] Vgl. Justus, Jonas: Das VII. Capitel Danielis, d; als geistiges Eigentum Melanchthons anzusehen.

[20] »[...] ex Ariana dissensione ortus est Mahomet.« Vgl. Corpus Reformatorum 14, 489 f. »Ab Ario furores Mahometici orti sunt.« Vgl. Corpus Reformatorum 21, 602.

[21] Vgl. Corpus Reformatorum 8, 208.

[22] Vgl. Köhler, Manfred: *Melanchthon und der Islam*. Ein Beitrag zur Klärung des Verhältnisses zwischen Christentum und Fremdreligionen in der Reformationszeit, Leipzig 1938 S. 129.

[23] Vgl. Ebenda, S. 130.

3.
Objektiver Irrtum
in den Vorstellungen der Religionen voneinander

die Reihe der Göttersöhne eingereiht habe: »[...] sic et Mahometus contendit Mosen, Christum, se, et alios multos Prophetas et Reges fuisse filios Dei.«[24] Wenn man bedenkt, mit welchem Abscheu Mohammed die Idee der Gottessohnschaft Jesu als unzulässige ‚Beigesellung' zu Allah verurteilt hat: »Es steht Gott nicht zu, einen Sohn zu zeugen«[25], dann erkennt man, wie irrig diese Behauptung Melanchthons ist.

Wie schon bemerkt wurde, liegt fraglos die Neigung, irrtümliche Vorstellungen von fremden Religionen zu haben und zu verbreiten, mehr auf der Seite der prophetischen Religionen als auf der der Mystik. Gleichwohl können wir auch bei einem so aufgeschlossenen und wissenschaftlich informierten Manne wie Radhakrishnan, einem markanten Vertreter des Neuhinduismus, allerlei Irrtümer hinsichtlich des Christentums feststellen. Sein Buch ‚Gemeinschaft des Geistes' 1952 enthält z.B. die Behauptung: »Die einzige Ethik, die Jesus zu lehren vermag, ist negativ: der Mensch soll fähig werden sich von der Welt zu befreien und sich für das Reich Gottes bereit zu machen. Es ist eine Büßerlehre, aber keine humanistische Ethik.«[26] Das ist eine objektiv unrichtige Aussage; denn Jesus selbst hat sich im Unterschied zu Johannes der Täufer nicht nur nicht für einen Asketen gehalten, sondern auch eine Ethik der Gottes- und Nächstenliebe gefordert und gelebt.

Auch begegnen wir auf indischer Seite der Kritik der im Alten Testament häufig und bisweilen auch im Neuen Testament sich findenden Aussage, daß Gott zornig und eifersüchtig sei. Das aber sind nach indischer Auffassung Leidenschaften, die beim Menschen verurteilt werden. Deshalb versteht man dort nicht, wie man der Gottheit solche Eigenschaften beilegen könne.

Hier liegt indessen wohl ein Irrtum vor: wenn man der Interpretation Rudolf Ottos folgt, der in der ‚ira dei', dem Zorn

---

[24] Vgl. Corpus Reformatorum 15, 230.
[25] Sure 19, 56.
[26] Vgl. Radhakrishnan, Sarvepalli: *Die Gemeinschaft des Geistes.* Östliche Religionen und wichtiges Denken, Darmstadt 1952 S. 84.

Gottes, nicht den Ausdruck menschlicher Leidenschaft sah, sondern die Analogiebezeichnung göttlicher Lebendigkeit und Irrationalität, dann ist die indische Behauptung ein Irrtum. Hinzukommt, daß die indische Religionswelt z.B. vom Gott Shiva und im Veda von Rudra sehr wohl die Vorstellung eines dämonisch-zornigen Gottwesens kennt.

4.
Irrtümliche Wunderdeutungen

Nach dem bekannten Wort Goethes (1749-1832) im ‚Faust' ist das Wunder »des Glaubens liebstes Kind.« Das kann bedeuten, daß der Glaube Wunder und Wundergeschichten erfindet. Damit ist dann sogleich das Phänomen des Irrtums gegeben; denn wer an solche erfundene Wundergeschichten glaubt und sie für wahr hält, befindet sich im Irrtum.

Doch ehe wir von irrtümlichen Wunderdeutungen sprechen können, ist es nötig, zuvor den vieldeutigen Begriff des Wunders geklärt zu haben. Wenn man vom Wortsinn des Begriffs ‚Wunder' im Deutschen, wie auch in anderen Sprachen, ausgeht, dann erscheinen als Wunder Begebenheiten, über die man sich wundert. Unser heutiger Sprachgebrauch bedeutet also eine Verlegung eines innerlichen Vorgangs des Sich-Wunderns auf seinen Gegenstand außerhalb des Subjekts. Das Sich-Wundern wird dabei nun gar nicht mehr betont, sondern nach heute kirchlicherseits zumeist üblicher Definition die Unerklärbarkeit von Geschehnissen.

Im Bereich der Religion sind Wunder primär, d.h. in den Frühzeiten der Religionsgeschichte ungewöhnliche und ungewohnte Ereignisse, die zu Divinationsmedien für erlebnisfähige Gemüter werden. Wenn es z.B. in der Bibel immer wieder heißt »sie verwunderten sich« oder »sie entsetzten sich«, so sind das Aussagen über echte religiöse Wundererlebnisse, d.h. über Begegnungen mit göttlicher Wirklichkeit durch das Medium ungewöhnlicher Geschehnisse, wobei die Frage des Entstehens dieser Vorgänge unwichtig ist. An der Erklärung solcher Vorgänge ist niemand zu jener Zeit interessiert. Nicht die Unerklärbarkeit, ist wichtig, sondern das Herausfallen aus der gewohnten Erfahrung.

Wo also solches numinoses Staunen über Ereignisse stattfand, die ungewöhnlich sind, liegt ein echtes ‚Wunder' im ursprünglichen Sinne vor, das also definiert wird durch die Reaktion des Subjektes. Ein klassisches Beispiel dafür ist die Geschichte vom brennenden Dornbusch. Bekanntlich beobachtete Mose einen Busch, der brannte, aber nicht verbrannte. Angesichts dieses Phänomens sagte Mose: »Ich will doch hingehen und diese *merkwürdige* Erscheinung betrachten.«[1]

Hier ist also das Moment des Ungewöhnlichen deutlich ausgesprochen und es handelt sich hier um ein Wunder im religiösen Sinne deshalb, weil hernach das Berufungserlebnis des Mose an diese Begebenheit geknüpft ist; denn die Stimme Jahves erklingt und beruft Mose zum Volksführer. In diesem Falle nun haben wir die Möglichkeit, dieses Wunderereignis, das zum Medium der Gottesbegegnung für Mose wurde, zu erklären; denn eine Pflanze, Diptam genannt, gibt es in jenen Gegenden, die in sich acetonartige Stoffe erzeugt, die unter bestimmten, seltenen klimatischen Verhältnissen sich selbst entzünden und, wie ätherische Stoffe, aufflammen, ohne die Unterlage zu verbrennen.

Die naturwissenschaftliche Erklärbarkeit in diesem Falle, die Mose natürlich nicht kannte, hebt jedoch den religiösen Wundercharakter nicht auf. In dieser Hinsicht also kann man hier nicht von Irrtum sprechen. Ob Mose sich irrte, als er glaubte, die Stimme Jahves aus dem brennenden Busche zu sich reden zu hören, das festzustellen ist nicht unsere Aufgabe und liegt außerhalb der Zuständigkeit religionswissenschaftlicher Betrachtung. Daß Mose jedoch in religiöses Staunen geriet angesichts eines ihm ungewöhnlich erscheinenden Naturvorgangs, das unterliegt nicht der Frage nach irrtümlicher Wunderdeutung. Auch im Bereiche der Mythenbildung früher Religionen müssen wir auf das Prädikat ‚Irrtum' verzichten, wenn hier allenthalben wunderhafte Begebenheiten und Taten erzählt werden, also Vorgänge, die nach heutigem Verständnis den Naturgesetzen widersprechen. Das ist natürlich der Fall in den

---

[1] 2. Mos. 3.

4.
Irrtümliche Wunderdeutungen

zahlreichen Weltschöpfungsmythen und in den Erzählungen vom Weltuntergang.

Für Menschen der Frühzeit, in der jene Mythen entstanden, ist grundsätzlich alles möglich und nichts wird durch Naturgesetze, die man noch nicht kannte, verhindert. Wenn da z.B. in der babylonischen Religion von dem Gotte Marduk erzählt wird, daß vor ihn ein Gewand, der Weltenmantel, hingestellt wird mit der Aufforderung: »Vernichten und schaffen befiehl, so soll es werden« und auf Marduks Befehl darin das Gewand vernichtet und hernach unversehrt wieder hier gestellt wird, dann handelt es sich hier nicht um eine irrtümliche Wunderdeutung, sondern um eine mythologische Erzählung, die in anderer Weise gedeutet werden muß, als daß man ihr mit Naturgesetzen zu Leibe rückt.

In ungewöhnlichen Ereignissen sah man in der Antike besonders gern und leicht das Wirken der Gottheit. In der ‚Medea' des Euripides z.B. wird von Zeus gesagt: »Das Unglaubliche weiß zu bewirken ein Gott.« Hier befinden wir uns nicht auf dem Boden irrtümlicher Weltdeutung, wie man seitens rationaler Naturerkenntnis gern kritisch zu meinen pflegt.

Anders aber steht es mit erdichteten Wundern, die von der Orthodoxie der betreffenden Religionen für tatsächlich geschehen gehalten werden. Darin liegt dann der Irrtum. Wenn z.B. im Alten Testament von der redenden Eselin Bileams gesprochen wird[2], oder die auf Befehl stillstehende Sonne erwähnt wird[3] und berichtet wird, daß Mehl und Öl der Witwe von Zarpat nicht versiegte, so handelt es sich in diesen Erzählungen ausdrücklich um Mirakel, die für historisch zu halten ein Irrtum wäre.[4]

Auch die Märchen der Weltliteratur, in denen Mythen nachklingen, zeugen noch von einer Mentalität des Frühzeitmenschen, für die grundsätzlich alles möglich war, wie z.B. die Verwandlung eines Menschen in ein Tier, von Steinen in Gold,

---

[2] 4. Mos. 22.
[3] Jos. 10, 12.
[4] 1. Kön. 17.

sprechende Bäume und redende Blutstropfen und was immer sonst an ähnlichen Wundern in Märchen berichtet wird. Auch in dieser Erzählgattung kann man nicht von Irrtum sprechen. Wenn indessen in den Weltreligionen, in deren Ursprungszeit noch mythisches Bewußtsein vorhanden war und die religiösen Aussagen vielfach bestimmte, was mythisch gemeint war, in einer späteren, historisch denkenden Zeit für geschichtlich ausgegeben und gehalten wird, dann liegen hier Irrtümer vor.

Wir haben an anderer Stelle eine Phänomenologie des Wunderglaubens in der Religionsgeschichte zu geben versucht, auf die hier verwiesen sei.[5] Wir müssen hier natürlich unterscheiden zwischen Wundergeschichten, die Legenden sind und einen religiösen Aussagewert haben, deren Ungeschichtlichkeit jedoch nicht als Irrtum anzusehen ist, und Wundergeschichten, die reine Mirakel sind. Dabei allerdings wird man überall dem Phänomen begegnen, daß von Vertretern solcher Universalreligion speziell prophetischen Erlebnisstiles der Legendencharakter solcher Erzählungen nicht zugegeben wird.

Die wunderhafte Atmosphäre, die in der Weihnachtsgeschichte Lukas beschrieben wird[6], liegt in den zahlreichen Legenden von der Engelsbotschaft und dem wandernden Stern, die hier erzählt werden, und die man orthodoxerseits eben nicht für Legenden hält, sondern für geschichtliche Wunderereignisse. Ebenso wird von Buddhas Geburt berichtet, daß Buddha von seiner Mutter Māyā in Gestalt eines weißen kleinen Elefanten empfangen wurde, und daß bei seiner Geburt phantastische Wunderbäume mit Edelsteinen emporwuchsen und Bäume zu ungewöhnlicher Jahreszeit blühten. Bei Mohammeds Geburt ließen der Legende nach Vögel aus dem Garten Eden in Aminas Gemach, der Mutter Mohammeds, Perlen aus ihren Schnäbeln fallen.

Das alles sind Wunderberichte, die in typischer Weise den Eintritt religiöser Meister in die Welt und ihren Tod verklären

---

[5] Vgl. Mensching, Gustav: *Das Wunder im Glauben und Aberglauben der Völker*, Leiden 1957.
[6] Lk. 2.

4.
Irrtümliche Wunderdeutungen

sollen. Diese Wundergeschichten sind gewissermaßen das, was bei den orthodoxen Ikonen der Goldgrund ist, auf den die Gestalten der Heiligen gemalt sind. Der Irrtum beginnt, um das noch einmal zu sagen, sogleich dann, wenn von der Orthodoxie der betreffenden Religionen diese Vorgänge für historisch echt gehalten werden.

In den Texten, die von den großen religiösen Meistern bzw. Religionsstiftern handeln werden zahlreiche Wundergeschichten berichtet, und zwar Geschichten von Wundern, die an ihnen geschahen und von solchen, die durch sie geschahen.[7] In merkwürdiger Einmütigkeit haben die großen Religionsstifter solche Wunder als mögliche Grundlage des Glaubens abgelehnt. Buddha hat zwar im Wunderland Indien die Möglichkeit magischer Wunder zugegeben, also das Geschehen mirakulöser Vorgänge, wie das Wandeln auf dem Wasser oder das Fliegen durch die Luft, aber er hat ausdrücklich erklärt, daß solche Wunder niemals die Grundlage dafür sein könnten, daß jemand daraufhin an ihn glaube. Wunder in diesem mirakulösen Sinne haben für Ungläubige keine Überzeugungskraft, da sie nach Buddhas Aussage glauben würden, solche Wunder aus geheimein Zauberwissen erklären zu können.

Analog ist es bei Jesus. Hier müssen wir freilich unterscheiden zwischen Wundergeschichten, die echte Begebenheiten waren, Heilungen z.B. psychogener Krankheiten, bei denen das Wunderhafte im Staunen über das Ungewöhnliche der Vorgänge lag, und daß das Volk in diesen Heilungen die dynamis (Kraft) Gottes spürte. Deshalb werden im Neues Testament diese ‚Wunder' als ‚dynameis' = Krafttaten und als ‚semeia' = Zeichen für Gottes wirkende Kraft bezeichnet. Hier ist wiederum kein Irrtum möglich, den wir wissenschaftlich feststellen könnten. Von diesen Wundergeschichten sind aber solche zu unterscheiden, die Jesus als antiken Wundertäter zeigen wollen. Hier sind die Wunder Mirakel, die der Zauberei nahe verwandt sind. Solch ein Mirakel ist z.B. die bei Johannes ge-

---

[7] Vgl. Mensching, Gustav: *Leben und Legende der Religionsstifter.* Texte ausgewählt und erklärt von Gustav Mensching, Darmstadt 1956.

schilderte Verwandlung von Wasser in Wein oder die Heilung eines Blinden durch Aufstreichen von mit Speichel vermischtem Lehm auf das Auge und das Aussprechen eines Zauberwortes Hephata.

Auch die Pharisäer haben für derartige Wundertaten eine Erklärung: sie sprechen von einem Teufelsbündnis. Das Volk aber staunt über die Vollmacht (exousia), die Gott Jesus gab. Es fühlte also echt religiös im ‚Wunder' göttliches Wirken, erlebte also ein echtes Wunder ohne Irrtum.

Was Mohammed betrifft, so ist es hier ebenso, daß das Verlangen des Volkes nach beglaubigenden Wundern an ihn gerichtet von ihm aber abgelehnt wurde. Er erkannte nur das Wunder der Koran-Offenbarung an. Gleichwohl sind dann später, dem Bedürfnis der Masse entsprechend, in der Tradition zahlreiche Wundertaten mirakulöser Art von ihm erzählt worden, die für historisch zu halten, natürlich wiederum Irrtum ist. Auch im Koran wird die mangelnde Beweiskraft solcher Mirakel betont. Es heißt: »Und hätten wir [Allah] dir auch eine Schrift herabgesandt auf Pergament, und sie [die Ungläubigen] hätten sie befühlt mit ihren Händen, [selbst dann] hätten die Ungläubigen gewiß gesagt: Das ist nichts als Zauberei.«[8]

Wie schon bemerkt, wurden gleichwohl in späterer Theologie Wunder als Beweismittel verwendet, und zwar Wunder im Sinne des Mirakels, die man dann im christlichen Bereich nach Kenntnisnahme der Naturkausalität als Durchbrechung dieser Naturgesetzlichkeit ansah. Noch heute verlangt die katholische Kirche z.B. von den heiligzusprechenden Personen zwei erwiesene Wunder, ein Verlangen, das prinzipiell unerfüllbar ist; denn selbst wenn im konkreten Fall heute natürliche Ursachen für das in Frage stehende ‚Wunder' nicht bekannt sind, dann ist damit nicht zugleich der übernatürliche Ursprung bewiesen, sondern nur die gegenwärtig noch fehlende Erkenntnis, die aber in Zukunft wahrscheinlich, wie die Wissenschaftsgeschichte der Vergangenheit lehrt, gewonnen werden wird.

---

[8] Sure 6, 8.

4.
Irrtümliche Wunderdeutungen

Im eigentlichen Bereich des Irrtums aber befinden wir uns, wenn wir Wunderdeutungen der Gegenwart, von deren prinzipieller Schwierigkeit oben die Rede war, in Betracht ziehen. Im 19. und 20. Jahrhundert erlebten die Wallfahrtsorte Europas einen großen Aufstieg, vor allem Fatima in Portugal, das italienische Loreto und Lourdes in Frankreich. Von diesen Wallfahrtsorten wurden Hunderte von Heilungen unter den Wallfahrern in den 70er und 80er Jahren des vorigen Jahrhunderts berichtet. Dem Zweifel an der Richtigkeit dieser Heilungen begegnete man durch Einrichtung eines Ärztebüros, das die Unerklärbarkeit der Heilungen aus natürlichen Ursachen bescheinigen sollte.

Schon die Tatsache, daß die Zahl der Wunderdeutungen nach der Einrichtung dieses Ärztebüros bedeutend abnahm, zeigt, daß hier zuvor der Irrtum eine große Rolle gespielt hatte. Die meisten Fälle fanden eben eine natürliche Erklärung. Die Autosuggestion spielte dabei in erheblichem Maße mit. Jüngst hat die französische Medizinerin, Thérèse Valot, die Wunder von Lourdes in ihrer Schrift ‚Lourdes et l'illusion' 1956 einer kritischen Untersuchung unterzogen.[9] Danach ist der objektive Wundercharakter der Heilungen nirgends erweisbar, wohl aber die mannigfache Wirksamkeit der Illusion.[10]

Wir wollen einige Beispiele aus jüngerer Zeit nennen, in denen es sich eindeutig um irrtümliche Wunderdeutung natürlicher Phänomene handelt. Besonders häufig werden an Heiligenbildern und Statuen von Heiligen Erscheinungen wahrgenommen, die man, besonders wenn sie in Festzeiten beobachtet werden, wie Schwitzen, Weinen und Augenbewegungen, für

---

[9] Vgl. Valot, Thérèse: *Lourdes et l'illusion*, 2. Aufl., Paris 1956.
[10] Schriften, die sonst noch diese Wunderheilungen auf ihre Richtigkeit bzw. ihren Irrtum untersuchen, sind: Schleyer, Franz: *Die Heilungen von Lourdes*, 1949; Hoch, Dorothee: *Heil und Heilungen. Eine Untersuchung zur Frage der Heilungswunder in der Gegenwart*, 1955.

Wunder hält, die mit natürlichen Erkenntnismitteln nicht erklärbar seien. Darüber gibt es reichlich Beispiele.[11]

Caspar Isenkrahe, der in seiner ‚Experimental-Theologie'[12] kirchlich anerkannte Wunder physikalisch untersucht hat, nennt unter anderem das Augenwunder von Campocavallo, das sich 1796 ereignet haben soll. Hier nämlich wurde, wie auch an anderen Orten, beobachtet, daß die Augen Marias und des gekreuzigten Christus auf wunderbare Weise sich bewegten. Ein Jahrhundert später, am Fronleichnamstage 1892, machte man dieselben Beobachtungen, wiederum in Campocavallo, wo das Madonnenbild kürzlich erneuert worden war.

Ein deutscher Priester berichtete darüber: »Wie staunten nun die am heiligen Fronleichnamsfeste vor dem Bilde betenden Personen, als sie von dem Gesichte der Mutter Gottes Wassertropfen herunterfallen sahen! Sie teilten es dem Hüter der Kapelle mit, welcher sich von dem seltsamen Ereignis überzeugte und sowohl den [...] Pfarrer als auch jenen Priester davon in Kenntnis setzte, der das Bild in der Kapelle angebracht hatte. Letzterer kam am folgenden Tage, dem 17. Juni, dorthin, zelebrierte die heilige Messe daselbst und bemerkte auch, ohne daran zweifeln zu können, bereit, es zu beschwören, den Schweiß im Antlitz der heiligsten Jungfrau [...] Am Nachmittag des 17. Juni, [...] entstand gegen 2 Uhr ein Gewitter. Das in der Kapelle vor dem Bilde stehende Volk drängte sich enger um das Bild, als auf einmal alle zusammen unter großer Erregung einstimmig ausriefen, daß die Mutter Gottes auf dem Bilde die Augen bewege.« Die Kunde verbreitete sich »und viele kamen und bemerkten auch [...] den auffallenden Schweiß, manche sogar Tränen, die aus ihren Augen herabfielen.« Von einem Priester der Erzdiözese Köln, Trier, 1913 stammt die Aussage: »Marias Wunder und Gnadenerweise in Lourdes und an ihrem

---

[11] Vgl. Hoffmann-Kraver, E.: *Aberglaube*, in: Handwörterbuch des deutschen Aberglaubens, Bd. 1, hrsg. v. Hans Bächtold-Stäubli, Berlin 1927 (64-87).
[12] Vgl. Isenkrahe, Caspar: *Experimental-Theologie. Behandelt vom Standpunkt eines Naturforschers*, 2. umgearbeitete und bedeutend erweiterte Aufl., Bonn 1922.

4.
Irrtümliche Wunderdeutungen

Schmerzensbilde in Campocavallo.« Ein deutscher Besucher, der das Wunderereignis miterlebte, berichtet: »Anfangs senkten sich die Augen der schmerzhaften Mutter, dann öffneten sie sich langsam, und die Pupillen erhoben sich gen Himmel, in der Art, laß das Weiße beider Augen sich ganz deutlich vergrößerte. Einige Augenblicke sah die Madonna von rechts nach links, als wollte sie den ganzen Erdkreis mit ihrem Blick umfangen, sodann richtete sie den Blick direkt auf mich.«[13]

Daß es sich hier nicht um wirkliche Vorgange handelt, sondern um physisch zu erklärende Phänomene, blieb natürlich unbeachtet. Es wird in dem Bericht darauf hingewiesen, daß ein Gewitter sich ereignete, daß viele Menschen in der Kapelle waren, so daß der Feuchtigkeitsgehalt der Luft einen hohen Grad erreichte, so daß das Wasser in den Mauern und vor allem an dem neuen, durch einen starken Lacküberzug und größere Glätte ausgezeichneten Gemälde sich kondensierte und den Eindruck des Schweißes hervorrief. Wenn die Wassertropfen langsam und allmählich an den Augen des Bildes niedergleiten, so kann jemand angesichts der Lichtbrechung an den runden Wassertropfen leicht den Eindruck haben, als bewegten sich die Augen.

Hier liegt nun also ein echter Irrtum hinsichtlich eines physikalisch erklärbaren Wunders vor. Ähnliche, auf atmosphärischen Verhältnissen beruhende Erscheinungen wurden an verschiedenen Orten an Kirchenbildern beobachtet, z.B. in Limpias in Spanien an einer Holzplastik.[14]

Die Erscheinung wurde zuerst im Rahmen einer kirchlichen Feier bemerkt, als der Raum bis auf den letzten Platz gefüllt war. Ein zwölfjähriges Mädchen rief plötzlich aus: »Sehen Sie doch, der Christus hat die Augen geschlossen!« Andere bestätigten die Aussage, bemerkten den Schweiß und sahen Wasser von seiner Seite fließen. Uni dies festzustellen, stieg der Priester auf eine Leiter zum Christus hinauf und berührte mit seinen

---

[13] Vgl. Ebenda, S. 109.
[14] Vgl. Kleist, Ewald von: *Auffallende Ereignisse an dem Christusbilde von Limpias im Jahre 1919*, Kirnach-Villingen 1920.

Fingerspitzen dessen Hals. Zum größten Erstaunen stellte er fest, daß der Körper tatsächlich mit Schweiß bedeckt war und er zeigte seinen nassen Finger dem verblüfften Volk.[15] Auch hier handelte es sich natürlich wieder um Kondenswasser, das sich an dem Holzkörper und an den Augen aus Porzellan niederschlug. Bezeichnend für den hier vorliegenden Irrtum ist die Aussage des Bischofs von Pinar Del Rio (Kuba), der das Suchen nach natürlichen Ursachen unnötig fand: »Ich sah den Christus die Lippen bewegen und das genügt mir übergenug.«[16]

Außer solchen gelegentlich auftretenden sogenannten Wundern gibt es nun Wunder, die dauernd und regelmäßig zu bestimmten Zeiten auftreten, wie das sogenannte Ölwunder von Eichstädt. Die Vorgänge, die sich hier regelmäßig wiederholten, hingen nach dem Glauben des Volkes zusammen mit den Reliquien der heiligen Walpurgis, die 781 nach Eichstädt übergeführt wurden. Am Ende des vorigen Jahrhunderts zeigte man im St. Walpurgiskloster zu Eichstädt im Mai sich wiederholende Erscheinungen, daß nämlich aus den Gebeinen der Walpurgis helles Öl herausgeflossen sei, das von den Nonnen gesammelt und an Pilger vergeben wurde. Ein Bericht stammt von P. A. Schneider ‚Walpurga, Zierde der Frauen' 1880. In diesem Bericht heißt es: »Da fing das heilige Öl wieder zu fließen an, und zwar in solchen Mengen, daß man einen halben Krug damit füllen konnte.«[17]

Eine chemische Analyse zeigte nun, daß es sich hier nicht um Öl, sondern um reines Wasser handelte, das in einem goldenen Gefäß ölfarbig erschien. Auch kam dieses Wasser nicht aus den Gebeinen, wie man behauptete, sondern in Gestalt kleiner Tröpfchen sammelte es sich zuerst an den Metallwänden der Türen der Gruftnischen. Experimentell konnte festgestellt werden, daß es sich um Wasserdampf aus der Luft han-

---

[15] Vgl. Isenkrahe, Caspar: *Experimental-Theologie*. Behandelt vom Standpunkt eines Naturforschers, 2. umgearbeitete und bedeutend erweiterte Aufl., Bonn 1922 S. 125.
[16] Vgl. Ebenda, S. 152.
[17] Vgl. Schneider, P. A.: *Walpurga, Zierde der Frauen*, Regensburg 1880 S. 138 f.

4.
Irrtümliche Wunderdeutungen

delte, der an der Metalloberfläche kondensierte. Das Eintreten solcher Erscheinungen folgte also nicht dem Kirchenkalender, wie irrtümlich behauptet wurde. Charakteristisch für die Tendenz, an der irrtümlichen Wunderdeutung festzuhalten, vermutlich um die Devotion des Volkes zu erhalten, ist die uns berichtete Reaktion der Nonnen auf die wissenschaftliche Erklärung des Wunders, die sagten, »daß uns die wissenschaftliche Beurteilung der Frage ganz gleichgültig sein kann und auch ist«; denn »die Dankwallfahrten für unstreitig wunderbare Heilungen« hätten sich in der letzten Zeit vermehrt. Das war fraglos dann das Wunderbarste an dem ganzen Phänomen.

Auch psychologisch erklärbare Erscheinungen sind bisweilen irrtümlicher Wunderdeutung ausgesetzt. Hierher gehören Sinnestäuschungen im weitesten Sinn des Wortes, die unter gewissen subjektiven und objektiven Bedingungen zustande kommen können, also Illusionen und Halluzinationen.

Auf zwei weitere psychische und physische Erscheinungen, die als Wunder aufgefaßt zu werden pflegen, sei noch hingewiesen: auf Visionen und auf Halluzinationen. Natürlich ist nicht jede Vision krankhaft und außergewöhnliche Erlebnisse, wie etwa die Vision, die der Prophet Jesaja im Tempel zu Jerusalem hatte, sind bei völlig normalen Menschen möglich.[18] Es fragt sich nur, wie diese Visionen verarbeitet werden, was wiederum von der religiösen Gedankenwelt des Visionärs abhängt. Jedenfalls ist das Phänomen des »weiten Gesichtes« eine erwiesene seelisch-geistige Möglichkeit. Hier befinden wir uns daher auf einem schwierig zu beurteilenden Grenzgebiet, so daß die Aussage, es handele sich im konkreten Falle um Irrtum, um Selbsttäuschung, wissenschaftlich schwer begründbar ist.

Was nun die Stigmatisationen betrifft, unter denen man im christlichen Bereiche die bei einzelnen Gläubigen auftretenden Wundmale des gekreuzigten Christus versteht, also Blasenbildungen, Hautrötungen und Blutungen[19], so sind in zehn Jahr-

---

[18] Jes. 6.
[19] Vgl. Schleyer, Franz: *Die Stigmatisation mit den Blutmalen*. Biologische Auszüge und medizinische Analyse, Hannover 1948.

hunderten etwa 100 Stigmatisierte bekannt geworden. Wenig Männer sind unter ihnen, vorwiegend also Frauen. Gut bezeugt sind die Stigmata des heiligen Franz von Assisi und des italienischen Kapuzinerpaters Pio von Pietilicina. Einige Stigmatisierte wurden durch kirchliche Untersuchungen als Betrüger entlarvt, die sich die Wundmale selbst beigebracht hatten. Im 19. und 20. Jahrhundert wurden zum ersten Male auch außerkatholische Stigmatisierte bekannt, z.B. eine evangelische Frau, Elisabeth Lechler (1953).

In Deutschland war natürlich am bekanntesten die unlängst verstorbene Therese Neumann von Konnersreuth. Meist sind die Stigmatisationen mit Visionen verbunden, die ihrerseits zumeist populären Wunderberichten entsprechen und deren etwaige Irrtümer teilen, wie z.B. das Visionserlebnis der stigmatisierten Katharina Emerick (1774-1824), die das als Irrtum erwiesene Ölwunder von Eichstädt sah.

In ihrem eigenen Bericht wird das folgendermaßen beschrieben: »Ich sah, daß das Walpurgis-Öl an einem Donnerstag zu fließen anfing, weil die Heilige so große Andacht zum heiligsten Sakrament und zu dem am Ölberge schwitzenden Heilande trug. So oft ich dieses Öl genieße, fühle ich mich wie durch einen himmlischen Tau erquickt. Es hat mir in schweren Krankheiten große Hilfe gebracht. Walpurgis war voll gütigster Liebe gegen die Armen [...] Sie teilte auch Öl aus [...] Wegen dieser Güte und wegen der lindernden, tröstenden Wirkung ihrer Sanftmut und liebreichen Rede empfing ihr Gebein die Eigenschaft des Ölschwitzens.«[20] »In vielen Fällen ist psychogener Ursprung der körperlichen Symptome offensichtlich«[21], sagt Franz Schleyer in dem zitierten Buch.

Die natürliche Ursächlichkeit des Phänomens wird von medizinischer Seite folgendermaßen begründet: »Stigmen bilden

---

[20] Vgl. Philipp, Wolfgang: *Emerick, Katharina*, in: Die Religion in Geschichte und Gegenwart. Handwörterbuch für Theologie und Religionswissenschaft, 3. völlig neubearbeitete Aufl., Bd. 2, hrsg. v. Kurt Galling, Tübingen 1958 (455-456), hier Sp. 455 f.

[21] Vgl. Schleyer, Franz: *Die Stigmatisation mit den Blutmalen.* Biologische Auszüge und medizinische Analyse, Hannover 1948.

4.
Irrtümliche Wunderdeutungen

sich fast immer fraktioniert, d.h. prozeßhaft, bieten individuell und interindividuell ein äußerst polymorphes Bild, bestehen oft in ganz isolierten Gebilden und unterliegen einer fortwährenden Transformierung. Die Psychologie erweist sich z.B. all den Handstigmen, die nach neueren anatomischen Ergebnissen die Kreuzigungswunden nicht historisch korrekt widerspiegeln. Das so häufige Blutweinen ist überhaupt kein Passionsstigma und beweist mir die konstitutionelle Blutungsbereitschaft als Vorbedingung [es geht hierbei um blutige Absonderungen der Augenbindehaut]. Die der Psychopathologie geläufigen körperlichen Störungen der Stigmatisierten sprechen für die psychosomatische Genese auch der Stigmen, die von ähnlichen Vorgängen aus der Neurologie und Dermatologie bekannt sind, und deren besondere Ausprägung durch die ekstatische Compassio erklärt werden kann.«[22]

Wir versuchen abschließend eine systematische Darstellung der Möglichkeiten des Irrtums hinsichtlich des in seinen Erscheinungsformen dargestellten Komplexes des Wunderglaubens. Wir unterscheiden verschiedene Anlässe, vom Wunder zu sprechen: zunächst handelt es sich um ein außergewöhnliches und äußeres Geschehen, das beobachtet wurde. Diese Beobachtung nun kann entweder richtig oder irrig sein. Wenn dieses äußere Geschehen richtig beobachtet wurde, dann bestellt eine doppelte Möglichkeit der Deutung: entweder es wird irrtümlich erklärt, indem man ein direktes Einwirken übernatürlicher Kräfte annimmt, oder, wo man Kausalgesetze schon kennt, eine Aufhebung dieser Naturkausalität zugunsten eben jener übernatürlichen Kräfte für erwiesen hält. Es kann aber auch jene Haltung dein beobachteten außergewöhnlichen Geschehen gegenüber eingenommen werden, die wir als echte religiöse

---

[22] Vgl. Schleyer, Franz: *Stigmatisierte*, in: Die Religion in Geschichte und Gegenwart. Handwörterbuch für Theologie und Religionswissenschaft, 3. völlig neubearbeitete Aufl., Bd. 6, hrsg. v. Kurt Galling, Tübingen 1962 (377-380), hier Sp. 380; vgl. auch Weitbrecht, Hans Jörg: *Psychiatrie im Grundriß*, Berlin 1963 S. 424.

Wundererfahrung bezeichnet haben, und die nicht unter den Begriff des Irrtums fällt.

Andererseits kann es sich bei der Beobachtung des außergewöhnlichen und äußeren Geschehens bereits um einen Irrtum handeln, also um Sinnesäußerung und dergleichen. Hier besteht dann der Irrtum bereits in der falschen Beobachtung, mit der sich aber möglicherweise ein religiöses Erlebnis verbinden kann.

Ein Wunder als äußeres und außergewöhnliches Geschehen kann erfunden sein, und zwar als religiöse Aussageform, wie z.B. in den Legenden. Der Irrtum liegt dann bei denen, die diese Wunderlegenden im historischen Sinne für Tatsachenberichte halten. Andererseits aber ist das Wunderhafte überall in der Religionsgeschichte Ausdruck des religiös Geheimnisvollen; denn dem Geheimnischarakter des Numinosen entspricht das Rätselhafte als Aussageform. Wenn das Wunder der Legende so erfaßt und verstanden wird, ist von keinem Irrtum die Rede.

Das erfundene Wunder kann aber auch als bewußte Täuschung auftreten. Dann liegt der Irrtum nicht bei denen, die das Wunder verkünden und bekannt machen, da sie ja über die wahre Ursache im Bilde sind, sondern bei denen, die an eine Erscheinung glauben oder glauben sollen, die in Wahrheit kein Wunder ist. Dieser Sachverhalt lag vor bei den Nonnen von Eichstädt, die hinsichtlich des Ölwunders erklärten, daß ihnen die wissenschaftliche Beurteilung der Frage gleichgültig sei. Hier ließ man also naiv gläubige Menschen in ihrem Irrtum, um den man wußte. Das aber ist fromme Täuschung. Doch davon wird noch in anderem Zusammenhang die Rede sein.

Nun kann weiterhin ein außergewöhnliches inneres Geschehen als Wunder erfaßt werden, also Auditionen und Visionen. Die Möglichkeit solcher Erfahrungen ist prinzipiell anzuerkennen. Irrtum aber taucht hier auf, wenn natürliche psychische Determinationen unberücksichtigt gelassen werden, d.h. wenn die von der Wissenschaft gelieferten Erklärungen außer Betracht bleiben.

Schließlich kann gewöhnliches Naturgeschehen als Wunder verstanden und erlebt werden, wenn z.B., wie in Psalmen, die

4.
Irrtümliche Wunderdeutungen

»Wunder der Werke Gottes«[23] gepriesen werden, dann liegt hier wiederum keine Möglichkeit eines wissenschaftlich erweisbaren Irrtums vor; denn wenn jemand die Naturereignisse nicht für Werke einer Gottheit hält und den in diesem Sinne Gottgläubigen für im Irrtum befangen hält, dann ist das eine Sache der religiösen Überzeugung, die hier nicht zur Diskussion steht.

---

[23] Ps. 104.

5.
Aberglaube als beweisbarer Irrtum

Wir wenden uns dem weiten Felde des Irrtums aus Aberglauben zu. Dabei begegnen wir zunächst der Schwierigkeit, den Begriff des Aberglaubens eindeutig festzulegen. Schon rein etymologisch ist der Sinn des Wortes nicht sicher zu klären. Man hat diesen Begriff als ‚Aberglaube', also als falschen Glauben nach Analogie der Wortbildung ‚Aberwitz' verstehen wollen, oder man könnte das Wort als ‚Überglaube' deuten und darunter verstehen, daß hier mehr geglaubt wird, als der gewöhnliche Glaube verlangt.

Das lateinische Wort für Aberglaube lautet ‚superstitio' (von superstes = überlebend), wobei die Römer also unter Aberglauben verstanden, daß hier geglaubt und festgehalten wurde, was aus alter Volksreligion am Leben geblieben war. Lateinisch heißt das: ‚credere id, quos superstes est'. Auch galt hier natürlich als abergläubisch, wer sich mit fremden Göttern und deren Kulten abgab im Gegensatz zu der herrschenden Staatsreligion.

Auch moderne Definitionen sind nicht eindeutig. Wir legen für unsere Untersuchung das ‚Handwörterbuch des deutschen Aberglaubens' zugrunde.[1] Auch hier wird eine Definition des Aberglaubens vorangestellt, die nicht ohne weiteres akzeptabel ist. Hier heißt es: »Eine allgemein befriedigende Definition von A. [Aberglauben] ist bis jetzt noch nicht geboten worden und kann auch nicht geboten werden, solange man sich auf den subjektiv-religiösen Standpunkt stellt und mit A. [Aberglaube]

---

[1] Vgl. Hoffmann-Kraver, E.: *Aberglaube,* in: Handwörterbuch des deutschen Aberglaubens, Bd. 1, hrsg. v. Hans Bächtold-Stäubli, Berlin 1927 (64-87).

ein Werturteil ausspricht, d.h. ihn als ‚irrigen', ‚gesetzwidrigen' Glauben, als ‚Wahnglauben' usw. bezeichnet.«²

Daß der Begriff Aberglaube ein Werturteil beinhaltet, ist unzweifelhaft. Es fragt sich nur, mit welchem Maßstab dieses Urteil gefällt wird. Die Definition, die das Handwörterbuch voranstellt, lautet nun folgendermaßen: »A. [Aberglaube] ist der Glaube an die Wirkung und Wahrnehmung naturgesetzlich unerklärter Kräfte, soweit diese nicht in der Religionslehre selbst begründet sind. Dabei möchten wir ‚Religion' allerdings im höchsten Sinne fassen: als gläubige Hingabe des Menschen an eine alliebende, seine Geschicke leitende Macht, nicht als ein bestimmtes kirchliches System der Gottesverehrung und des Gottesdienstes.«³

Diese Definition ist aus verschiedenen Gründen anfechtbar: einerseits ist nicht jeder Glaube an unerklärte, nicht in der Religionslehre enthaltene Kräfte Aberglaube, da es viele Mächte in der Welt gibt, deren Realität wissenschaftlich oft im Laufe der Geschichte erwiesen ist, in früherer Zeit indessen als ‚naturgesetzlich unerklärt' galt. Andererseits ist hier der Begriff der Religion viel zu eng gefaßt; denn z.B. der Buddhismus würde nicht unter diesen Begriff Religion fallen, da hier keine Hingabe an eine »alliebende, seine Geschicke leitende Macht«⁴ vorhanden ist. Außerdem ist durch diese Definition ausgeschlossen, daß in einer Religion selbst auch ihrer Lehre nach Aberglaube herrschen kann.

Natürlich darf Aberglaube nicht als negative Bewertung fremden Glaubens vom eigenen Glaubensstandpunkt aus verstanden werden. Diese Interpretation haben wir in dem Abschnitt 3 behandelt, wo die Bewertung fremden Glaubens als Irrtum erörtert wurde. Wenn Kant gelegentlich den Aberglauben definiert als das »Vorurteil, sich die Natur so vorzustellen, als sei sie den Regeln nicht unterworfen«⁵, so ist hier zu beach-

---

² Vgl. Ebenda, Sp. 66.
³ Vgl. Ebenda, Sp. 66.
⁴ Vgl. Ebenda, Sp. 66.
⁵ Vgl. Kant Immanuel: *Vorurtheil*, in: Enzyklopädisches Wörterbuch der kritischen Philosophie. Oder Versuch einer faßlichen und voll-

5.
Aberglaube als beweisbarer Irrtum

ten, daß gerade in dem Aberglauben Gesetze und Regeln aufgestellt und als wirksam angenommen werden, die die Naturgesetze durchkreuzen. Das Moment des Magischen, das in allem Aberglauben eine Rolle spielt, besteht gerade darin, an eine Automatik einer der Naturkausalität übergeordneten Kausalkette zu glauben. Das Moment des Magischen, von dem später zu sprechen sein wird, bleibt in den meisten Definitionen des Aberglaubens außer Betracht.

Eine sehr viel zutreffendere Definition findet sich in dem ‚Lexikon für Theologie und Kirche': »Der Aberglaube wurzelt in der magischen Weltanschauung. Diese selbst ist A. [Aberglaube], insofern sie dem Menschen Macht außerhalb der menschlichen Einflußsphäre zuschreibt, od. [oder] wenn sie in Verbindung mit animistischem Denken physikalische Kräfte der Materie für eine Beseelung derselben hält und entsprechend gebraucht. A. [Aberglaube] in einem engeren Sinne entsteht durch die gegenseitige Beeinflussung von magischer und rel. [religiöser] Weltanschauung. Diese ist wohl bei allen Völkern festzustellen. Hat dabei die rel. [religiöse] Weltanschauung das stärkere kulturelle Gewicht, dann kommt A. [Aberglaube] zustande durch ein Überleben des Magischen innerhalb des Religiösen. Liegt das stärkere kulturelle Gewicht bei der magischen Weltanschauung, dann kommt A. [Aberglaube] zustande durch die weit verbreitete magische Umdeutung von rel. [religiösem] Gut.«[6]

Hier wird mit Recht darauf hingewiesen, daß das wesentliche Element des Aberglaubens im Magischen liegt, wobei treffend unterschieden wird zwischen Religionen, in denen das Magische überwiegt und dadurch religiöse Ideen im abergläubischen Sinne umgedeutet werden, und jenen Religionen, in denen das Religiöse dominiert und nur magische Elemente als

---

ständigen Erklärung der in Kants kritischen und dogmatischen Schriften enthaltenen Begriffe und Sätze, Bd. 6, hrsg. v. Georg Samuel Albert Mellin, Aalen 1971 (75-84).

[6] Vgl. Mohr, Richard: *Aberglaube, I. Religionsgeschichtlich*, in: Lexikon für Theologie und Kirche, 2. völlig neu bearbeitete Aufl., Bd. 1, hrsg. v. Josef Höfer und Karl Rahner, Freiburg 1957 (37), hier Sp. 37.

survivals sich erhalten, die man als Aberglaube zu bezeichnen hat. Das läuft natürlich auch darauf hinaus, daß geklärt werden müßte, um diese Definition zu verstehen und auf ihre Berechtigung hin zu untersuchen, was denn unter Magie begriffen werden soll. Doch darauf wird später zurückzukommen sein.

In dem Handwörterbuch ‚Die Religion in Geschichte und Gegenwart' wird Aberglaube in folgender Weise definiert: »Überall, wo sich das religiöse Leben in festen Formen vollzieht, gibt es Abweichungen, die als Aberglaube bekämpft werden. Die Bezeichnung Aberglaube hat dabei deutlich einen ketzerischen Beigeschmack. Die negative Wertung erfolgt von seiten des sich legitim wissenden Glaubens. Aberglaube bedeutet dann den ‚Mißglauben', wie Luther sagt, d.h. einen ‚falschen' Glauben, der dein ‚richtigen' Glauben gegenübergestellt wird. Den richtigen Glauben bestimmt die Religionslehre, zu der sich der Urteilende bekennt. Die Erscheinungen und ihre religiöse Bewertung reichen von relativ harmlosen Betätigungen, die unter Umständen sogar innerhalb des kirchlichen Lebens stillschweigend geduldet werden, bis zur Häresie.«[7]

Hiernach wäre also die Ausgangsbasis, also der Maßstab der Beurteilung, die eigene Kirchenlehre und der Aberglaube wäre dann überhaupt keine objektiv erweisbare, irrige Welteinstellung. Aberglaube würde nach dieser Definition zu einem relativen Begriff. Nach unserer Auffassung ist nur naturwissenschaftliche Erkenntnis befugt und befähigt, Urteile über den Irrtum im Aberglauben abzugeben.

Eine extrem rationalistische Auffassung wird selbstverständlich Religion als solche für Aberglauben erklären, weil hier naturwissenschaftlich nicht kontrollierbare Mächte geglaubt werden, und deren Existenz von einem rationalistischen und materialistischen Weltbild aus bestritten wird. Wenn wir in diesem Abschnitt den Versuch machen, den Irrtum im Aber-

---

[7] Vgl. Röhlich, Lutz: *Aberglaube,* in: Die Religion in Geschichte und Gegenwart. Handwörterbuch für Theologie und Religionswissenschaft, 3. völlig neubearbeitete Aufl., Bd. 1, hrsg. v. Kurt Galling, Tübingen 1957 (53-61), hier Sp. 53.

5.
Aberglaube als beweisbarer Irrtum

glauben nachzuweisen und dabei zum Maßstab naturwissenschaftliche Erkenntnis nehmen, dann ist das kein Widerspruch dazu, daß wir Religion selbst, die wir als Begegnung mit numinoser – wissenschaftlich gleichfalls nicht nachweisbarer – Wirklichkeit und als antwortendes Handeln verstehen, weder als Aberglaube noch als Irrtum bezeichnen, denn die wissenschaftliche Erkenntnis kann zwar abergläubische Praktiken und Anschauungen als Irrtum erweisen, weil sie ihr widersprechen, sie kann aber nicht – wie es freilich seitens des Rationalismus oft genug geschah und geschieht – wegen der wissenschaftlichen Unerweisbarkeit der numinosen Wirklichkeit diese für nichtexistent und ihre Annahme für Aberglauben erklären. So kann also für uns hier jene rationalistische Auffassung der Religion selbst als Aberglaube nicht in Frage kommen.

Es geht auch hier, wie in den bisher erörterten Irrtumsformen um objektiv erweisbaren Irrtum, der sich im Aberglauben findet. Wir bleiben also mit unserer Betrachtung durchaus im Bereich der Phänomene, die einer wissenschaftlichen Untersuchung zugänglich sind. Das Numinose selbst entzieht sich einer solchen Untersuchung, weshalb Religionswissenschaft hinsichtlich seiner Wirklichkeit sich des Urteils enthalten muß.

Wir versuchen die Elemente zu nennen, die der Begriff des Aberglaubens im religionswissenschaftlichen Sinne enthält. Aberglaube liegt vor, wenn legitime Symbole des religiösen Glaubens mit dem Numinosen selbst identifiziert werden, und wenn dann mit ihnen manipuliert wird zum Zweck der Realisierung von Wünschen. Im Aberglauben wirkt sich magische Weltbetrachtung insofern aus, als die für machthaltig angesehenen Symbole jene Wunscherfüllung automatisch bewirken sollen. Aberglaube liegt also vor, wo religiös legitimes Handeln des religiösen Inhaltes beraubt wird und zum per se wirkenden Zauber entartet.

Abergläubisch ist auch, wie wir sehen werden, die magische Deutung von Naturerscheinungen sowie die aus bestimmten Zeichen und Vorzeichen zu erkennen geglaubte Zukunft. Zum Aberglauben gehört somit die Manipulation mit Kräften, die ursprünglich in der Religion gewittert und erlebt wurden und nun magisch-mechanisch verwendet werden.

Abergläubisch ist weiterhin der Versuch, mit magischen Mitteln sich und anderen Heil zuzuwenden und Unheil abzuwehren. Die gleichfalls bisweilen angestrebte Zuwendung von Unheil durch magische Mittel ist ‚schwarze Magie' und gehört selbstverständlich auch in den Bereich des Aberglaubens.

Zum Abschluß dieser Betrachtungen über das Wesen der Magie und ihre Beziehungen zur Religion nenne ich meine Definition der Magie: »Magie ist die mit einer der Naturkausalität übergeordneten mechanischen und automatisch wirkenden Kausalität arbeitende Verwertung numinoser Apperzeption im Dienste der eigenen Wunscherfüllung.«[8]

Die abergläubischen Phänomene, in denen Irrtümer objektiv erweisbar sind, haben eine so weite Verbreitung, daß wir nur eine Auswahl von ihnen als Beispiele verschiedener Typen vorführen können. Zunächst ist von *Talismanen* oder *Amuletten* zu sprechen. Sie gehören in den Bereich des Schutzzaubers, sollen vor Schaden hüten oder das eigene Glück herbeiführen. Unter Amulett (wohl aus dem Arabischen abzuleiten) versteht man einen krafterfüllten Gegenstand, dessen segensreiche Macht sich auswirkt wo und an wem er befestigt wird.

Amulette können Fischzähne, Tigerhaare, Kleeblätter oder Spinnen und dergleichen sein. Mit dem Amulett ist auch der Talisman (von arab. tilasmun = ‚magisches Bild mit geheimnisvollen Buchstaben') identisch; denn auch er hat die doppelte Funktion der Abwehr von Unheil und der Herbeiführung von Glück und Heil.

Will man einen Unterschied zwischen beiden machen, so kann man allenfalls den Talisman als mehr aktives Zaubermittel bezeichnen, während das Amulett mehr schädliche Einflüsse abwehren soll. Der Hauptzweck des Amuletts ist also in erster

---

[8] Vgl. Mensching, Gustav: *Vergleichende Religionswissenschaft* (1938), 2. neubearbeitete Aufl., Heidelberg 1949 S. 80; vgl. auch Mensching, Gustav: *Die Religion*. Erscheinungsformen, Strukturtypen und Lebensgesetze, Stuttgart 1959 S. 134 f.

5.
Aberglaube als beweisbarer Irrtum

Linie eine apotropäische Funktion, nämlich Abwehr böser Geister und sonstiger negativer Einflüsse. Die Voraussetzung der Verwendung von Amuletten und Talismanen ist der Glaube an die dynamistische Struktur der Welt: negative Kräfte werden mit der Mana-Kraft der Zaubermittel abgewehrt oder positive Kräfte dem Träger zugeführt.

Das Christentum fand allenthalben Amulette vor und bemühte sich natürlich, den vorchristlichen Sinn dieser Zaubermittel umzuinterpretieren, obwohl das Phänomen das gleiche ist. So wurden z.B. Reliquien im weitesten Sinne, d.h. auch Dinge, die mit dem betreffenden Heiligen in Berührung gekommen waren, als Amulette verwendet. Auch geschriebene Amulette mit Stellen aus dem Alten Testament und Neuen Testament trug man mit sich herum zum Schutz.

Die katholische Theologie hat sich, wie gesagt, stets bemüht, zwischen den für den Religionswissenschaftler gleichartigen Phänomenen der Amulette außerhalb des Christentums und im Christentum einen Unterschied zu konstatieren bzw. zu konstruieren. Diese dogmatische Theorie diente der Entmagisierung von Amuletten und Talismanen. Im ‚Corpus iuris canonici' wird gesagt, die Sakramentalien sind Sachen oder Handlungen, deren sich die Kirche zu bedienen pflegt, um aufgrund ihres Gebetes Wirkungen vor allem geistlicher Art zu erlangen.[9] Damit ist theologischerseits also eine erhebliche Einschränkung der Wirkungsart der Amulette ausgesprochen, indem die Wirksamkeit der Amulette nicht per se und automatisch erfolgen soll und außerdem auf geistliche Werte in erster Linie bezogen wird.

Es ist klar, daß im Volke derartige theologische Uminterpretationen keine Wirkung haben und daß daher die Amulette und Talismane im gleichen Sinne Verwendung finden, wie außerhalb des Christentums. Der Kampf der Kirche gegen die von ihr verbotenen Amulette ging durch alle Jahrhunderte bis heute. Entgegen der dogmatisch festgelegten Intention werden alle diese Dinge, also die sogenannten Sakramentalien vor

---

[9] Vgl. Corpus iuris canonici 1144.

allem, im Volke rein magisch verwendet. So besteht z.B. im Volke der Glaube, daß die geweihte Christophorus-Plakette im Auto vor Unfall schützt, obwohl die Erfahrung das Gegenteil beweist. Die geweihte Kerze, die beim Gewitter angezündet wird, soll den Blitz abwehren wie das Geläut der geweihten Kirchenglocken.[10]

Ein weiteres Beispiel der abergläubischen und also irrtümlichen Verwendung von Segenshandlungen ist mit dem St. Blasius-Segen verbunden, der nach dem Volksglauben jegliche Halskrankheit für ein Jahr abwehrt, obwohl die Erfahrung diese Anschauung nicht bestätigt.

Wie tief die magische Grundeinstellung im Volke verankert ist, mag man an folgendem Beispiel sehen: ein katholischer Großstadtpfarrer kam auf die zeitsparende Idee, an dem betreffenden Tage des heiligen Blasius nach jedem Gottesdienst den Blasius-Segen für alle gemeinsam und nicht für jeden einzelnen besonders zu spenden. Der Protest gegen diese Methode war erheblich und zwar aus dem magischen Grunde, weil das Volk in der kollektiven Segensspendung eine Teilung der Segenskraft sah, da ja der einmal erteilte Segen in zahlreiche Teile ging, statt sonst ungeteilt jedem einzelnen Gesegneten zuteil zu werden. Adolf Ellegard Jensen gibt in seinem Buche ‚Mythos und Kult bei Naturvölkern' ein von ihm auf dem Petersplatz in Rom beobachtetes Beispiel für magische Grundhaltung heute: er berichtet, er habe dort einen Rosenkranzverkäufer beobachtet, der in seinem Hute Rosenkränze hatte, die er verkaufen wollte. Als der Papst den Segen sprach, rührte der Mann in seinem Hute herum, damit alle Kränze nach oben kämen, um an dem Segen teilzuhaben.[11]

Was nun den Ursprung der geheimen Kräfte dieser Amulette und Talismane betrifft, so ist man im Volke der Meinung, daß entweder der betreffende Gegenstand von Hause aus die magische Kraft besitzt (wie z.B. die Gebeine der Heiligen) oder

---

[10] Vgl. den Glockenspruch ‚vivos voco, mortuos plango, *fulgora frango*'.
[11] Vgl. Jensen, Adolf Ellegard: *Mythos und Kult bei Naturvölkern*. Religionswissenschaftliche Betrachtungen, Wiesbaden 1951.

5.
Aberglaube als beweisbarer Irrtum

aber daß durch bestimmte Manipulationen, sei es durch bestimmte magische Zeichen, Worte oder Bilder, die aufgeprägt sind, diese Kraft erworben wird, sei es, daß Zauberern oder Priestern durch Segnungen oder Weihungen oder durch Berührung mit anderen geweihten Gegenständen die magische Kraft vermittelt wird.

Im primitiven Glauben, wie noch aus Jesu Abwehr dieser Vorstellung in der Bergpredigt ersichtlich ist, besteht die Ansicht, daß durch Häufung der Gebete eine verstärkte Wirkung erreicht werde. Daraus entwickelte sich, etwa analog den tibetischen Gebetsmühlen, im Abendlande eine Praxis, durch Kettenbriefe mit Gebeten darin eine mechanische Vermehrung der Gebete und der Gebetskraft zu erreichen.[12]

Bei den Kettenbriefen handelt es sich darum, ein Gebet oder einen Spruch brieflich zu verbreiten, so daß jeder Empfänger denselben Brief an mehrere andere Personen vervielfältigt verschickt, von denen jeder dann in gleicher Weise verfährt. So entsteht eine ganze Gebetskette, die der Intention nach die ganze Erde umlaufen soll. Um die Empfänger solcher Gebetsbriefe willig zu machen, ihrerseits an der Verbreitung durch Abschreiben mitzuwirken, sind häufig Drohungen damit verbunden derart, daß, wer sich weigere, hinfort kein Glück mehr haben werde. Daß es sich bei diesen abergläubischen Handlungen um puren Irrtum handelt, bedarf keiner besonderen Erwähnung.

Häufig ist lokaler Aberglaube in einer irrigen Interpretation von lokalen Vorkommnissen begründet. Dieses Phänomen liegt z.B. vor bei der Geschichte von dem Ritt über den Bodensee: bekanntlich war ein Reiter über den zugefrorenen See geritten, ohne zu wissen, daß er über einen See ritt. Als er es am Ufer erfuhr, fiel er vor Schreck tot um. Diese Geschichte mag wahr sein und es gäbe durchaus psychologische Erklärungsgründe. Im Volke aber wurde dieser Vorgang auf geheime Kräfte des Sees zurückgeführt, also irrig interpretiert.

---

[12] Mt. 6, 4.

Auf irrtümlicher Interpretation von Naturphänomenen beruht auch die oft vorkommende abergläubische Vorstellung vom Feuermann im deutschen Volksglauben. Der Feuermann wird folgendermaßen beschrieben: er sei ein Gerippe, aus dessen Innerem Flammen schlagen, oder ein bleiernes Männchen, aus dessen Mantel Feuer hervorbricht, oder ein schwarzer Mann in einer hohen breiten Feuersäule, oder ein schwarzer, d.h. unsichtbarer Mann, der ein Licht in einer Laterne trägt oder aus einer feurigen Pfeife raucht.

Wieder eine andere Beschreibung sieht in dem Feuermann ein brennendes Strohbündel. Im Volksaberglauben gilt der Feuermann als umgehender Toter, der im Fegefeuer seine Sünden büßt, z.B. der Küster, der den Klingelbeutel bestohlen hat. Antriebe für diesen irrigen Glauben sind einerseits der Glaube an das Brennen der Seelen im Fegefeuer oder in der Hölle, andererseits nächtliche Lichterscheinungen, die den Wanderer erschrecken: Irrlicht, das St. Elmsfeuer, phosphoreszierende Baumstümpfe und dergleichen. Besonders das Irrlicht war und ist Gegenstand irrtümlich interpretierenden Aberglaubens. Die natürlichen Ursachen sind bekanntlich brennende Gase (Methan) in sumpfigen Gegenden. Das Elmsfeuer besteht darin, daß bei hoher Luftspannung zwischen Wolken und Erde an schwülen Sommertagen Elektrizität von hoch aufragenden spitzen Gegenständen in die Luft ausströmt und leuchtet. Über Berggipfeln, an Gebäuden oder an Schiffsmasten ist das Phänomen zu beobachten, das sich aus natürlichen Ursachen erklärt.

Eine weitere Form irrenden Aberglaubens liegt in der sogenannten Tagwählerei, also in dem Bemühen, für beabsichtigte Handlungen die günstigste Zeit zu wählen, den glücklichen Tag. Dieser Ansicht liegt eine primitive Zeitvorstellung zugrunde, die darin besteht, daß man annimmt, es gäbe eine objektiv günstige oder ungünstige Zeitlage, die durch astrologische Verhältnisse bestimmt seien. Schon in der Antike glaubte man, es gäbe gute und böse Tage an sich. Es gab darüber eigene Tabellen und über die Arbeiten, die an den betreffenden Tagen erfolgreich zu verrichten oder besser zu unterlassen seien.

5.
Aberglaube als beweisbarer Irrtum

Auch im Mittelalter, das bekanntlich vielfach von astrologischen Ideen bestimmt war, blühte die Tagewählerei. Astrologische Zeitungen und Kalender unserer Tage pflegen diesen Aberglauben weiter. Der 1. April gilt noch heute vielfach als verrufener Tag, weil angeblich Judas an diesem Tage geboren wurde, oder weil er sich an diesem Tage erhängte. Schon diese Ableitung des Unheilscharakters des 1. April ist typisch primitiv; denn hier wird geglaubt, daß von einem unglücklichen Ereignis dieser Tag im Jahr einen objektiv bösen Charakter erhalten habe. So gelten auch die am 1. April Geborenen als Unglückskinder, die nach diesem Aberglauben Krüppel werden, nicht lange leben, schwer erziehbar sind und unglücklich sein werden. Auch sterben sie keines natürlichen Todes.

Diese Vorstellungen werden durch zahlreiche Gegenbeispiele als Irrtum erwiesen. So wurde z.B. am 1. April 1873 der Komponist Rachmaninow geboren, der 70 Jahre alt wurde. Auch Bismarck wurde gleichfalls am 1. April 1815 geboren und starb 83 Jahre alt. Eine gegenteilige Auffassung in der Bewertung des 1. April liegt in dem noch vielfach geübten Brauch, ‚jemanden in den April zu schicken'. Die Forschung glaubt in diesen Scherzen den Rest eines Frühlingsbrauches zu sehen, der in etwa den Narrenbräuchen des Karnevals entspricht. Es äußert sich darin die ungebundene Fröhlichkeit, die bei Frühlingsbeginn weithin unter den Menschen herrscht.

Tief verankert ist noch heute im Volksbewußtsein der uralte Glaube an die magische Bedeutung der Zahl. Wir können hier nicht im einzelnen zeigen, welche Bedeutung in der Religionsgeschichte den einzelnen Zahlen beigelegt wurde. Es geht uns hier nur darum, hinzuweisen darauf, daß es Zahlen gibt, die im Aberglauben im magischen Sinne als Glücks- bzw. als Unglückszahlen gelten. Bekanntlich ist noch heute der Aberglaube, daß die Zahl 13 Unglück bringe, so sehr verbreitet, daß selbst moderne Hotels es vermeiden, die Zahl 13 als Zimmerzahl zu verwenden. Dasselbe gilt für Krankenhäuser. Manche

Leute gehen lieber zu Fuß als die Straßenbahnlinie Nr. 13 zu benutzen.[13]

Als abergläubischer Irrtum begegnen uns weiterhin Prophezeiungen des Weltunterganges, die immer wieder im Laufe der Jahrhunderte auftreten. Im Altertum z.B. rechnete man mit dem Untergang der Welt, wenn das Römische Reich untergehen würde. Auch Jesus und die Urgemeinde waren der irrigen Meinung, daß das Ende der Welt unmittelbar bevorstehe und manche der Zeitgenossen Jesu es noch erleben würden.[14] In diesem Falle freilich handelt es sich nicht um Aberglaube als Wurzel fehlgehender Zukunftserwartungen, wenngleich auch hier der abergläubische Vorzeichenglaube mit der religiösen Erwartung verbunden ist.[15] Häufig sind Sonnenfinsternisse mit der Erwartung des Weltendes verbunden.

Eine andere abergläubische Prophezeiung besagte, daß das Weltende einträte, wenn Ostern auf Merkur (25. April), Pfingsten auf Antonius (15. April) und Fronleichnam auf Johannes (24. Juni) fällt. Das war 1943 der Fall. Aber die Welt ging nicht unter und bis zum Jahre 2000 wird Ostern nicht mehr auf den 25. April fallen. Natürlich sind auch die plötzlich auftauchenden Kometen, die ebenso plötzlich wieder verschwinden, früh schon als Vorzeichen unheilvoller Ereignisse irrtümlich gedeutet worden. Pest und Hungersnot, Krieg, Weltuntergang und dergleichen wurden mit dem Erscheinen von Kometen in Verbindung gebracht.

Schon in der Ilias des Homer (800 v. Chr.) wird das Auftreten eines Meteors als von Zeus gesendetes Zeichen verstanden: »eilend entschwebt die Göttin dem Gipfel des hohen Olymp, einem leuchtenden Meteor gleich, den Zeus, des Kronos Sohn,

---

[13] Das ‚Handwörterbuch des deutschen Aberglaubens' enthält unzählige Beispiele dieses irrigen, aber unausrottbaren Aberglaubens. Vgl. Hoffmann-Kraver, E.: *Aberglaube*, in: Handwörterbuch des deutschen Aberglaubens, Bd. 1, hrsg. v. Hans Bächtold-Stäubli, Berlin 1927 (64-87).

[14] Mk. 9, 1.

[15] Mk. 13, 24-27.

5.
Aberglaube als beweisbarer Irrtum

Schiffern und gewaffneten Völkern zum Zeichen sendet.«[16] So sind die Kometen im Altertum im allgemeinen Künder von Unheil meteorologischer Natur: nach Aristoteles verursachen sie Stürme und Trockenheit, Springfluten und Erdbeben.
Daneben stehen politische Prognosen: umstürzende Ereignisse werden durch Kometenerscheinungen vorausgesagt. So sah man z.B. in dem Kometen des Jahres 372 v. Chr., wie Diodor berichtet, eine Ankündigung der Niederlage der Spartaner 371 bei Leuktra und der Verlust ihrer Führungsrolle in Griechenland.[17] Bis heute ist der Aberglaube, der in den Kometen Unheilskünder sieht, und die Kometenfurcht nicht ausgestorben.
Abergläubischer Irrtum liegt vor in dem weit verbreiteten und noch heute lebendigen Glauben an den Heils- oder Unheilscharakter von Tierbegegnungen. Es ist eine Form des Vorzeichenglaubens aus magischer Zeit, dem wir hier begegnen. Tiere, die wegen ihres Aussehens oder wegen ihrer Stimme als unheimlich erscheinen, wie Eulen und Krähen, werden als Unheilskünder angesehen. Mit einem Hasen zusammenzutreffen, der als feiges und furchtsames Tier gilt, ist ein nachteiliges Vorzeichen. Besonders die Katze und nicht nur die schwarze Katze galt damals wie heute als Unglückstier. Das ‚Handwörterbuch des deutschen Aberglaubens' berichtet von zahlreichen Formen des Katzenaberglaubens: so wird z.B. angenommen, daß, wenn eine Katze sich unter dem Fenster eines Krankenzimmers putzt, der Kranke sterben wird. Wenn eine Frau eine Katze schlecht behandelt, wird sie in der Ehe Unglück haben.
Der Grund ist hier, daß die Katze im germanischen Glauben das heilige Tier der Ehegöttin Freya war. Aus diesem alten Volksglauben entsprang die mittelalterliche Verbindung der Katze mit der Hexe. Sie war das ausgesprochene Hexentier, das in den Hexenprozessen, sofern eine Frau mit einer Katze ange-

---

[16] Vgl. Ilias des Homer, IV, 74 f.
[17] Diodor; Diodorus Siculus, griechischer Geschichtsschreiber des 1. Jahrhunderts v. Chr., gab eine weltgeschichtliche Bibliothek heraus (vom angenommenen Anfang der Welt bis zu Caesars Ermordung), hier X, 50.

troffen wurde, manche Frau auf den Scheiterhaufen brachte. Die Katze diente im Altertum auch als Orakeltier. So wurden z.B. in Ägypten Katzen in den Tempeln gehalten und die Priester entnahmen dem Miauen der Katzen Weissagungen künftigen Geschehens. Es wird berichtet, daß noch der Hofastrologe Friedrichs II. , Michael Scotus, den weissagenden Charakter der Katzen zu beweisen suchte. Die Katze kann, diesem Aberglauben zufolge, auch Besuche voraussagen: wenn sie sich am rechten Ohr putzt, deutet das auf vornehmen und gern gesehenen Besuch; das Belecken der linken Pfote kündigt unangenehmen Besuch an.

Daß es Wetterfühligkeit der Tiere gibt, ist unbestreitbar und vielfältig bewiesen, aber jede In-Beziehung-Setzung der Tiere zum Schicksal und zur Zukunft ist irrender Aberglaube. Wenn z.B. der Kauz vor Krankenzimmern ruft, so behauptet man irrtümlich, daß der nahende Tod eines Hausbewohners dadurch angezeigt werde.

Fassen wir die Typen abergläubischen Irrtums kurz zusammen: Erscheinungen und Gegenstände, die an sich Symbolwert haben und insofern durchaus legitim sind im Erscheinungsbilde der Religion, werden im Aberglauben mit dem Numen identifiziert und dann magisch als Kraftträger verwendet, die automatisch wirken wie Amulette und Talismane, die konsekrierte Hostie, Weihwasser etc. Damit ist eine erste Gruppe im Bereich abergläubisch-irrtümlicher Phänomene bezeichnet.

Religiöse Handlungen, die magisch verstanden werden, wie Segnungen, Weihungen, der Blasiussegen, der Primizsegen eines Priesters etc. fallen gleichfalls unter den Begriff des Aberglaubens. Irrtümlich interpretierte Naturerscheinungen wie Blitz und Nordlicht, Kometen und Irrlicht bilden eine weitere Gruppe abergläubischer Irrtümer. Abergläubischer Irrtum bezieht sich weiter auf die abergläubische Zukunftserkundung einerseits durch Katzenorakel und andere Phänomene, an denen man selbst nicht aktiv beteiligt ist, andererseits durch aktive Mittel: so sucht man z.B. das künftige Schicksal eines Kranken dadurch zu ergründen, daß der Schweiß des Kranken mit Brot abgerieben und einem Hunde zu fressen gegeben wird.

5.
Aberglaube als beweisbarer Irrtum

Frißt der Hund das Brot, dann wird der Kranke wieder gesund, anderenfalls wird er sterben.

Die hier vorgetragenen und größtenteils aus dem ‚Handwörterbuch des deutschen Aberglaubens' belegten Hinweise auf abergläubisch-irrtümliche Praktiken und Vorstellungen zeigen ein weites und unerschöpflich vielgestaltiges Feld im Erscheinungsbereich der Religionen.

Im eigentlichen Sinne handelt es sich bei den in diesem Abschnitt aufgezeigten Phänomenen nicht um Religion; denn es wird hier zwar mit geheimnisvollen Kräften manipuliert, die vielfach innerhalb der Religion gewittert wurden, aber die nun losgelöst von diesem religiösen Bezug und ohne die Qualität des Heiligen verwertet werden. Dabei ist das Charakteristische, daß eine Art magischer Kausalreihe hergestellt wird, deren Glieder die allein dem magisch Manipulierenden bekannten zauberhaften Faktoren bilden, die alle lückenlos vorhanden sein müssen, wenn der gewünschte Effekt eintreten soll. Man denke z.B. an das Hufeisen, das zur Mitternacht schweigend geschmiedet und mit ungerader Löcherzahl versehen sein muß, wenn es Glück bringen soll. Das ist reine und profane Magie, ihr fehlt jeder religiöse Bezug.

6.
Religiöser Betrug als beabsichtigter Irrtum

Zwischen Religion und Wahrheit besteht ein nahes und vielfältiges Verhältnis. Dabei muß man freilich bedenken, daß es zwei Begriffe von Wahrheit in der Religion gibt: Wahrheit als Wirklichkeit und Wahrheit als Richtigkeit.

Wenn wir, wie es in den vorangegangenen Abschnitten bereits geschah, Religion als Begegnung mit göttlicher Wirklichkeit und antwortendes Handeln verstehen, dann ist hier der erste Begriff von Wahrheit gemeint; denn die Wahrheit der Religion besteht in dieser Betrachtung in der Begegnung mit göttlicher Wirklichkeit. Zur Wahrheit als Wirklichkeit wäre der Gegensatz die Unwirklichkeit, also der Irrtum im Sinne der Selbsttäuschung oder der bewußten Täuschung anderer über den eigenen Bezug oder Nichtbezug zur göttlichen Wirklichkeit. Hier stoßen wir auf ein schwieriges und religionswissenschaftlich nicht zu lösendes Problem der objektiv richtigen Unterscheidung zwischen berechtigtem religiösen Vollmachtsanspruch und religiösem Wahn.

Die Frage, wer wirklich ein gottgesandter Prophet und wer nur ein wahnerfüllter Phantast ist, läßt sich religionswissenschaftlich nicht mit Sicherheit entscheiden, zumal mancher Religionsstifter oder Prophet, der zunächst Erfolg hatte, wie z.B. Mani (gest. 276 n. Chr.), später scheiterte bzw. dessen Religion später unterging. Dasselbe gilt von dem ‚Lehrer der Gerechtigkeit', dem Begründer der Qumransekte der Essener. Trotz den vielfachen Ähnlichkeiten mit dem Urchristentum ging diese Sekte unter. War also der ‚Lehrer der Gerechtigkeit' ein wahnerfüllter Phantast oder ein gottgesandter Prophet? Darüber zu urteilen steht der Religionswissenschaft nicht zu, weil ihr keine objektiv gültigen Maßstäbe für eine solche Unterscheidung zu Gebote stehen.

Das Phänomen des ‚falschen Propheten' zeigt sich in der Religionsgeschichte unter verschiedenen Aspekten. Zunächst und vor allem begegnet uns die Bezeichnung des falschen Propheten als Anklage innerhalb einer Religion gegenüber Persönlichkeiten, die in ihr mit Prophetenanspruch auftreten, und deren Vollmacht seitens der Vertreter dieser Religion bestritten wird, oder gegenüber den außerhalb einer sich für absolut wahr haltenden Religion mit Offenbarungsansprüchen auftretenden Propheten.

Im Alten Testament finden sich zahlreiche Belege für die zuerst genannte Form des ‚falschen Propheten'. Es handelt sich dabei um Persönlichkeiten, die nach der Ansicht der Schriftpropheten und also dem Selbstverständnis dieser Propheten nach in den Augen Jahves irrige Lehren und falsche Offenbarungen verkünden, ohne Vollmacht zu besitzen. So heißt es z.B. bei Jeremia: »So spricht der Herr Zebaoth, der Gott Israels: ›Lasset euch die Propheten, die bei euch sind, und die Wahrsager nicht betrügen [...] denn sie weissagen euch falsch in meinem Namen. Ich habe sie nicht gesandt.‹«[1]

Hier liegt also nach der Aussage des Propheten Jeremia bei den Berufspropheten in Israel ein betrügerischer Anspruch vor, im Namen Jahves zu sprechen, während doch Jahve sie nicht bevollmächtigt hat. Im gleichen Sinne ist bei Hesekiel die Rede von falschen Propheten: »Sage den Propheten, die aus eigener Erfindung weissagen: [...] ›wehe über die törichten Propheten, die ihrem eigenen Geiste folgen und dem, was sie in Wahrheit nicht geschaut haben.‹«[2]

In dieser Textstelle begegnet ins ein neues, auch sonst oft auftretendes Motiv des Vorwurfs, daß nämlich die Verkündigung der falschen Propheten auf eigener Erfindung beruhe und aus eigenem Geiste stamme. So heißt es bei Hesekiel: »Habt ihr (falschen Propheten) nicht nichtige Gesichte geschaut und Lügenrakel geredet, und ruft doch: ›Spruch Jahves‹, während ich

---

[1] Jer. 29, 8 f.
[2] Hes. 13, 2.

6.
Religiöser Betrug als beabsichtigter Irrtum

nicht geredet habe?«[3] Wir können hier nur das Phänomen selbst feststellen, daß nämlich innerhalb einer Religion verschiedene Persönlichkeiten mit dem gleichen Anspruch, beauftragte Propheten Jahves zu sein, auftreten, von denen der eine den anderen hinsichtlich der Echtheit seiner Offenbarung der Rede Jahves beanstandet und der Lüge bezichtigt. Wer von ihnen mit seinem Anspruch im Recht ist, das festzustellen liegt nicht im Bereiche der Religionsforschung.

Die Idee des falschen Propheten begegnet uns gleichfalls im Neuen Testament, wenn es in der Bergpredigt heißt: »Sehet euch vor vor den falschen Propheten, die in Schafskleidern zu euch kommen, inwendig aber sind sie reißende Wölfe.«[4] In der Apostelgeschichte ist an einer Stelle die Rede von einem jüdischen Zauberer (magos) und falschen Propheten mit dem Namen Barjesus.[5] Das Auftreten von falschen Propheten wird im Alten Testament als Vorzeichen des nahen Weltendes verstanden. Es heißt: »Viele falsche Propheten werden aufstehen und werden viele irreführen.«[6] Diese Prophezeiung des Auftretens falscher Propheten hatte später seine besondere Bedeutung darin, daß man, als Mohammed auftrat und die christliche Welt gefährdete, man ihn für den geweissagten ‚falschen Propheten' hielt und als Zeichen des nahenden Endes verstand.

Analoge Vorstellungen vom ‚falschen Propheten', der lügnerische und betrügerische Offenbarungen verkünde, finden sich im Islam. Im Koran wird von den Gegnern des Propheten in Mekka berichtet und von den Vorwürfen, die sie gegen ihn erhoben. Da heißt es ganz einfach: »Dieser Mann ist ein Zauberer und Lügner«[7] An anderer Stelle lesen wir: »Auch die Thamudäer beschuldigten die Ermahnungen ihres Propheten des Betruges und sagten: ›Sollten wir wohl einem einzigen sterblichen Menschen aus unserer Mitte folgen? Das wäre ja von unserer Seite Irrtum und Torheit. Sollte ihm tatsächlich das Er-

---

[3] Hes. 13, 7.
[4] Mt. 7, 15.
[5] Apg. 13, 6.
[6] Mt. 24, 11.
[7] Sure 38, 5.

mahnungsamt vorzugsweise vor uns anvertraut worden sein? Wahrlich, er ist ein unverschämter Lügner.«"[8]

Ein auch hier erhobener Vorwurf ist der, daß der Prophet Mohammed höhnisch als Dichter bezeichnet wird, der eigenen Erfindungen folge und also keinen berechtigten Anspruch erheben könne, Träger einer besonderen ihm gewordenen Offenbarung Allahs zu sein. Er wird also des religiösen Schwindels bezichtigt: »Und die Frevler [d.h. die Ungläubigen] sprechen: ›Ihr folgt nur einem behexten Menschen‹«[9], und an anderer Stelle heißt es: »Die Ungläubigen sagen: ›Der Koran ist nichts anderes als eine selbst erdachte Lüge, wobei ihm andere Leute geholfen haben.‹«[10]

Die mittelalterliche Polemik gegen Mohammed und den Islam nahm dieses Motiv auf. Schon Johannes von Damaskus (ca. 676-754) bezeichnete Mohammed als falschen Propheten, der Frömmigkeit heuchelte und betrügerisch behauptete, der Koran sei ihm vom Himmel herabgesandt worden. Zwei andere Theologen, Hildebert von Lavardin und Andrea Dandolo bezichtigten den Propheten des Betruges in der Form, daß der erste behauptete, Mohammed habe seine göttliche Sendung dadurch bewiesen, daß er einen Stier insgeheim gezähmt habe und vor sich niederknien ließ, während der zweite, natürlich ebenfalls fälschlicherweise, berichtete, Mohammed habe eine weiße Taube abgerichtet, auf seiner Schulter sitzend Getreidekörner aus seinem Ohr zu picken, womit er den Anschein erweckte, Gott trete durch die Taube, den Himmelsboten, mit ihm in Verbindung. Dante teilte natürlich die Auffassung von Mohammed als einem Betrüger, indem er in seiner Divina Comedia im 28. Gesang der ‚Hölle' Mohammed unter die Sünder rechnet, die durch Betrug Zwietracht in der Religion stifteten.[11] Auch Voltaire hielt Mohammed für einen Betrüger.

---

[8] Sure 54, 24 f.
[9] Sure 25, 9.
[10] Sure 25, 5.
[11] Vgl. Dante Alighieri: *Die Göttliche Komödie*, übersetzt und kommentiert von Hermann Gmelin, Stuttgart 1949, 28. Gesang.

6.
Religiöser Betrug als beabsichtigter Irrtum

Man begegnet diesem Phänomen des ‚falschen Propheten', der des Betruges bezichtigt wird, häufig, wie z.B. im Bereiche der christlichen Kirchengeschichte bei den ‚Wiedertäufern', die sich für ihre Verkündigung auf die für sie maßgebliche, ihnen angeblich zuteil gewordene Offenbarung des Geistes berufen. Einer der Wiedertäufer, Jan Matthys, hielt sich selbst für den Propheten Henoch und die mit Gewalt und Blutvergießen vollzogene, allerdings kurzfristige Gründung des ‚Königreichs Zion' in Münster durch die Wiedertäufer wird man ebenfalls in den Bereich des Wirkens falscher Propheten rechnen dürfen.

Wir erörterten in diesem Abschnitt bisher die in bezug auf den Begriff der Wahrheit als Wirklichkeit auftretenden Formen des Vorwurfs, mit dieser göttlichen Wirklichkeit, im Gegensatz zu dem eigenen Anspruch, eben nicht in Kontakt zu stehen. Wir untersuchten dieses Phänomen in der Gestalt des falschen Propheten.

Die zweite Begriffsform der Wahrheit ist Wahrheit als Richtigkeit. Hier ist ein doppelter Gegensatz möglich, nämlich Irrtum und Lüge. Der hierfür verwendete Begriff der ‚pia fraus' (= frommer Betrug) stammt von Ovid und wird hier gebraucht als Bezeichnung einer Lüge, die zur Erreichung eines guten Zwekkes dienen soll.[12] Die erste Form des hier gemeinten Betruges im Sinne bewußten Irrtums finden wir in gewissen mystisch gerichteten Religionen, deren Vertretern die Unrichtigkeit ihrer Lehraussagen durchaus bewußt ist, die indessen vom Standpunkt einer höheren Wahrheit aus es für angängig halten, um Menschen zu einer vertieften Erkenntnis zu führen, ihnen zunächst an sich unrichtige Anschauungen mitzuteilen. Hier stoßen wir auf die Idee der ‚doppelten Wahrheit' in der Religion.

Der indische Religionsphilosoph Shankara (788-820) z.B. vertrat die Lehre des Advaita, der Zweitlosigkeit des Seins. Nach seiner Auffassung gibt es in Wahrheit nur das eine, unpersönliche und qualitätslose Brahman, das göttliche Sein. Der Weg zum Heil aber, meinte Shankara, führt über die naiven

---

[12] Vgl. Ovidius Naso, Publius: *Metamorphosen*, hrsg. v. Erich Rösch, München 1968, 9, S. 711.

Glaubensvorstellungen der Volksreligion, die für sich genommen unrichtig sind. In den prophetischen Religionen finden wir solche Relativität von Wahrheitsstufen nicht. Sie proklamieren daher uneingeschränkt und intolerant die alleinige Richtigkeit der eigenen Lehrwahrheit.

Es sind also die mystisch gerichteten Religionen, in denen die ‚doppelte Wahrheit' möglich ist und zwar deshalb, weil es in ihnen nicht auf die Richtigkeit der Lehre ankommt, sondern auf den existenziellen Kontakt mit der göttlichen Wirklichkeit. Von hier aus gesehen sind dann auch an sich unrichtige Glaubensanschauungen tolerierbar, wenn sie dem Heilsziel dienen. Betrachten wir dafür einige Beispiele. Im Buddhismus findet sich für die hier gemeinte Form des ‚Betruges' ein klassisches Beispiel im Saddharma-pundarika-sutra, einer wichtigen Schrift des Mahāyāna.

Hier wird im 3. Kapitel ein Gleichnis erzählt, dessen Sinn von Gerhard Rosenkranz in folgenden Sätzen zusammengefaßt wird: »Um die arglos im brennenden Hause spielenden Kinder vor ihrem Untergang zu bewahren, lockt ihr Vater sie mit dem Versprechen heraus, er werde den einen ein Reh-, den andern ein Ziegen-, den dritten ein Ochsengespann schenken. Nachdem die Kinder das Haus verlassen haben, schenkt er einem jeden von ihnen statt der versprochenen Wagen ein noch viel schöneres, von weißen Ochsen gezogenes Gefährt. Das brennende Haus ist die Welt als Stätte des Lebensdurstes und Leidens. Die arglosen Kinder sind die im Nichtwissen befangenen Menschen. Der Vater ist der Buddha, dem das Versprechen der drei Fahrzeuge nur als Vorwand dafür dient, daß er den Kindern schließlich als vollkommenstes, d.h. im Vergleich mit ihrer Nichtwirklichkeit als das wahrhaft wirkliche, das Buddha-Fahrzeug schenken kann.«[13]

---

[13] Vgl. Rosenkranz, Gerhard: *Das Gleichnis vom verlorenen Sohn im Lotos-Sūtra und im Lukasevangelium,* in: Theologie als Glaubenswagnis, Festschrift zum 80. Geburtstag von Karl Heim, dargebracht von der evangelisch-theologischen Fakultät der Eberhard-Universität, Tübingen, Hamburg 1954 S. 179 ff.

6.
Religiöser Betrug als beabsichtigter Irrtum

Hier wird also von Buddha eine List angewandt um des Heiles der bedrohten Menschheit willen. Es werden irrtümliche Vorstellungen erweckt, um dadurch ein religiöses Ziel zu erreichen.

In der indischen Religionsgeschichte begegnen wir daher häufig der Form der Toleranz, durch die naive und primitive Religionsformen von einem höheren Standpunkt aus, und obwohl man um den Irrtum jener Glaubensformen weiß, geduldet werden. Schon in der Mundaka-Upanishad heißt es: »Zwei Wissenschaften muß man kennen [...]: die höhere und die niedere. Und zwar ist die niedere der Rigveda, Yajurveda, Samaveda, Atharvaveda, Phonetik, Ritual, Grammatik, Etymologie usw. [...] aber die höhere, die, durch welche das Ewige erkannt wird, das Unsichtbare, Unfaßbare, ohne Ursprung, ohne Farbe, ohne Auge und Ohr, ohne Hände und Füße, das Bleibende, Ausgedehnte, Allgegenwärtige, ganz Feine, jenes Unvergängliche, das die Weisen als den Mutterschoß aller Dinge betrachten.«[14]

Die Autorität des vierteiligen Veda und alle anderen Wissenschaften, die es mit der gegenständlichen Vielheitswelt zu tun haben, werden also für niedere und vordergründige Wahrheit erklärt vor der höchsten Erkenntnis des Absoluten. Bei Nagarjuna (um 200 n. Chr.) findet sich der Vers:

»Zwiefache Wahrheit gibt es nach des Buddha Meinung:
Die höchste Wahrheit und die Wahrheit der Erscheinung.«

Solche Form des ‚Betruges' finden wir nun gleichfalls bei dem der mystisch orientierten Gnosis nahestehenden Kirchenvater Origenes, der in gleicher Weise die naiven Glaubensvorstellungen, wie sie die Orthodoxie vertritt, für niederes Wissen und also für letztlich ‚unrichtig' hielt vor der höheren Einsicht, die dem primitiven Menschen vorerst unzugänglich ist.

Dieter Dunkel zitiert in seiner Dissertation ‚Stufen der Wahrheit' eine Exegese des Origenes, in der es heißt: »Wie sagt der Prophet? Du hast mich betrogen, Herr, und ich bin betrogen worden. Er sagt das, nachdem der Betrug aufgehört hat, so als

---

[14] Mundaka-Upanishad, 1, 4.

ob er [...] mit Betrug initiiert worden wäre. Aber er wäre in die ersten Anfänge eingeführt und zur Frömmigkeit erzogen worden, so daß er den Betrug merken konnte, wenn er nicht anfänglich betrogen worden wäre [...] Wir sind alle Kinder bei Gott, und wir brauchen eine Erziehung wie Kinder; deshalb betrügt uns Gott aus Mitleid, selbst wenn wir den Betrug nicht erkennen vor der Zeit, damit wir nicht, gleichsam als ob wir die Kindheit übersprungen hätten, anstatt durch Täuschung durch die Wirklichkeit geprägt werden.«[15]

Dunkel fügt diesen Worten die treffende Erklärung hinzu: »Die Verhüllung der Wahrheit, die objektiv auch als Betrug erscheinen kann, ist also nicht bloß ein bedauerliches Faktum, wie in Indien, sondern sie ist propädeutische Notwendigkeit: sie ist Anpassung an die beschränkte Auffassungsgabe der Menschen, die zunächst wie Kinder sind, und in der Kindersprache, d.h. in Gleichnissen und Bildern unterwiesen werden müssen, wobei diese Bilder oft eine geistige Wahrheit in einer materiellen Unwahrheit verbergen.«[16]

Wir wenden uns nun den verschiedenen Möglichkeiten des eigentlichen religiösen Betruges zu. Hier begegnen uns zunächst kultische Manipulationen, die, den Kultteilnehmern in ihrer Verursachung unbekannt, religiöse Ergriffenheit erwecken sollen, die aber auf Schwindel beruhen. Im Mithraskult z.B. gab es in den Mithräen eine drehbare Mithrasfigur, deren Drehbarkeit indessen den Gläubigen unbekannt war, und die bei Kultfeiern durch ihre Drehung eine wunderhafte Erscheinung vortäuschte.

Aus jüngerer Vergangenheit wird von einem Kruzifixus berichtet, der sich in der englischen Benediktiner-Kirche in Boxley befand, und dessen Gliedmaßen bewegbar waren mit Hilfe der von den Mönchen gezogenen Drähte. Damit wurde auch hier ein Wunder vorgetäuscht.

---

[15] Vgl. Dunkel, Dieter: *Stufen der Wahrheit*. Der erkenntnismetaphysische, ontologische und theologische Wahrheitsrelativismus bei indischen und christlichen Mystikern, Bonn 1963 S. 135.
[16] Vgl. Ebenda, S. 135.

6.
Religiöser Betrug als beabsichtigter Irrtum

George Bernard Shaw hat in seiner Schrift ‚Die Heilige Johanna', die Form eines manipulierten Wunders durch den Erzbischof mit folgenden Worten sehr treffend charakterisiert: »Ein Wunder, mein Freund, ist ein Ereignis, das Glauben schafft. Das ist der Zweck und die Natur der Wunder. Sie mögen den Leuten, die ihnen beiwohnen, sehr wunderbar erscheinen und sehr einfach denen, die sie vollbringen. Das ist einerlei. Wenn sie Glauben festigen oder schaffen, sind es echte Wunder.« Er führt weiter aus: »Wunder sind nicht Betrug, obwohl sie oft sehr einfache und unschuldige Erfindungen sind, durch welche die Priester den Glauben ihrer Gemeinde stärken. Wenn dieses Mädchen (die hl. Johanna) den Dauphin unter seinen Höflingen herausfindet, wird das für mich kein Wunder sein, weil ich weiß, wie es gemacht wurde [...] Aber was die anderen betrifft: wenn die den Schauer des Übernatürlichen empfinden [...], so wird es für sie ein Wunder sein, und ein gesegnetes dazu.«[17]

Zweifellos boten die in allen Religionen vorkommenden Orakel weitgehende Möglichkeiten religiösen Schwindels. Bekannt ist z.B., daß bei dem berühmten Apollo-Orakel in Delphi, bei dem die Pythia in Ekstase Worte ausstieß, die als Offenbarungen des Gottes angesehen und von den Priestern des Apollo gedeutet wurden, diese Deutungen vielfach politische Hintergründe hatten. So entstanden hier Orakelsprüche, die als göttliche Weisungen ausgegeben wurden, in Wahrheit aber von den Menschen stammten und politischen Zweckmäßigkeiten entsprachen. Das aber ist religiöser Schwindel, durch den aber das gesamte Leben der damaligen Zeit in Griechenland aufs Tiefste beeinflußt wurde.

Im Volksglauben spielt der religiöse Betrug, die fromme Lüge, eine große Rolle. Rudolf Kriß hat in seinem dreibändigen Werk ‚Die Volkskunde der altbayrischen Gnadenstätten' 1953 ein reiches Material auch dieser Form der pia fraus vorgelegt.[18]

---

[17] Vgl. Shaw, George Bernard: *Die Heilige Johanna*. Dramatische Chronik in sechs Szenen und einem Epilog, übersetzt von Wolfgang Hildesheimer, 1923, hier 2. Szene.
[18] Vgl. Kriß, Rudolf: *Die Volkskunde der altbayrischen Gnadenstätten*, München 1953 S. 23 ff.

Vielfach bezeugt ist die durch Priester geschehene Aufrechterhaltung des Glaubens an Wunder auch nachdem der natürliche Ursprung dieser Wunder erwiesen war. Ein Beispiel dafür bietet das Kloster Neuburg, wo im Jahre 1298 eine Bluthostie künstlich hergestellt und Jahrzehnte hindurch trotz erwiesener Fälschung zur Anbetung ausgesetzt blieb.

Ein weiteres Beispiel dieser Art von Schwindel betrifft das heilige Blut von Hayles, bei dem es sich um einige Tropfen des Blutes Christi handeln sollte. Das Blut wurde getrocknet in einem kleinen Gefäß aufbewahrt, wurde aber an einem bestimmten Tage wieder flüssig. Dieses Blut aber stammte von einem neugeschlachteten Schafe, aber die unwissende Bauernbevölkerung der Umgebung und andere Pilger waren tief beeindruckt. Die protestantische Reformation in England bereitete diesem Schwindel ein Ende.[19]

Man könnte daran denken, auch die zahlreichen religiösen Schriften, die unter falschem Namen in der Religionsgeschichte bekannt sind, unter den religiösen Schwindel zu rechnen. Wie z.B. viele Schriften unter dem großen Namen des griechischen Philosophen Platon laufen, die die spätere Wissenschaft als unecht erkannte, so gibt es bekanntlich auch innerhalb des Neuen Testamentes Schriften, die nicht von dem Autor stammen, unter dessen Namen sie noch heute dort sich finden. Manche Briefe stammen z.B. nicht von Paulus, wie etwa der Hebräerbrief, die sog. Pastoralbriefe an Timotheus und Titus, der Epheserbrief.

Doch diese Form bewußter Täuschung gehört nicht in unseren Zusammenhang; denn in jener Zeit hatte man nicht unsere Anschauung vom literarischen Eigentum und von literarischer Ehrlichkeit. Man war vielmehr geneigt, die eigenen Schriften unter die große Autorität berühmter Namen wie den des Paulus zu stellen und selbst zurückzutreten, um den eigenen Gedanken mehr Nachdruck und Verbreitung zu verleihen.

---

[19] Vgl. Moorman, John Richard Humpidge: *A History of the Church in England*, London 1967.

6.
Religiöser Betrug als beabsichtigter Irrtum

Dem heutigen Verständnis nach handelte es sich hier um literarischen Betrug. Es wäre aber unhistorisch gedacht, wenn wir diese Form des erweckten Irrtums in unseren Zusammenhang aufnehmen würden. Nun gab es aber in der Tradition noch andere Paulusschriften, um bei diesem Beispiel zu bleiben, die bisweilen in den Kanon der Paulusschriften aufgenommen waren, und die bewußt gefälscht waren. Ein Beispiel dafür ist der Laodicenerbrief: auf Grund der Anweisung in Kolosser[20], den Brief aus Laodikäa in Kolossä vorzulesen, wurde etwa im 4. Jahrhundert ein aus paulinischen Ausdrücken zusammengesetzter Laodicenerbrief erfunden, der manchenorts als kanonisch angesehen wurde.[21] Hier handelt es sich natürlich um bewußten Betrug.

Anders wiederum steht es mit den literarischen Fälschungen, die in der Religionsgeschichte bezeugt sind. In der christlichen Kirchengeschichte ist in dieser Hinsicht an die sog. Konstantinische Schenkung (Donatio Constantini) zu erinnern, eine Urkunde also, in der Konstantin der Große dem Papst Silvester I. allerlei kirchliche und weltliche Rechte und Würden, vor allem die selbständige Herrschaft über Rom und alle abendländischen Provinzen überträgt. Daß diese Donatio Constantini eine Fälschung sei, wurde bereits in einer Urkunde Ottos III. und in der Zeit Friedrichs I. behauptet. Im späteren Mittelalter ging dieses Wissen jedoch verloren und erst Laurentius Valla wies 1440 die Unechtheit nach. Der Entstehungsort dieser Fälschung ist wahrscheinlich die päpstliche Kanzlei, die Abfassungszeit vermutlich das 8. Jahrhundert.

Eine interessante Sonderform liegt nun vor, wenn eine Religion die andere der literarischen Fälschung bezichtigt. Im Neuen Testament findet sich der seitens der Hohenpriester und Pharisäer ausgesprochene Verdacht, daß die Jünger Jesu Leichnam nach dessen Bestattung gestohlen hätten, um dann zu

---

[20] Kol. 4, 16.
[21] Vgl. Kümmel, Werner Georg: *Paulusbrief*, in: Die Religion in Geschichte und Gegenwart. Handwörterbuch für Theologie und Religionswissenschaft, 3. völlig neubearbeitete Aufl., Bd. 5, hrsg. v. Kurt Galling, Tübingen 1961 (195-198), hier Sp. 196.

behaupten, er sei auferstanden.[22] Später wird beschlossen seitens der Ältesten, den Kriegsknechten Geld zu geben mit dem Auftrag: »saget: die Jünger kamen des Nachts und stahlen ihn, während wir schliefen.«[23] An diesen Textstellen findet sich also einerseits der Verdacht des Schwindels, den etwa Jesu Jünger verübt hätten, und andererseits wird von dem Betruge der jüdischen Behörden selbst berichtet, die nicht erwiesene Behauptungen über den Diebstahl des Leichnams Jesu in Umlauf setzen ließen.

Der Islam bezichtigt bis auf den heutigen Tag Juden und Christen, ihre heiligen Schriften, also Altes Testament und Neues Testament, die nach der Meinung des Islam ursprünglich mit der einen und alleinigen Offenbarung des Koran übereingestimmt haben sollen, gefälscht zu haben. Es heißt: »Wer aber ist frevelhafter als der, welcher das Zeugnis Allahs (in der heiligen Schrift) verheimlicht?«[24], d.h., wer Stellen in der früheren Offenbarung, die sich auf Mohammed angeblich beziehen, fälscht. Auch an anderen Stellen ist davon die Rede, daß von den ‚Schriftbesitzern', also vornehmlich Juden und Christen, Stellen weggelassen sind.[25]

Diese Fälschungstheorie ermöglicht es der islamischen Theologie, Ähnlichkeiten zwischen Altem Testament und Neuem Testament einerseits und dem Koran andererseits nicht aus Übernahmen, wie es die Wissenschaft tut, abzuleiten, sondern als unverfälschte Reste der Uroffenbarung anzusehen. Diese Fälschungshypothese wird z.B. demonstriert an einem Worte des Johannesevangeliums, wo es heißt: »Der Tröster, der heilige Geist, welchen mein Vater senden wird in meinem Namen, der wird euch alles lehren.«[26]

Das griechische Wort, das hier im Neuen Testament mit ‚Tröster' übersetzt ist, heißt ‚parakletos'. Islamischerseits wird nun behauptet, hier sei ursprünglich der Prophet Mohammed

---

[22] Mt. 27, 64.
[23] Mt. 28, 12.
[24] Sure 2, 141.
[25] Sure 5, 16.
[26] Joh. 14, 26.

6.
Religiöser Betrug als beabsichtigter Irrtum

angekündigt; denn im unverfälschten Text stehe statt ‚parakletos' ‚periklytos', also ein ähnlich klingendes Wort, das jedoch ‚der Gelobte' bedeutet, was wiederum eine Übersetzung des Namens ‚Mohammed' sei. Durch Fälschung also sei hier der Hinweis auf den kommenden und endgültig letzten Propheten beseitigt worden. Daß Religion überhaupt einem Betruge (oft ist von Priesterbetrug die Rede) ihr Entstehen verdankt, ist eine weit verbreitete und sogar bis auf die Antike zurückgehende Vorstellung.

Dieser Hypothese liegt natürlich der Gedanke zugrunde, daß weltliche oder geistliche Führer eines Volkes, um es den Gesetzen gegenüber zum Gehorsam zu zwingen, Wesen erfunden hätten, die auf die Übertretungen im Volke achten und sie strafen. Kritias (um 410 v. Chr.), Platons Onkel und Sophist, hat in seiner Tragödie ‚Sisyphos' seine Meinung über den betrügerischen Ursprung der Religion dargelegt, indem er zunächst davon spricht, daß in alten Zeiten die Menschen ohne bindende Ordnung, den Tieren gleich lebten, und daß der Starke über den Schwachen herrschte. Dann habe man Strafgesetze erlassen, um den Bösen für seine Vergehen zur Rechenschaft zu ziehen. Das aber habe bewirkt, daß das Verbrechen in die Dunkelheit, in das Verborgene sich flüchtete. Dann heißt es bei Kritias:

»Da hat, scheint mir, ein schlauer, kluger Mann die Gottesfurcht den Sterblichen erfunden.
Ein Schrecken sollte sie den Bösen sein, wär´ heimlich auch die Tat, Wort und Gedanke,
So führte er die Religion denn ein: ‚ein Wesen ist in ewigem Leben prangend,
Des Geist hört, sieht und voll von Weisheit ist, der dies uns schenkte, göttlich von Natur,
Er hört ein jeglich Wort, das Menschen reden, und keine Tat bleibt seinem Blick verborgen.
Und wenn im Stillen nur du Böses sinnst, die Götter merken es; denn überall wohnt ihre Weisheit'.
Mit dergleichen Reden führt er die feinste aller Lehren ein, Wahrheit mit der Worte Trug verhüllend.«

Religion ist also dieser Erklärung nach frommer Betrug, pia fraus, mit dem Zweck, Sittlichkeit und Recht zu fördern.

Machen wir uns zum Abschluß dieses Kapitels kurz und zusammenfassend die Motive der pia fraus noch einmal klar und fügen einige Ergänzungen hinzu. Selbstverständlich – das sei zunächst noch einmal gesagt – liegt keine pia fraus vor bei unwissentlich falscher Aussage seitens der Religionsstifter, die uns ja auch vielfach begegnet. Auch bei falscher Angabe der Autorschaft heiliger Schriften kann nicht von pia fraus die Rede sein, weil hier eben der moderne Begriff des geistigen Eigentums noch nicht vorhanden war.

Bei echtem Betrug aber handelt es sich im wesentlichen um folgende Motive: Zunächst stießen wir auf kultische Manipulationen, durch die der Anschein von Wundern erweckt werden sollte, die wiederum das Entstehen religiöser Gefühle bewirken sollten. Im Erscheinungsbereich der Orakel entdeckten wir weiterhin vielfachen Betrug, durch den die Orakelsprüche politischen Zielen gemäß gestaltet wurden. Wir erörterten weiter den Betrug im Volksglauben, literarische Fälschungen und die Theorie, daß Religion überhaupt auf religiösem Betrug beruhe und das Ziel habe, Sittlichkeit zu begründen.

Manche dieser religiösen Betrugsformen dienen dazu, hierarchische Macht zu stabilisieren. Das war der Fall bei der Donatio Constantini. Aber auch dogmatische Theorien suchte man bisweilen durch die Behauptung von Fälschungen auf der anderen Seite, wie das im Islam geschah und geschieht, zu entkräften. Man wird weiter daran denken müssen, daß seitens religiöser Organisationen Aufklärung im wissenschaftlichen Sinne über den geschichtlichen Ursprung dogmatischer und kirchlicher Bildungen unerwünscht ist. Obwohl solche aufklärenden Erkenntnisse weithin zweifelsfrei sind, hinderte man z.B. im Bereich der christlichen Kirche ihre Verbreitung z.B. durch den Index librorum prohibitorum (Index der verbotenen Bücher).

Das Motiv, das man dafür anführt, ist, daß man keine Beunruhigung der einfältigen Gläubigen riskieren wolle. Vor allem kommt es aber dabei darauf an, daß durch die Verbreitung

6.
Religiöser Betrug als beabsichtigter Irrtum

religionswissenschaftlicher oder naturwissenschaftlicher Aufklärung eine Erschütterung des ganzen Religionsgebäudes erfolgen könnte, die man natürlich zu verhindern trachtet. Das ist auch eine Form religiösen Betruges; denn die Gläubigen werden auf diese Weise um die Erkenntnisse der Wissenschaft betrogen, die auch für ihre religiöse Vorstellungs- und Glaubenswelt von Bedeutung wären.

Diese Geheim- oder Zurückhaltung neuer wissenschaftlicher Einsichten wird in den christlichen Kirchen bis in die Gegenwart hinein geübt, um die Einheit der Kirche und die traditionelle Unterordnung der Laien unter die Hierarchie zu bewahren. So wurde der religiöse Individualismus und damit auch jede religiöse Freiheit im Glauben und Denken verhindert und die Gläubigen wurden in einem Gehäuse gehalten, das vom Geist fortschrittlichen Denkens unberührt blieb. Das Auseinanderfallen von Kirche und Leben und damit die Krise des Christentums der Gegenwart hängt mit der hier kurz erörterten Praxis der im Grunde betrügerischen Zurückhaltung wissenschaftlicher Erkenntnis in der Kirche zusammen. Wo in religiösen Organisationen wie in der katholischen Kirche die freie Informationsmöglichkeit verboten und verhindert wird bzw. bisher wurde, liegt religiöser Betrug vor.

7.
Irrtümer in der Deutung kultischer Traditionen

Ein weiteres interessantes Phänomen, auf das wir in der Religionsgeschichte stoßen, liegt in der Tatsache, daß vielfach vorgefundene alte kultische Traditionen in einer Weise gedeutet werden, die dem historischen Ursprungssinn widerspricht.

Wir wollen versuchen, hernach die einzelnen Motive in den Erscheinungen darzustellen und an Beispielen sichtbar zu machen. Zuvor aber stellen wir die Frage nach den Voraussetzungen für das Entstehen dieses Phänomens. Es sind im wesentlichen drei Momente, die für das Entstehen des Phänomens wichtig sind, das wir hier im Auge haben: nämlich einerseits die Überfremdung einer Religion durch eine andere.

Wenn z.B. eine Religion wie die altisraelitische einer anderen Religion d.h. der kanaanäischen Volksreligion in Palästina begegnete, dann ergab sich außer vielen anderen auch die Konsequenz, daß alte vorgefundene Kultformen der Kanaanäer übernommen wurden, aber unter Umdeutung. Eine zweite Voraussetzung liegt dann vor, wenn eine Universalreligion über eine alte Volksreligion siegt; denn dann macht es die unüberwindbare Konstanz des alten Glaubens innerhalb der neuen Universalreligion notwendig, für breite Schichten, die religiöse Masse, die alten Kultformen oder jedenfalls Teile von ihnen, umzuinterpretieren im Sinne der neuen Universalreligion.

Schließlich ist ein dritter Fall denkbar, daß nämlich innerhalb derselben eigenen Religion neue religiöse Erkenntnisse, etwa durch Reformatoren, gewonnen werden, die nun ihrerseits im Widerspruch stehen mit der Überlieferung, der kultischen zumal, in der eigenen Religion. So daß dann hier der Fall eintritt, daß innerhalb derselben Religion eine harmonisierende Uminterpretation der Überlieferung stattfindet mit dem Anspruch, daß die Interpretation den ursprünglichen Sinn der Überlieferung wiedergibt.

Wir begegnen dieser Situation besonders in jenen Religionen, in denen die Offenbarung in der Vergangenheit als abgeschlossen angesehen wird, so daß faktisch Neues, das durch Neuinterpretation überlieferter Kulturformen zutage tritt, nur Verbindlichkeit gewinnen kann, wenn es als der uralte und eigentliche Sinn der Überlieferung legitimiert wird, was indessen eben oft nur in irrtümlicher Weise geschehen kann, mag es sich dabei nun um einen unbewußten Irrtum handeln und die Reformatoren des guten Glaubens sein, daß ihre Interpretation wirklich das Ursprüngliche wieder ans Licht bringt, oder um eine priesterliche List, also um bewußten Irrtum, um dadurch eigenen theologischen Anschauungen höhere Autorität zu verleihen.

Beide Möglichkeiten lassen sich in der Religionsgeschichte belegen: Martin Luther z.B. war sicher guten Glaubens, daß seine Lehre und die von ihm inaugurierte Kirchenpraxis dem entsprach, was in der christlichen Urgemeinde geglaubt und gelebt wurde. Tatsächlich war indessen die Reformation keine Neuverwirklichung des urgemeindlichen Glaubens und Lebens, sondern enthielt neue Motive neben alten.

Gehen wir zum Ursprung des Christentums zurück, so stellt sich hier die Frage, ob Paulus, dessen Verkündigung von Christus, dem Gekreuzigten und Auferstandenen, an die Stelle der Botschaft Christi vom Reich Gottes trat, diesen Wandel, den er wohl, wie er behauptet, schon vorfand, und der fraglos etwas Neues war, bewußt oder unbewußt vollzog. Zu behaupten, daß die paulinische Theologie von der Rechtfertigung durch das Erlösungswerk Christi dem Ursinn der Sendung und dem Sendungsbewußtsein Jesu entsprach, beruht zweifellos auf einem Irrtum.

Carl Schneider hat in seinem gehaltvollen Werke ‚Geistesgeschichte des antiken Christentums' 1954, die Anschauung vertreten, daß das Urchristentum nur dadurch eine Chance der Ausbreitung in der damaligen Mittelmeerwelt hatte, daß sein Stifter Jesus unter die sterbenden und auferstehenden Götter,

7.
Irrtümer in der Deutung kultischer Traditionen

an die in den hellenistischen Religionen vielfach geglaubt wurde, eingereiht wurde. Als jüdischer Sektenstifter hätte Jesus keine Aussicht gehabt, mit seiner Botschaft Gehör in der damaligen Welt zu finden.[1]

Alfred Bertholet hat in einer Akademie-Abhandlung ‚Über kultische Motivverschiebungen' 1938 auf ein umfassenderes Phänomen aufmerksam gemacht, das sich jedoch mit dem von uns hier ins Auge gefaßten berührt; denn Bertholet suchte zu zeigen, daß vielfache Verschiebungen des Motivs kultischer Handlungen in der Religionsgeschichte nachweisbar sind, Verschiebungen, die also einen neuen Sinn gegenüber dem ursprünglichen zeigen. Diese Abhandlung bietet vielerlei Material, das wir z.T. für unsere speziellere Betrachtung verwenden können. Wir wollen aber nicht auf die Verschiebung der Motive kultischer Handlungen an sich achten, sondern wir möchten in ihnen das Moment des Irrtums nachweisen, was selbstverständlich nicht bei allen Motivverschiebungen gegeben ist.

Bertholet behandelt also das umfassendere Phänomen gegenüber dem von uns hier zu behandelnden. Wir werden also diejenigen Motivverschiebungen, die etwa eine bloße Spiritualisierung überkommener kultischer Akte bedeuten, wie etwa die des Opfers, nicht unter die Phänomene des historischen Irrtums rechnen, wenn nicht ausdrücklich der neue Sinn als der eigentliche und ursprüngliche bezeichnet wird, und es dennoch nachweisbar ist, daß hier ein Irrtum vorliegt.

Wir wenden uns nun den Einzelphänomenen zu. Zunächst begegnet uns die Umdeutung vorgefundener Kultformen, innerhalb der eigenen Religion also, die darin besteht, daß bestimmte alte Gegenstände oder Akte als etwas verstanden werden, was sie sicher, historisch betrachtet, nie waren. Ein interessantes Beispiel dafür ist die sogenannte ‚Bundeslade' im alten Israel. Die Beziehung dieses transportablen Heiligtums mit dem in Israel geglaubten Bunde Jahves mit seinem Volke ist sekundär. Ursprünglich hat dieses Heiligtum nur ‚Gotteslade' gehei-

---

[1] Vgl. Schneider, Carl: *Geistesgeschichte des antiken Christentums*, gekürzte Sonderausgabe, München 1954.

ßen. Nach der Tradition waren sein Inhalt zwei heilige Steine. Es ist bekannt, daß im semitischen Bereich allenthalben Steinkulte üblich waren, auch außerhalb der israelitischen Religion. Aus diesem Grunde wurde z.B. in dem altisraelitischen Altargesetz verlangt, daß die Altäre Jahves aus unbehauenen Steinen bestehen müssen.[2] Und es wurde berichtet, daß eine unvorsichtige Berührung der sogenannten Bundeslade durch Unbefugte tödliche Folgen hatte für die, die sie berührten, so ist daraus zu schließen, daß es sich hier um tabuierte, von ambivalenter numinoser Macht erfüllte heilige Steine handelte, die an sich machtgeladen waren, und die ihre Heiligkeit, d.h. ihre numinose Mächtigkeit nicht erst durch die darauf geschriebenen Gesetze erhielten, wie später behauptet wurde.[3]

Es ist also mit Sicherheit anzunehmen, daß es sich ursprünglich bei dem Inhalt der Bundeslade um Steinfetische handelte. Wir haben nun aber im Alten Testament zwei verschiedene spätere Deutungen dessen, was auf diesen Steinen geschrieben stand bzw. gestanden haben soll. An beiden Stellen wird übereinstimmend behauptet, daß das Gesetz Jahves auf diesen Steinen von Gott selbst oder von Mose aufgezeichnet worden sei: daß das Gesetz in der Bundeslade sich befunden habe, wird behauptet[4]; daß dieses Gesetz auf steinerne Tafeln vom ‚Finger Gottes' geschrieben wurde, bezeugt Mose.[5] An anderer Stelle heißt es, dass er die Gebote auf die Tafeln schrieb.[6]

Nun gibt das Alte Testament jedoch, was den Inhalt betrifft, zwei verschiedene Angaben darüber, welche Gebote auf den Tafeln gestanden haben: Bei Mose werden andere Gebote genannt[7] als im 5. Buche Mose, wo die bekannten zehn Gebote stehen, die ebenfalls nach Mose auf den zwei steinernen Tafeln geschrieben standen.[8]

---

[2] 2. Mos. 20, 25 f.
[3] 2. Sam. 6, 6.
[4] 2. Mos. 25, 21.
[5] 2. Mos. 31, 18; 32, 16.
[6] 2. Mos. 34, 28.
[7] 2. Mos. 34.
[8] 5. Mos. 5, 19.

7.
Irrtümer in der Deutung kultischer Traditionen

Hier liegen also widersprechende Traditionen vor, die zeigen, daß man nicht mehr wußte, was auf den Steinen stand. Es wird sich hier um einen alten Kultus von Fetisch-Steinen gehandelt haben, die Spezialheiligtum des Stammes Joseph waren, das dem Stamme durch Moses nicht genommen wurde, sondern erhalten blieb. Die neue Beziehung zu Jahve wurde sekundär durch die Behauptung hergestellt, daß auf diesen Steinen die göttlich geoffenbarten Gesetze, also die ‚Bundesverfassung' (nach Schöps) stünden. Das aber ist geschichtlich betrachtet sicher ein Irrtum.

Ein anderes Beispiel dieser Art der Umdeutung vorgefundener Kultformen ist, wiederum im Alten Testament, Beth-el, das ein altes Steinheiligtum der Kanaanäer war. In der Genesis wird von Jakob berichtet, der auf seiner Wanderung seinen Kopf auf einen Stein legte und schlief.[9] Dabei träumte er von der Himmelsleiter und erklärte danach, daß hier gewiß ein Ort göttlicher Gegenwart und die Pforte des Himmels sei. Danach habe er den Stein aufgerichtet, Öl darauf gegossen und ein Gelübde getan. Was hier vorliegt, ist die Uminterpretation eines kanaanäischen Steinheiligtums und Steinkultes, mit dem ursprünglich eine durch Öl erfolgende magische Krafterfüllung des Steines verbunden war. Daraus wird nun ein Ölopfer für Jahve und das ganze Heiligtum bzw. seine Neustiftung wird mit der Person des Erzvaters Jakob verbunden. Das Irrtümliche in diesem Bericht liegt also einerseits darin, daß nicht angegeben wird, daß es sich um ein bereits im kanaanäischen Kult bestehen des altes Heiligtum handelte, und daß andererseits die vorhandene Kultform in einer Weise uminterpretiert wurde, die dem historisch ursprünglichen Sinn nicht entspricht.

Solche der Praxis und der Intention früherer Kultformen widersprechende Interpretation findet sich nun auf den verschiedensten Gebieten der religiösen Praxis. Vielfach wird durch Uminterpretation eine neue Beziehung zu alten Baumkulten hergestellt. Im Alten Testament wird ja grundsätzlich der Baumkultus ausdrücklich als heidnische Kultform abge-

---

[9] 1. Mos. 28.

lehnt[10] dennoch ist z.B. von einer Abrahams-Eiche die Rede[11] und im Josua wird von einer Eiche gesprochen, die im Heiligtum Jahves sich befand.[12] Dabei handelt es sich fraglos um alte Baumkulte, die hier einbezogen werden in die israelitische Religion unter Uminterpretation.

Der Buddhismus kennt ebenfalls solche Wandlung und Umdeutung des Baumkultes, nämlich im Bodhi-Baum. Buddha erlangte bekanntlich die Erleuchtung, die bodhi, unter einem Baum, wobei wieder alter Baumkultus zu vermuten ist. Der Buddhismus übernahm den Bodhi-Baum als ein in der buddhistischen Symbolik vielfach verwendetes Zeichen für die Erleuchtung. Der alte Baumkultus aber wirkt darin nach, daß in den ikonographischen Darstellungen oft anbetende Gläubige sich unter dem Bodhi-Baum befinden, die ihn verehren. Die Übertragung von Baumverehrung auf ursprünglich nicht damit in Verbindung stehende Personen begegnet uns im christlichen Bereich an vielen Stellen, so z.B. bei den sogenannten Marien-Eichen. Die Eiche war bekanntlich in Germanien ein heiliger Baum, der hier nun mit Maria verbunden wurde.

Neben altem Baumkultus ist es natürlich alter Steinkultus, der uminterpretiert wird. Davon ist oben bereits ausführlich die Rede gewesen. Wir fügen hier nur noch ein charakteristisches Beispiel aus dem Alten Testament hinzu: »Absalom (der Sohn Davids) hatte schon bei Lebzeiten den Malstein im Königstal genommen und ihn für sich errichtet, weil er sich sagte: ›Ich habe keinen Sohn, um meinen Namen fortleben zu lassen‹ und hatte den Malstein mit seinem Namen benannt. Daher heißt er bis zum heutigen Tage: ›Denkmal Absaloms.‹«[13] Da hier also das Phänomen der Übernahme eines heiligen Steines bewußt geschieht, kann man nicht von einem Irrtum sprechen. Das alte Steinheiligtum wird mit der Person Absaloms durch Benennung so verbunden, wie es durch einen Sohn geschehen wäre.

---

[10] Hos. 4, 12 kann als Beispiel angeführt werden.
[11] 1. Mos. 13, 18.
[12] Jos. 24, 26.
[13] 2. Sam. 18, 18.

7.
Irrtümer in der Deutung kultischer Traditionen

Im Islam dagegen finden wir eine fraglos irrtümliche Interpretation eines alten vorislamischen Stein-Heiligtums, der Kaaba. Nach der Einnahme Mekkas durch Mohammed und die Seinen wurde dieses vorislamische Kultmal in den Islam aufgenommen und – sicher irrtümlich – als von Abraham errichtet bezeichnet.

Immanenter Irrtum liegt auch in den zahlreichen Uminterpretationen religiöser Feste und Kulte vor. In Malta z.B. wurde ein ursprüngliches Adonisfest in ein Fest Johannes der Täufer umgewandelt und dieses wiederum in einen Bittgang im Namen des heiligen Gregorius. Das altchristliche Epiphaniasfest ist vermutlich aus einem Kult des Dionysos hervorgegangen. Wieder ist es die altisraelitische Religionsgeschichte, die zahlreiche Beispiele dieser Uminterpretation von alten Festen liefert; denn die altisraelitischen Feiern sind größtenteils aus dem Leben der Viehzüchter, der Acker- und Weinbauern entstanden und entsprachen ihren Lebensgewohnheiten. Mitunter aber wurden diese Feste uminterpretiert und mit historischen Heilstatsachen in Verbindung gebracht, z.B. das Passah-Fest mit dem Auszug aus Ägypten, während das Passah-Fest ursprünglich d.h. vor der Seßhaftwerdung ein Brauch vor dem Weidewechsel, also vor dem Aufbruch in das Kulturland im Frühjahr war. Es handelte sich dabei um eine den Herden Schutz sichernde Begehung.

Der alte Nomadenbrauch ist dann da, wo er zuerst erwähnt und als bekannt vorausgesetzt wird[14], historisiert, d.h. mit dem Auszug aus Ägypten, dem wichtigsten Heilsereignis der israelitischen Religionsgeschichte, in Verbindung gebracht. Es wurde also eine Uminterpretation vollzogen, die deshalb nahelag, weil es sich, wie beim Auszug aus Ägypten, bei dem ursprünglichen Passah um einen Aufbruch handelte, und weil man den mit dem Passah verbundenen Blutritus mit der Tötung der ägyptischen Erstgeburt in Beziehung setzen konnte. Auch das Laubhüttenfest hing ursprünglich mit der Weinlese zusammen und zwar natürlich bei den Kanaanäern. Es wurde von Israel über-

---

[14] 2. Mos. 12, 21 ff.

nommen und mit Jahve in Beziehung gesetzt und geradezu als das Jahve-Fest schlechthin angesehen.[15]

Daß innerhalb der eigenen Religion sich ein irrtümliches Verständnis der eigenen religiösen Vergangenheit finden kann, läßt sich wiederum am Beispiel Israels zeigen. Es kann nicht zweifelhaft sein, daß in der Religion Israels bereits in der Mose-Religion, Opfer dargebracht wurden. Der Prophet Jeremia aber bestritt das vom Standpunkte der Kritik am Opferwesen seiner Zeit, die ja auch von anderen Propheten, z.B. von Jesaja, geübt worden ist. Es heißt: »Ich habe euren Vätern, als ich sie aus Ägypten wegführte, nichts gesagt und nichts geboten in betreff von Brandopfern und Schlachtopfern; sondern das habe ich ihnen befohlen: gehorcht meinen Befehlen, so will ich euer Gott sein.«[16] Hier liegt also ein Irrtum vor.

Häufig werden ursprünglich dämonistische Aktionen d.h. Praktiken, die aus dem Glauben an dämonische Wesen entspringen, umgewandelt in pietätvolle Konvention. Totenbräuche bieten dafür in den verschiedensten Religionen ein weites Feld. Hier handelt es sich darum, daß ursprünglich die Furcht vor der Leiche bzw. vor den von ihr oder dem Totengeist drohenden dämonischen Einflüssen und Gefahren die Handlungen bei der Bestattung bestimmt hatte. So wurde z.B. der Grabstein auf das Grab gesetzt, weil man ursprünglich eine Wiederkehr des Toten verhindern und ihn im Grabe festhalten wollte. Erst später wandelt sich der Sinn des Grabsteins um in den des Denkmals.

Hier aber kann man natürlich nicht von Irrtum reden; denn hier liegt nur eine Säkularisierung der Steinsetzung vor. Anders liegt es, wenn z.B. der Brauch geübt wurde, Wasser hinter dem Sarge auszugießen. Der ursprüngliche Sinn war der, daß durch das ausgegossene Wasser für den Totengeist eine unübersteigbare Grenze geschaffen würde, die ihn an der Wiederkehr hinderte. Später wird dieser Brauch uminterpretiert in eine Erquikkung der durstigen Totenseele.

---

[15] 3. Mos. 23, 39.
[16] Jer. 7, 22.

7.
Irrtümer in der Deutung kultischer Traditionen

Die aus dem Judentum bekannte Sitte, dem Toten, wenn er aus dem Haus getragen wird, Steine nachzuwerfen oder ins Grab mitzugeben, ursprünglich ein apotropäischer Ritus, eine Abwehrmaßnahme also, wurde später in einen Verehrungs- und Huldigungsakt uminterpretiert. Dasselbe gilt für die drei Schaufeln Erde, die noch heute auf den Sarg geworfen werden. Sie hatten ursprünglich apotropäische Bedeutung, sind heute jedoch ein ehrerbietiger letzter Gruß. Sie verloren also ihren magisch-sakralen Charakter und wurden säkularisiert. Auch in diesen stillschweigend vollzogenen Wandlungen der Bedeutung von Riten, die ursprünglich einen anderen Sinn hatten, kann man nicht von irrtümlicher Deutung reden; denn es handelt sich hier einfach um ein Vergessenwerden des ursprünglichen, mit einem versunkenen Weltbild zusammenhängenden Ritensinnes, an dessen Stelle eine gemäßere Deutung getreten ist, ohne daß man von einer früheren noch wußte, und ohne daß die spätere als die eigentliche und ursprüngliche Bedeutung angesehen und behauptet würde. Erst wissenschaftliche Forschung hat jenen ursprünglichen Sinn solcher und ähnlicher Bräuche zu Tage gefördert. Der Irrtum, der auch hier vorliegt, besteht im Nichtwissen der alten Bedeutung.

Unsere Ausführungen haben gezeigt, daß Kultformen in aller Welt überaus zähe konserviert werden, während ihr Inhalt vielfachen Wandlungen unterworfen ist. Kultformen, eigene der Frühzeit oder fremde, mit denen man irgendwie in Berührung kam, waren nur dann akzeptabel, wenn sie dem jeweiligen religiösen Denken der betreffenden Religion gemäß umgewandelt bzw. umgedeutet wurden. Das ist an sich ein vielfach zu beobachtender und ganz normaler Vorgang. Der Irrtum beginnt erst dann und da, wo mit dem Anspruch auf Ursprünglichkeit solche Deutungen vorgetragen werden und ihnen damit zugleich ein autoritativer Gültigkeitswert verliehen wird. Vielfach gilt von den Riten der Religionen, was Goethe von Gesetz und Rechten im Faust I sagt, daß sie sich wie eine Krankheit forterben, und daß dadurch Vernunft zum Unsinn wird; denn, wie gesagt, viele unverändert fortgeerbten Riten wurden später nicht mehr verstanden und aus dem Bedürfnis nach sinnvollem Tun mit einem neuen Sinn erfüllt.

Wir fügen hier eine Betrachtung an, die in diesen Zusammenhang am besten paßt, in dem wir von Irrtümern in der Deutung religiöser Traditionen gesprochen haben; denn auch hier geht es um das Verständnis religiöser Überlieferung, jedoch in einem besonderen Sinne. Wohl in keiner der Weltreligionen liegt hinsichtlich der Ursprünglichkeit der gegenwärtigen Religion ein so fundamentaler und objektiver Irrtum vor, wie im Christentum.

Um sichtbar zu machen, was wir hier im Auge haben, sei kurz hinsichtlich derselben Frage von den nichtchristlichen Universalreligionen gesprochen. Der Buddhismus hat zwar in seiner Geschichte viele Wanderungen und Wandlungen durchgemacht, aber, da es sich um eine mystische Religion handelt, erscheint der Wandel vom Hīnayāna zum Mahāyāna nicht als Bruch und Irrtum; denn der historische Buddha hat – auch nach mahāyānistischer Interpretation – einem ersten Jüngerkreis seine Lehre verkündet, die auch das spätere Mahāyāna übernahm, und der sie Weiteres hinzufügte, das nach mahāyānistischer Auffassung Buddha als Geheimlehre auf dem Geierspitzberge verkündet haben soll. Zwar wird Buddha im Mahāyāna zur Gottheit hypostasiert, aber der geschichtliche Buddha bleibt in der mahāyānistischen Theorie, der sogenannten trikaya-Lehre, was er war, und wird in seiner körperhaften (nirmana-kaya) ebenso wie in seiner himmlischen Existenzform (sambhogakaya), als Manifestationsform des höchsten Buddha (dhamma-kaya) angesehen.

Natürlich hat der historische Buddha, wie die Texte bezeugen, sich nicht so betrachtet, sondern sich als bloßen ‚Wegweiser' zum Heil verstanden. Der spätere Mahāyāna-Buddhismus stellt ihn in diese metaphysisch-kosmischen Zusammenhänge, ohne daß man hier hinsichtlich des Verhältnisses der beiden Formen des Buddhismus bzw. ihrer Buddhagestalten von einem objektiven und historischen Irrtum sprechen könnte, weil die Historizität der Ereignisse um Buddha ohne Bedeutung ist in der mystischen Religion des Buddhismus.

7.
Irrtümer in der Deutung kultischer Traditionen

Im Islam liegt überhaupt kein prinzipieller Wandel vom historischen Mohammed zum gegenwärtig geglaubten Propheten vor. Es sei denn, daß man die, im Gegensatz zum Selbstverständnis des Propheten, später ausgebildete Vorstellung von dessen fürbittender Tätigkeit für die Gläubigen als Irrtum verstehen will. Tor Andrae hat über ‚Die Person Mohammads in Glaube und Lehre seiner Gemeinde' 1918 eine wertvolle Untersuchung verfaßt und nachweisbare Wandlungen festgestellt.[17] Auch im Islam steht die Person des Stifters nicht im Mittelpunkt der Religion, und sein Leben, von der unvermeidlichen Legendenbildung um seine Person abgesehen, liegt im hellen Licht der Geschichte. Mag nun auch in den Traditionen (hadith) und durch den Consensus der Gelehrten manches hinzugefügt sein, was der historische Mohammed nicht gelehrt hat an gesetzlichen Bestimmungen, so liegt hier doch kein prinzipieller Bruch vor und der heutige Islam befindet sich nicht in einem grundsätzlichen Irrtum, wenn er das islamische Gesetz auf den Propheten bzw. auf Allah, der sich des Propheten bediente, zurückführte.

Prinzipiell anders liegen dagegen die Dinge im Christentum, in dessen Mittelpunkt die Person Jesu steht, und dessen Basis geschichtliche Ereignisse sein sollen, da nach der Lehre der Kirche gerade die Geschichte das Feld der Offenbarung Gottes und die Stätte seines Heilswirkens bzw. Heilswerkes ist. Diese Bezogenheit des Christentums, wie es sich heute darstellt, auf die Geschichte, macht die Frage nach der Faktizität der als Geschichte angesehenen Ereignisse so wichtig. Wenn diese Faktizität zu bestreiten ist, dann darf man mit Recht sagen, daß das heutige Christentum auf einem historischen Irrtum beruht.

Nun ist tatsächlich nachweisbar und längst nachgewiesen, daß bald nach Jesu Tode sich ein fundamentaler Wandel vollzog von der durch Jesus verkündeten Botschaft vom Reiche Gottes zu einer Verkündigung des gekreuzigten und auferstandenen Christus. Der Verkünder wurde zum Verkündeten. Hier

---

[17] Vgl. Andrae, Tor: Die Person Mohammads in Glaube und Lehre seiner Gemeinde, Stockholm 1918.

kann man nun wirklich von einem fundamentalen Irrtum reden insofern, als das Christentum der Kirche beider Konfessionen nicht auf dem beruht, was Jesus verkündete in der Hoffnung auf den baldigen Anbruch des Reiches Gottes und des Weltendes, sondern auf dem, was vor allem Paulus zum Kern des Evangeliums gemacht hat, auf Tod und Auferstehung Christi und dem, was dieses sogenannte Heilsgeschehen angeblich bedeutete und bewirkte, nämlich den Anbruch eines neuen Äons, einer kosmisch neuen Situation. Es finden sich die Worte: »Wie sie in Adam alle sterben, so werden sie in Christus alle lebendig werden.«[18]

Den Evangelien zufolge hat Jesus nie von seinem urbildlichen Sterben und Auferstehen gesprochen. Wir können hier nicht die Lehre des Paulus im einzelnen erörtern. Worauf es uns hier ankommt, ist die Feststellung, daß die Glaubenslehre der Kirche, wie durch die historisch-kritische Forschung längst erkannt wurde, hinsichtlich des historischen Jesus und dessen, was – soviel die unzulänglichen Quellen uns erkennen lassen – Jesus selbst tat und wollte, und wofür er selbst sich hielt, auf einem Irrtum beruht.

Hier liegt es nicht so, daß, wie Buddha im Buddhismus, Jesus als irdischer Mensch seitens der Kirchenlehre gelten gelassen wird, der nur für eine metaphysische Theorie in kosmische Zusammenhänge gestellt wird, sondern nach der Kirchenlehre beider Konfessionen ist der historische Jesus der leibhaftige Gottessohn, der auf Erden ein Erlösungswerk sühnend und versöhnend vollbringt und dann zu himmlischer Höhe, aus der er kam, und zu weltrichtender Macht erhoben wurde.[19]

Dieses Christentum beruht historisch gesehen auf einem Irrtum. Der naive Gläubige, dem im Glaubensbekenntnis und in der üblichen orthodoxen Verkündigung Jesu Tod und Auferstehung als das Evangelium, das in und durch Jesus auf die Erde kam, und durch das die Welt kollektiv erlöst ist, verkündet wird, muß glauben, daß Jesus selbst hinter diesen Glaubensanschauungen stand. Das aber ist objektiv nicht der

---

[18] 1. Kor. 15, 22.
[19] Phil. 2.

7.
Irrtümer in der Deutung kultischer Traditionen

bensanschauungen stand. Das aber ist objektiv nicht der Fall. Die Theologen freilich haben in kunstvollen Konstruktionen, auf die wir hier nicht weiter eingehen können, versucht, den Gegensatz des historischen Jesus und des kerygmatischen Christus zu überbrücken. Es muß selbstverständlich jedem überlassen bleiben, im Geiste der kirchlichen Glaubensbekenntnisse sein Leben zu gestalten. Nur Jesu eigene Verkündigung ist das nicht.

8.
Irrtümliche Schriftbeweise

Ein weites Feld möglichen Irrtums liegt vor, wo in den Religionen Texte heiliger Schriften zum Beweise für bestimmte heilsgeschichtlich wichtige Aussagen herangezogen werden. Die Voraussetzung dafür, daß etwas derartiges geschieht, liegt natürlich darin, daß bestimmte heilige Schriften als Offenbarungsurkunden und daher für Erkenntnisquellen gehalten werden, die als autoritative Beweismittel für bestimmte Lehraussagen Verwendung finden. Dabei ist weiter zu beachten, daß die Schriftworte heiliger Texte, die numinose Wirklichkeit meinen und andeuten wollen, vieldeutig sind und daher der Möglichkeit irrtümlicher Deutung offenstehen.

Wir wollen hier nur vom Christentum sprechen und von den in ihm nachweisbaren irrtümlichen Schriftbeweisen, wollen aber einleitend kurz andeuten, daß das Phänomen des Schriftbeweises auch außerhalb des Christentums vorkommt, wofür wir aus zwei religionsgeschichtlichen Bereichen Beispiele anführen wollen.

Das erste Beispiel entnehmen wir der indischen Religionswelt. Wohl der bedeutendste Lehrer indischer Scholastik im Hinduismus, dessen Autorität bis zum heutigen Tage nicht an Wirkungskraft verloren hat, war Shankara, ein im Jahre 788 n. Chr. geborener Brahmane. Er gilt als der große Reformator der Riten und Lebensordnungen des Brahmanismus. In früher Jugend schrieb er seinen berühmten Kommentar zu den Brahmasutras des Badarayāna. Diese Brahmasutras dienen zahlreichen Hindusekten als Grundlage ihrer durchaus von einander abweichenden Lehren. So hat auch Shankara aus diesen Texten eine Alleinheitslehre, die Lehre der absoluten Zweitlosigkeit (kevala advaita) also eines Monismus, entwickelt und zu beweisen gesucht. Jahrhunderte später, im 11. Jahrhundert, erstand dem Shankara ein großer Gegner in Rāmānuja (1078-1137). Wie Shankara, so schrieb auch Rāmānuja einen Kommentar zu den Brahmasutras des Badarayāna, der bis heute in der auf ihn zurückgehenden Religionsgemeinschaft als Shri-Bhashya, d.h. als heiliger Kommentar gilt.

Darin nun setzt sich Rāmānuja mit den Argumenten Shankaras auseinander unter Bezugnahme jeweils auf die Stellen der Sutren des Badarayāna. Während, wie gesagt, Shankara die absolute Zweitlosigkeit lehrte, vertrat demgegenüber Rāmānuja den Standpunkt des ‚charakterisierten Advaita' (vishishta advaita), in dem eine persönliche Gottesliebe möglich ist. Ohne auf die Einzelheiten des Gegensatzes hier näher einzugeben, sei nur ein Satz zitiert, den Rudolf Otto in seiner Übersetzung eines Teiles des Kommentars des ‚Siddhanta des Rāmānuja' 1917 schreibt: »Zwei ganz Große ringen hier miteinander in Shankara und Rāmānuja, die nur ihre Rollenführer sind (d.h. in denen zwei verschiedene religiöse Welten repräsentiert werden): jenes fast unheimlich großartige, weltenaufhebende, letzten Endes irrationale, unfaßliche, undefinierbare All-eins theopanistischer Mystik ringt mit dem Herrn, dem fühlenden, wollenden, persönlichen, rationalen, liebenden und geliebten Gott des Herzens und Gewissens.«[1]

Worauf es uns hier allein ankommt ist, ein Beispiel aus dieser Auseinandersetzung Rāmānujas mit Shankara zu geben als Beleg dafür, daß auch hier mit Schriftbeweisen argumentiert wird wie im Christentum. Mit Schriftargumenten wendet sich Rāmānuja an einer Stelle seines Kommentars gegen Shankara in folgender Weise: »Falsch ist auch eure Behauptung: Vedānta-textworte wie ›Seiend nur, mein Lieber, war dieses im Anfang‹[2] und andere hätten den Zweck, das als rein indifferenziertes Erkennen in sich homogene Reale zu lehren. Der betreffende Abschnitt, in dem obige Worte sich finden, will zunächst die kurz vorher aufgestellte Behauptung, daß ›mit der Erkenntnis

---

[1] Vgl. Otto, Rudolf: *Siddhanta des Rāmānuja,* übersetzt und kommentiert von Rudolf Otto, Jena 1917.
[2] Chandogya-Upanishad 6, 2, 1.

8.
Irrtümliche Schriftbeweise

des Einen die Erkenntnis von allem gegeben sei‹, beweisen, zeigt deswegen, daß das mit ‚Seiend' bezeichnete höchste Brahman die materielle und die bewirkende Ursache der Welt, allwissend, mit allen Kräften ausgestattet, seine Entschlüsse verwirklichend, aller Wesen Inneres, alles tragend, alles beherrschend, mit allen übrigen mannigfachen edlen Eigenschaften qualifiziert und aller Welt Ātman (Selbst) ist, und schließt damit, den Shvetaketu zu belehren: ›dieses Brahman ist auch dein Ātman‹ [...] Auch die Stelle: ›Das ist die höchste Erkenntnis, durch die jenes Unvergängliche erfaßt wird‹[3] lehrt, nachdem sie die üblen, Praktikmäßigen Eigenschaften vom höchsten Brahman ausgeschlossen hat, es als ewig, durchdringend, fein, allgegenwärtig, unvergänglich, der Wesen Ursprung, allwissend, mit allen edlen Eigenschaften ausgestattet. Auch in der Stelle ‚Real, Erkenntnis, unendlich ist das Brahman'[4] wird nicht das indifferenzierte Reale erwiesen; denn die grammatische Bedeutung dieser Attributen-Koordination ist Bezeichnung eines Dings als charakterisiert durch verschiedene Attribute.«

Auch in islamischer Theologie gibt es Schriftbeweise; denn auch der Koran ist eine, und zwar die wichtigste Erkenntnisquelle, die indessen durch die Vielfältigkeit der Auslegung zugleich Quelle des Irrtums werden konnte. Gustave E. Grunebaum schreibt in seinem wertvollen Werk ‚Der Islam im Mittelalter' darüber: »Nur mittels einer gefährlichen Ausdehnung der Auslegungsfreiheit ließ sich die Behauptung aufrecht erhalten, der Koran, ergänzt von der Sunna des Propheten, enthielte ausdrücklich oder implizite die Antwort auf jede Frage, die der Wandel der Verhältnisse mit sich brächte.«[5]

Hier wird also darauf hingewiesen, daß von der zugrunde liegenden Vorstellung aus, daß die Offenbarung durch Allah abgeschlossen ist, und daß, da in der Offenbarung jede mögliche Frage beantwortet worden ist, auch im Koran auf jede Frage eine Antwort zu finden sein muß, nur durch gewaltsame

---

[3] Mundaka-Upanishad 1, 1, 5.
[4] Taittiriya-Upanishad 2, 1, 1.
[5] Vgl. Grunebaum, Gustave E.: *Der Islam im Mittelalter*, Zürich 1963.

d.h. doch durch irrtümliche Interpretationen diese Resultate erzielt werden können. Es liegt in derselben Richtung, daß z.B. von bestimmten Sekten behauptet worden ist, daß der Suez-Kanal bereits im Koran vorausgesagt worden sei.

Wir wollen uns indessen bei der Erörterung irrtümlicher Schriftbeweise auf Erscheinungen innerhalb des Christentums beschränken. Schon das Neue Testament bietet eine Fülle von Schriftbeweisen in den Evangelien, indem für neutestamentliche Vorgänge und Ideen Stellen des Alten Testamentes zum Beweise herangezogen werden. Die neutestamentlichen Schriftsteller, vornehmlich die Evangelisten, suchen zu beweisen, daß die Erscheinung Jesu, sein Leben und Wirken, im Alten Testament vorausgesagt worden sei, so daß die Ereignisse im Leben Jesu als Erfüllung jener Weissagungen angesehen werden müssen. Von dieser Einstellung aus wird die Bibel, das heilige Offenbarungsbuch der Juden, zum *Alten* Testament, das es für die Juden natürlich nicht ist, weil sie kein *Neues* Testament haben und anerkennen. Die christliche Kirche nahm so den Juden ihr heiliges Buch weg, degradierte es zu einer vorläufigen, auf die Erfüllung im Neuen Testament hinweisenden Offenbarung und interpretierte das Alte Testament vom Neuen Testament aus. Es ist schon von hier aus einleuchtend, daß bei dem hier praktizierten Beweisverfahren, neutestamentliche Ereignisse durch alttestamentliche Belegstellen zu beweisen, zu erwarten ist, daß dabei der Geschichte Gewalt angetan werden mußte.

Es ist nun leicht nachweisbar, daß hier häufig völlige Irrtümer auftreten. Irrtümlich ist, wie schon längst festgestellt wurde, daß die jungfräuliche Geburt Jesu, die nur an zwei Stellen des Neuen Testamentes erwähnt wird[6], und von der Paulus offenbar so wenig wußte[7] wie die Angehörigen Jesu selbst[8], in Jesaja vorausgesagt wurde.[9] Bei Matthäus findet sich zum Beweise der Jungfräulichkeit der Mutter Jesu jenes Wort aus Jesaja

---

[6] Mt. 1, 18-20; Lk. 1, 35.
[7] Vgl. Röm. 1, wo Jesus als aus Davids Stamme ‚nach dem Fleisch' bezeichnet wird.
[8] Mk. 3, 21.
[9] Jes. 7, 14.

8.
Irrtümliche Schriftbeweise

in der Übersetzung: »Siehe, eine Jungfrau ist schwanger und gebiert einen Sohn.«[10] Abgesehen davon, daß die alttestamentliche Stelle nichts mit Maria und Jesus zu tun hat, bedeutet das hebräische Wort, das im Neuen Testament an dieser Stelle mit Jungfrau übersetzt ist, keineswegs notwendig Jungfrau, es kann, was wahrscheinlicher ist, auch ‚junge Frau' bedeuten. Jedenfalls beweist diese Stelle nichts.

Diese Vorstellung von einer jungfräulichen Geburt Jesu durch Maria ist erst später aus der religionsgeschichtlichen Umwelt in das Neue Testament gekommen. Es finden sich zahlreiche Belege, die zeigen, daß die Idee der Jungfräulichkeit der Mutter Jesu nicht ursprünglich vorhanden war. So ist z.B. die Tatsache, daß die beiden bei Matthäus und Lukas sich findenden Stammbäume auf Joseph führen, nur so zu verstehen, daß Joseph, der angeblich dem Stamme Davids angehörte, der Vater Jesu sei, dessen davidische Abkunft, die wiederum in den messianischen Weissagungen vorausgesagt war, die man auf Jesus bezog, damit bewiesen sein sollte. Im Codex Sinaiticus, einer wichtigen neutestamentlichen Handschrift, heißt es am Ende des Stammbaumes bei Matthäus ganz eindeutig: »Joseph zeugte Jesus.«

Auch die Tatsache, daß Jesus Brüder und Schwestern gehabt hat, von denen noch zu sprechen sein wird, zeigt, daß das Dogma der immerwährenden Jungfräulichkeit (‚semper virgo') im Widerspruch zu neutestamentlich bezeugten Familienverhältnissen Jesu steht. Auch heißt es bei Matthäus der Satz: »Und er (Joseph) erkannte sie (Maria) nicht bis sie einen Sohn geboren hatte«[11], was also nur bedeuten kann, daß Maria und Joseph in normaler Weise als Eheleute miteinander verkehrten, so daß also von einer Bewahrung der Jungfräulichkeit auch ‚post partum' (nach der Geburt), wie es die spätere Kirchenlehre behauptet, nicht die Rede sein kann.

Wir kommen noch einmal auf die oben bereits genannte Stelle zurück, wo es heißt: »Das ist aber alles geschehen, auf

---

[10] Mt. 1, 23.
[11] Mt. 1, 25.

daß erfüllt werde, was der Herr durch das Wort des Propheten[12] gesprochen hat: ›Siehe, die Jungfrau wird schwanger sein und einen Sohn gebären, und sie werden ihm den Namen Immanuel geben.‹«[13] Während nun bei Matthäus eindeutig im griechischen Text das Wort ‚parthenos' steht, das ‚Jungfrau' bedeutet, heißt es, wie oben bereits bemerkt wurde, bei Jesaja »ein junges Weib wird schwanger werden und einen Sohn gebären und ihn Immanuel nennen.« Im hebräischen Text ist also ein Wort verwendet, das nicht notwendig Jungfrau, sondern auch junge Frau bedeuten kann.

Im Zusammenhang mit den übrigen Stellen des Neuen Testament, die beweisen, daß an eine Jungfräulichkeit Mariens ursprünglich nicht gedacht ist, muß also angenommen werden, daß hier ein irrtümlicher Schriftbeweis aus dem Alten Testament geführt ist. Es werden überhaupt zahlreiche alttestamentliche messianische Weissagungen auf Jesus bezogen, obwohl das Erscheinungsbild Jesu und seine eigene Berufsauffassung, soweit wir urteilen können, völlig anders waren als was die messianischen Weissagungen enthalten, die sich auf einen politischen Herrscher der Endzeit nach dem Vorbild Davids beziehen.

Ein weiterer Beleg für irrtümliche Schriftbeweisführung findet sich bei Matthäus. Im vorangehenden Abschnitt ist die Rede davon, daß Joseph, Maria und das Jesuskind auf Befehl Gottes nach dem Besuch der Magier nach Ägypten vor Herodes flohen. Dann heißt es im Text: »Und er blieb daselbst bis zum Tode des Herodes, auf daß erfüllt würde, was der Herr gesagt hat durch das Prophetenwort: ›Aus Ägypten habe ich meinen Sohn berufen.‹«[14]

Die Stelle, die hier gemeint ist, findet sich bei Hosea; Jahve sagt: »Als Israel jung war, gewann ich es lieb und rief aus Ägypten seine Söhne (nach anderer Lesart ‚meinen Sohn').«[15]

---

[12] Jes. 7, 14.
[13] Mt. 1, 23.
[14] Mt. 2, 15.
[15] Hos. 11, 1.

8.
Irrtümliche Schriftbeweise

Hier ist also in jeder Lesart von dem Volke Israel die Rede, das auch an anderer Stellen als Sohn Gottes bezeichnet wird.[16] Es ist also klar, daß hier in keiner Weise ein messianischer Sinn zugrunde liegt. Die Flucht der Eltern Jesu mit ihrem Kinde nach Ägypten und ihre Rückkehr können also nicht als Erfüllung jener Hosea-Stelle angesehen werden. Es liegt wiederum ein irrtümlicher Schriftbeweis vor.

Eine andere Form irrtümlichen Schriftbeweises begegnet uns, wenn vollkommen anders bezogene Schriftstellen irrtümlich zu Beweisen herangezogen werden. Das geschieht z.B. bei Matthäus, wo von dem Kauf eines Ackers für die Silberlinge, die Judas Ischariot für seinen Verrat erhalten hatte, berichtet wird: »Hierauf erfüllte sich, was gesagt ist im Wort des Propheten Jeremia: Und sie nahmen die dreißig Silberlinge, den Preis des Geschätzten, den man geschätzt von seiten der Söhne Israels, und gaben sie auf den Töpferacker, wie der Herr mir befohlen.«[17]

Die hier gemeinte, wenngleich anders lautende Stelle, findet sich bei, wo indessen nur von dem Kauf eines Ackers in Anathot durch den Propheten auf Befehl Jahves die Rede ist.[18] Eine andere Beziehung als die, daß beiderseits ein Acker gekauft wird, liegt also nicht vor. Bei Matthäus heißt es: »Da sprach Jesus zu ihnen: ›In dieser Nacht werdet ihr euch alle an mir ärgern; denn es steht geschrieben: ›Ich werde den Hirten schlagen und die Schafe der Herde werden sich zerstreuen.‹«[19] Die hier zitierte Stelle findet sich in Sacharja, wo es heißt: »Schlage den Hirten, damit die Schafe sich zerstreuen.«[20] An dieser alttestamentlichen Stelle ist jedoch die Rede von einem unbrauchbaren Hirten, der bestraft wird. Jesus zitiert bei Matthäus diese Stelle als Hinweis auf die bevorstehende Flucht der Jünger. Bei Matthäus heißt es: »Solches alles redete Jesus durch

---

[16] Beispielsweise bei 2. Mos. 4, 22 heißt es: »Ismael ist mein erstgeborener Sohn.«
[17] Mt. 27, 9.
[18] Jer. 32, 8-9.
[19] Mt. 26, 31 f.
[20] Sach. 13, 7.

Gleichnisse zu dem Volk und ohne Gleichnisse redete er nicht zu ihnen, auf daß erfüllt würde, was gesagt ist durch den Propheten, der da spricht: ›Ich will auftuen mit Gleichnissen meinen Mund, ich will ausschütten, was verborgen ist von der Schöpfung her.‹«[21]

Die hier als Beweis zitierte Stelle findet sich nicht in den Schriften der Propheten, sondern stammt aus den Psalmen.[22] Sie enthält jedoch keine Weissagung und außerdem ist im Wortlaut des Psalmes die Rede nicht von Gleichnissen, sondern von Sprüchen. Daß Matthäus das griechische Wort für ‚Gleichnis' (parabolé) verwendet, das dem hebräischen Wort des alttestamentlichen Textes nicht entspricht, erklärt sich vermutlich daraus, daß er oder ein späterer Redaktor, wahrscheinlich in Unkenntnis des Hebräischen, sich nicht auf den Urtext stützen konnte, sondern auf die griechische Übersetzung des Alten Testamentes, die Septuaginta, wo dieses Wort Gleichnis bereits von dem Übersetzer an dieser Stelle gebraucht wurde. Jedenfalls liegt hier keine Weissagung der künftigen Gleichnisreden Jesu vor.

Nachdem wir bisher von irrtümlichen Schriftbeweisen im Neuen Testament gesprochen haben, soll nun die Rede sein von den Schriftbeweisen, die die spätere Kirche für ihre Lehren geführt hat und führt. Hier ist in erster Linie an die Mariologie zu denken. Oben war bereits die Rede von der nicht zuverlässigen Übersetzung der Jesaja-Stelle, wo angeblich von einer Jungfrau, wahrscheinlich aber nur von einer jungen Frau die Rede ist, und daß diese Stelle irrtümlich auf Maria bezogen wurde, mit der sie nichts zu tun hat.[23]

In der kirchlichen Dogmatik aber wird noch über die Aussage von Matthäus und Lukas hinaus Maria als ‚semper virgo' bezeichnet. Für eine solche Behauptung gibt es im Neuen Testament keinerlei Beweise, wohl aber gegen sie; denn bei Lukas

---

[21] Mt. 13, 35.
[22] Ps. 78, 2.
[23] Jes. 7, 14.

8.
Irrtümliche Schriftbeweise

heißt es: »Und sie gebar ihren erstgeborenen Sohn«[24] (prototokon hyion). Eine solche Feststellung hat nur Sinn, wenn dem Erstgeborenen weitere Kinder folgten. So ist denn auch an zahlreichen Stellen von Geschwistern Jesu die Rede: Bei Markus heißt es: »Ist dieser nicht der Sohn Marias und der Bruder des Jakobus, und Joses und Judas und Simons und sind nicht seine Schwestern hier bei uns?«[25] Bei Johannes lesen wir: »Danach zog er hinab nach Kapernaum, er und seine Mutter und seine Brüder und seine Jünger.«[26]

Da die Kirche wegen des von ihr verkündeten Dogmas von der immerwährenden Jungfräulichkeit Marias nicht zulassen konnte, daß Jesus Brüder und Schwestern und Maria andere Kinder außer Jesus gehabt hatte, interpretierte sie die Brüder seit dem Kirchenvater Hieronymus (um 400 n. Chr.) als Vettern, und zwar als Söhne der Maria, der Frau des Klopas, der Schwester von Jesu Mutter.[27] Diese Maria wird dann gleichgesetzt mit Maria, der Mutter des Jakobus und Joses. Damit schien der Beweis erbracht, daß die Brüder Jesu in Wahrheit Vettern seien. Aber alle diese Kombinationen sind willkürlich und entspringen nur dem dogmatischen Vorurteil, daß Maria zeitlebens Jungfrau gewesen und geblieben sei.

Ein weiteres zur Begründung der These von der Vetternschaft der Brüder Jesu angeführtes Argument ist, daß im Hebräischen keine Bezeichnung für Vetter vorhanden sei, so daß man gezwungen gewesen sei, statt Vetter das Wort, das auch Bruder heißt zu gebrauchen. Indessen ist dagegen zu sagen, daß einerseits im Griechischen das hier verwendete Wort ‚adelphos' nie Vetter heißt, daß aber andererseits im Griechischen sehr wohl ein Wort für Vetter existiert, nämlich anepsios. Wenn die Schriftsteller des Neuen Testamentes also der Meinung gewesen wären, die Brüder Jesu seien in Wahrheit Vettern gewesen, dann hätten sie die entsprechende griechische

---

[24] Lk. 2, 7.
[25] Mk. 6, 3.
[26] Joh. 2, 12.
[27] Job. 19, 25.

tern gewesen, dann hätten sie die entsprechende griechische Bezeichnung gebrauchen können.

Ein Irrtum liegt weiter vor, wenn im kirchlichen Sprachgebrauch Maria als ‚Gnadenreiche' im Gebet angesprochen wird. Das geschieht nach Lukas, wo es heißt: »Und der Engel kam zu ihr hinein und sprach: ›Sei gegrüßt, du Begnadete! Der Herr ist mit dir.‹«[28] Schon Luther hatte die falsche Übersetzung in der Vulgata abgelehnt, wo die Übersetzung lautet: ‚Ave, gratia plena', was übersetzt werden kann: ‚Gegrüßet seist du, du bist voller Gnade'. Maria ist aber dem Urtext nach keine Gnaden Austeilende, sondern sie hat Gnade bei Gott gefunden. Dennoch steht das Ave Maria gleichberechtigt neben dem Vater unser.

Die katholische Kirche führt als Schriftbeweis für die Autorität des Petrus und damit auch seines Nachfolgers, des Papstes, die angebliche Gründung der Kirche auf den ‚Felsenmann' Matthäus an. Diese Worte stehen denn auch in lateinischer Sprache an der Kuppel der Peterskirche in Rom, sie lauten: »Du bist Petrus und auf diesen Felsen will ich meine ekklesia bauen und die Pforten der Unterwelt sollen sie nicht überwältigen.«[29] In dem gegenwärtig vorliegenden Wortlaut wird also die ekklesia dem Petrus anvertraut. Dieses griechische Wort ekklesia versteht die Kirchenlehre als ‚Kirche', so daß also die Existenz der Kirche unmittelbar mit Petrus in Beziehung steht.

Das Wort ‚ekklesia' findet sich jedoch im Neuen Testament in Jesu Aussagen nicht. Er hat keine Kirche im organisatorischen Sinne gründen wollen; denn er erwartete das nahe Ende der Welt. Es kann deshalb kein Zweifel bestehen, daß das, was als organisierte Kirche in der Geschichte in die Erscheinung getreten ist, nicht von Jesus beabsichtigt war. Außerdem ist zu betonen, daß der griechische Ausdruck ekklesia ursprünglich nicht organisierte Kirche bedeutet, sondern Volksversammlung und im Bereich des frühen Christentums ‚Gemeinde'.

---

[28] Lk. 1, 28.
[29] Mt. 16, 18.

8.
Irrtümliche Schriftbeweise

Adolf von Harnack (1851-1930) hat seiner Zeit in einer textkritischen Untersuchung ‚Der Spruch über Petrus als den Felsen der Kirche' den sehr einleuchtenden Versuch gemacht, dieses Textwort Matthäus zu korrigieren, indem er nachwies, daß älteste christliche Exegeten diese Stelle von der Überwältigung durch den Hades, also durch den Tod, nicht auf die ekklesia, sondern auf Petrus bezogen haben, so daß also das Wort ursprünglich eine Weissagung hielt, daß Petrus nicht sterben würde,[30] ähnlich dem Wort, das wenige Verse später Matthäus folgt, und das lautet: »Es sind einige hier, welche den Tod nicht kosten werden bis sie den Sohn des Menschen kommen sehen in seinem Reich.«[31]

In Tatians Diatesseron[32] wird als ursprünglicher Text jener Stelle des Matthäus der folgende Wortlaut angegeben: »Aber ich sage dir: du bist Kephas und die Pforten des Totenreiches werden dich nicht überwinden, und ich will dir die Schlüssel des Himmelreiches geben.«[33] Natürlich war diese fehlgehende, unerfüllte Weissagung für die spätere Kirche nicht tragbar; denn Petrus starb in Rom den Märtyrertod. Markus und Lukas haben deshalb diese Stelle, die die Antwort Jesu auf das Bekenntnis des Petrus zu Christus war, gestrichen.

Matthäus bewahrt die Antwort, aber er korrigiert sie, indem er die ekklesia einschiebt. Da, wie schon bemerkt, Jesus das Wort ekklesia den neutestamentlichen Evangelien zufolge nie gebraucht, ist damit zu rechnen, daß, wie auch immer dieses Wort interpretiert wird, es jedenfalls nicht als Legitimitätsbeweis des Macht- und Autoritätsanspruches der römischen Kirche und des Papstes als des Nachfolgers Petri angesehen werden kann.

---

[30] Vgl. Harnack, Adolf von: *Der Spruch über Petrus als den Felsen der Kirche.* Sitzungsberichte der Preußischen Akademie der Wissenschaften, Marburg 1918.
[31] Mt. 16, 18.
[32] Tatian, historischer Apologet des 2. Jahrhunderts aus Syrien; verfaßte das ‚Diatesseron', eine Evangelienharmonie.
[33] Mt. 16, 28.

Ein besonders ergiebiges Feld für den Nachweis irrtümlicher Schriftbeweise bieten die christlichen Sekten, da sie für ihre Lehren biblische Texte heranziehen, die sie oft falsch interpretieren. Zum Nachweis dessen wollen wir lediglich zwei Sekten herausgreifen: die Neuapostolische Kirche und die ‚Zeugen Jehovas'.

Ohne auf die Gründungsgeschichte der Neuapostolischen Kirche hier einzugehen, sei festgestellt, daß diese christliche Gemeinde glaubt, daß Christus in den in ihr wirkenden Aposteln, deren es ungefähr 50 gibt, und vor allem in dem sogenannten Stammapostel fortwirkt: ‚Ergreife Jesu Hand, die er uns streckt entgegen im Apostelamt' heißt es in einem Liede der Gemeinde. Im Apostel spricht also der lebendig gegenwärtige Christus. Das Amt begründet im Unterschied zum Neuen Testament eine gottgesetzte Machtstellung. Im Artikel 4 des neuapostolischen Glaubensbekenntnisses heißt es: »Ich glaube, daß der Herr Jesus seine Kirche durch lebende Apostel regiert bis zu seinem Wiederkommen, daß er seine Apostel gesandt hat und noch sendet mit dem Auftrag, zu lehren, in seinem Namen Sünden zu vergeben und mit Wasser und dem Heiligen Geist zu taufen.«

Den zweifellos irrigen Schriftbeweis dafür, daß Jesus das Amt des ‚Stammapostels' begründet habe, sehen die Neuapostolischen bei Matthäus, wo es nach der Luther-Übersetzung heißt: »Aber ihr sollt euch nicht Rabbi nennen lassen; denn einer ist euer Meister, Christus; ihr aber seid alle Brüder.«[34] Nun fehlt in den meisten Handschriften das Wort ‚Christus' hinter dem Satze ‚Einer ist euer Meister'.

Der übernächste Vers aber stellt einen Parallelismus zu Vers 8 dar und lautet: »Ihr sollt euch nicht Meister nennen lassen; denn einer ist euer Meister, Christus.«[35] Bei diesem Verse findet sich in allen Handschriften das Wort Christus und auch der Zwischenvers 9 lautet entsprechend: »Nennt auch niemanden auf Erden Vater; denn einer ist euer Vater, der himmlische«,

---

[34] Mt. 23, 8.
[35] Mt. 23, 10.

8.
Irrtümliche Schriftbeweise

zeigt, daß alle drei Verse Christus bzw. Gott meinen. So ist es ohne Frage abwegig, den Vers 8, weil in einigen Handschriften das Wort Christus fehlt, von der Parallelität zu den beiden anderen gleich konstruierten Verse auszunehmen und zu behaupten, in Vers 8 sei der menschliche Stammapostel gemeint, dessen Amt hier von Jesus begründet sei.

Das Apostelamt selbst wird ebenfalls irrtümlich mit Bibelbeweisen legitimiert. Im Sinne des Neuen Testamentes sind Apostel eigentlich nur die unmittelbaren Jünger Jesu, die als Verkünder des Evangeliums umherzogen. Es ist aber nirgends in den Evangelien eine Stelle zu finden, die bezeugt, daß Jesus das Amt des Apostels für alle Zeiten eingerichtet habe. Die Neuapostolischen aber berufen sich auf Korinther: »Und Gott hat gesetzt in der Gemeinde aufs erste die Apostel, aufs andere die Propheten, aufs dritte die Lehrer, danach die Wundertäter, danach die Gaben, gesund zu machen usw.«[36] Daß Gott die Apostel eingesetzt habe, beweise, daß das Amt des Apostels als dauernde Einrichtung zu verstehen sei. Es kann aber kein Zweifel sein, daß Paulus nur die damalige Zeit und die Verhältnisse in Korinth im Auge haben konnte. Es ist unsinnig, zu glauben, Paulus habe auch für die heutigen Zustände und für eine Neuapostolische Gemeinde Anordnungen treffen wollen. Der Völkerapostel meinte fraglos die von ihm gegründete Gemeinde von Korinth, für die zur damaligen Zeit eben die lebenden Apostel Zeugen Christi waren.

Einen weiteren Beweis für das Apostelamt als Dauer-Institution soll die Apostelgeschichte liefern, wo Jesus sagt: »Ihr werdet die Kraft des heiligen Geistes empfangen, welcher auf euch kommen wird, und werdet meine Zeugen sein zu Jerusalem und in ganz Judäa und Samarien und bis an das Ende der Erde.«[37] In den Worten »bis an das Ende der Erde« sehen die Neuapostolischen die Stütze ihrer Behauptung, Jesus habe das Apostelamt für alle Zeiten eingesetzt. Das aber ist eine sicher irrtümliche Interpretation; denn das Wort »bis an das Ende

---

[36] 1. Kor. 12, 28.
[37] Apg. 1, 8.

der Erde« ist nicht im zeitlichen, sondern im räumlichen Sinne gemeint: also nicht bis zum Vergehen der Erde, sondern bis an die Grenzen der Erde sollen die lebenden Apostel Zeugen Jesu sein. Auch vorher sind ja räumliche Bereiche genannt worden, Judäa und Samaria, in denen die Apostel als Zeugen Jesu wirken sollen.

Ferner wird zum Beweise ein Zitat aus dem Epheserbrief angeführt, wo es heißt: »So seid ihr nun nicht mehr Gäste und Fremdlinge, sondern Bürger mit den Heiligen und Gottes Hausgenossen, erbaut auf dem Grund der Apostel und Propheten, da Jesus Christus der Eckstein ist.«[38] Hier ist selbstverständlich nicht davon die Rede, daß die im Text genannten Apostel eine Institution der Zukunft seien, sondern gemeint ist die bestehende Gemeinde, deren Grundlage die vorhandenen Apostel und Propheten sind.

Die Glaubensansicht, daß Christus in den neuen Aposteln der Neuapostolischen Gemeinde wiederum ‚Fleisch' geworden sei, belegt man mit Johannes: »Ein jeglicher da bekennt, daß Jesus Christus ist in das Fleisch gekommen, der ist von Gott.«[39]

Hier springt man wieder sehr willkürlich mit dem Text um; denn auch diese Stelle gehört in einen Zusammenhang, der lautet: »Ihr Lieben, glaubet nicht einem jeglichen Geist, sondern prüfet die Geister, ob sie von Gott sind [...] Daran sollt ihr den Geist Gottes erkennen: ein jeglicher Geist, der da bekennt, daß Jesus Christus ist in das Fleisch gekommen, der ist von Gott; und jeder Geist, der nicht bekennt, daß Jesus Christus ist in das Fleisch gekommen, der ist nicht von Gott.«

Hier wird also vor einer Sekte gewarnt, die die Lehre vertrat, daß Jesus nicht wirklicher Mensch geworden sei, sondern sich nur äußerlich mit dem Menschen Jesus verbunden habe. Dagegen wendet sich Johannes, indem er das Bekenntnis zu dem wirklich Mensch gewordenen Christus zum Kriterium dafür macht, daß hier der Geist Gottes lebendig sei. Diese Stelle hat also nicht das Mindeste zu tun mit der neu-

---

[38] Eph. 2, 19-20.
[39] 1. Joh. 4, 2.

8.
Irrtümliche Schriftbeweise

apostolischen Auffassung von ihren Aposteln als fleischgewordenem Christus.

Nur ein kurzer Hinweis auf die sich heute ‚Zeugen Jehowas' nennende Sekte sei noch hinzugefügt. Diese Sekte nannte sich bis 1931 ‚Ernste Bibelforscher'. Schon diese alte Bezeichnung läßt vermuten, daß hier mit den Bibelworten in einseitiger und willkürlicher Weise umgegangen wird. Der Kern der Lehre der Zeugen Jehowas ist der Glaube an die Wiederkunft Christi, der in einem Wiederkunftsplan der Sekte niedergelegt ist, und der auf zufällig ausgewählten Bibelstellen beruht und auf irrtümlich angenommenen Zusammenhängen biblischer Prophezeiungen mit Ereignissen der heutigen Welt. So erwiesen sich denn z.B. solche Berechnungen des Weltendes, die sich auf bestimmte Bibelstellen gründeten, und die die Wiederkunft Christi in den Jahren 1914, 1918 und 1925 beweisen sollten, als Irrtum.

Als entscheidendes Zeichen wahrer Gottesverehrung wird auch die Benennung Gottes als ‚Jehowa' angesehen. Hier liegt nun wiederum ein Irrtum vor. Der alttestamentliche Gottesname, der ja nicht genannt werden darf, Jahwe, ist in Vokalzeichen nicht überliefert. Überliefert ist vielmehr das Wort ‚Jehowa', das aber eine Mischform ist aus den Konsonanten des Gottesnamens ‚Jhw' und den Vokalen des seit 300 v. Chr. an dessen Stelle gebrauchten Wortes ‚adonaj', das ‚Herr' bedeutet. Da, wie gesagt, der Gottesname nicht ausgesprochen werden durfte, sagte man statt dessen das Wort ‚Herr' ‚adonaj', dessen Vokale in die Konsonanten es eigentlichen Gottesnamens Jahwe eingefügt wurden. Die Gottesbezeichnung Jehowa, die sich ja auch noch in einigen Kirchenliedern findet wie z.B. in dem »Dir, dir, Jehowa, will ich singen«, verrät also nur Mangel an wissenschaftlicher Einsicht, ist aber in keiner Weise ein entscheidendes Zeichen wahrer Gottesverehrung, wie in der Sekte behauptet wird.

Verschiedene amerikanische Negersekten glauben aus der Bibel beweisen zu können, daß die Hauptgestalten des Alten und Neuen Testamentes, vor allem auch Jesus selbst, eine schwarze Hautfarbe besaßen. So führt z.B. die ‚Church of the

Living God', die 1889 von dem Negerprediger William Christian in Wrightsville, Arkansas, gegründet wurde, verschiedene alttestamentliche Stellen an, um zu beweisen, daß das Davidshaus und die Propheten negroid waren. In den meisten Fällen liegt dabei eine recht eigenwillige Interpretation vor (so z.B. wenn Davids schwarze Hautfarbe auf die Stelle Psalmen zurückgeführt wird: »Denn ich bin wie ein Schlauch im Rauche.«[40] Ein Schlauch im Rauche ist aber notwendigerweise schwarz.

Ein eindeutiger, interessanter Irrtum liegt weiter dort vor, wo auf Jeremia verwiesen wird, um die negroide Rassereinheit des Propheten Jeremia nachzuweisen. Dort heißt es: »Mich jammert herzlich, ich gräme mich und gehabe mich übel.«[41]

Die heute noch vielgebrauchte King James Version der englischen Bibel übersetzt nämlich fälschlich für ‚ich gräme mich': ‚I am black'. Bedeutungsvoll ist dieser bemerkenswerte biblische Übersetzungsfehler, weil sich heute viele militante Negergruppen auf diese Stelle berufen.[42]

---

[40] Ps. 119, 83.
[41] Jer. 8, 21.
[42] Vgl. Fauset, Arthur Huff: *Black Gods of the Metropolis* (Diss., University of Pennsylvania), Philadelphia 1944, und E. T. Clark, *The Small Sects in America*, Nashville o. J.

9.
Irrtümliche Welterklärungen

Wenn hier von irrtümlichen Welterklärungen seitens der Religion gesprochen werden soll, dann ist zuvor eine Klarstellung des Verhältnisses von Religion und Welt nötig und eine Unterscheidung zwischen Weltbild und Weltanschauung. Wir haben an anderer Stelle eine Klärung dieser Begriffe gegeben, die wir hier wiederholen.[1]

Die Welt in ihren einzelnen Erscheinungen und als Ganzes ist in allen Religionen irgendwie Gegenstand religiöser Stellungnahme und Divination. Wir machen zunächst die oben genannte Unterscheidung zwischen Weltbild und Weltanschauung. Beide beziehen sich auf die Welt als Ganzes, aber in verschiedenem Sinne. Gemeinsam ist beiden, daß sie von der Religion aus bestimmt und gestaltet werden. In allen Religionen liegt ein bestimmtes Welterleben vor. Daraus entsteht jeweils ein mythisch gestaltetes Weltbild, das man deutlich von der Weltanschauung zu unterscheiden hat; denn das Weltbild ist die Gesamtheit der Vorstellungen einer Religion vom Bau der sichtbaren Welt, wobei das Wort Bau sowohl als Vorgang wie als Zustand verstanden werden soll. Man denke etwa als Parallele an das Weltbild der Naturwissenschaften und dergleichen.

Die religiöse Weltanschauung dagegen hat es nicht mehr mit der vordergründigen, sichtbaren Welt zu tun, sondern mit der Welt als einer Ganzheit des Seins und Geschehens mit natürlichem Leben und geistig-seelischer Existenz der Menschen in der Welt, mit Natur, Kultur und Geschichte, gedeutet vom religiösen Grunderlebnis aus nach Sinn, Ziel und Wert. Das reli-

---

[1] Vgl. Mensching, Gustav: *Die Religion.* Erscheinungsformen, Strukturtypen und Lebensgesetze, 1959 S. 185 ff.

giöse Weltbild und die religiöse Anschauung basieren beide, wie gesagt, auf dem religiösen Erlebnis, sie hängen also von der jeweiligen Lebensmitte einer Religion ab. Das unterscheidet sie von anderen Weltbildern und Weltanschauungen, die aus wissenschaftlicher Erkenntnis oder philosophischer Spekulation erwachsen.

Die hier zu stellende Frage ist nun, wo in diesen religiösen Erscheinungsbereichen die Möglichkeit objektiv erweisbaren Irrtums besteht. Es ist leicht einzusehen, daß die religiösen Welterlebnisse, also jene Erlebnisse, die durch das Medium der Welt im einzelnen oder im ganzen hin durch entstehen, nicht wissenschaftlich widerlegbar sind, weil sie auch wissenschaftlich keine Aussagen begründen. Hier kann daher auch nicht von einem objektiv erweisbaren Irrtum die Rede sein. Das bedeutet selbstverständlich nicht, daß der erlebende religiöse Mensch, der über seine Erlebnisse und Erfahrungen sich irgendwie äußert, sich nicht hinsichtlich der Richtigkeit seiner Erfahrungen irren kann. Doch solche Irrtümer, wie sie etwa von einer grundsätzlich atheistischen oder materialistischen Grundeinstellung aus a priori angenommen werden, unterstehen nicht wissenschaftlicher Beurteilung und Kritik.

Auch die religiösen sehr divergenten Weltdeutungen in den Weltanschauungen der Religionen sind frei von objektiv erweisbaren Irrtümern. Es gibt im wesentlichen vier große Typen religiöser Weltanschauung in der Religionsgeschichte: im Bereich der Naturreligionen vornehmlich wird die Welt als magisch-mythisches Kraftfeld erlebt und damit als dynamische Einheit betrachtet. Das religiöse Grunderlebnis ist die Erfahrung einer wesenhaften Verbundenheit von allem mit allem in der Tiefe. Der Mensch selbst erlebt sich als Schnittpunkt der Kräfte, die die Welt bilden. Hier wird das Dasein der Welt und des Menschen in der Welt in naiver Weise bejaht. Der Sinn der Welt besteht im Dasein so wie es ist und in seiner Bewahrung und Erhaltung.

Die zweite Form der Weltanschauung ist die des Dualismus, der im einzelnen sehr verschiedene Gestalt haben kann: Dua-

9.
Irrtümliche Welterklärungen

lismus von Himmel und Erde z.B., von männlichem und weiblichen Prinzip, von Geist und Körper, von Gut und Böse.

Eine dritte Form religiöser Weltanschauung ist die pessimistische, in der die Welt als sinn- und wesenlos, sogar als reine Illusion (wie im akosmistischen Vedānta Indiens) angesehen wird.

Ein vierter Typus religiöser Weltanschauung ist, was ich bedingt optimistische Welteinstellung nennen möchte. Nach dieser Anschauung ist die empirische Welt zwar in ihrem gegenwärtigen Sein nicht das, was sie sein sollte, aber sie ist auf dem Wege zu ihrer Bestimmung und Vollendung, wie es etwa im Iran, im Christentum und im Islam angesehen wird.

Alle diese religiösen Weltdeutungen entspringen, wie gesagt, bestimmten religiösen Erlebnissen oder Erfahrungen, sind also Glaubensaussagen, über deren objektive erkenntnismäßige Richtigkeit eine wissenschaftliche Betrachtung nichts auszusagen vermag. Aus diesem Grunde kann auch nicht von einem objektiv erweisbaren Irrtum hier die Rede sein.

Anders aber steht es mit den Weltbildern der Religionen, die ausnahmslos mythische Schöpfungen sind. Was Mythos ist, kann in diesem Zusammenhange nicht noch einmal ausführlich entwickelt werden. Ich verweise auf mein Buch ‚Die Religion', in dem an verschiedenen, unter dem Stichwort ‚Mythos' zu findenden Stellen das Wesen des Mythos erörtert ist.[2] Nur kurz zusammenfassend sei noch einmal festgestellt, daß der Mythos die frühzeitliche Form ist, religiöse Erfahrungen auszudrücken. Das im Mythos Gemeinte ist das Übernatürliche, Heilige, das Numinose, dem man irgendwie erlebnismäßig begegnet ist. Das aber ist das begrifflich nicht Faßbare. Das mythenbildende Bewußtsein wählt den einzig möglichen Weg unmittelbarer, also nicht reflektierend mittelbarer Erfassung des Numinosen, indem es seine Inhalte nicht in rationalen Begriffen entfaltet, sondern durch phantasievolle Mythenbildung d.h. durch anschauliche und eindruckskräftige, aus archetypischem Urbesitz

---

[2] Vgl. Ebenda, S. 233 ff., 27, 31, 35 f., 43, 71, 186, 225, 229 f., 262, 265, 269, 290 f., 293 f., 295, 297 f., 302, 319, 323, 325 f., 339 f.

der Menschheit stammende Bilder und wunderhafte Begebenheitsberichte zu erlebbarer Realität macht. Im kultisch nachvollzogenen Mythos wird daher numinose Wirklichkeit präsent für die erlebnisfähige und die Symbolsprache des betreffenden Mythos verstehende Gemeinde.

Zum Bereich der Mythenbildung gehören nun auch als ein wesentlicher Teil dessen die mythischen Weltbilder, also die Vorstellungen vom Bau und Aufbau der Welt. Hier handelt es sich primär nicht um Welterklärungen im wissenschaftlichen Sinne. Diese mythischen Weltbilder sind daher nicht, wofür sie vielfach sowohl von ihren orthodoxen Vertretern als auch von den Gegnern der Religion gehalten werden, erkenntnismäßig richtige (bzw. falsche) Welterklärungen. Hier entsteht daher die Möglichkeit des im Sinne dieses Buches objektiv erweisbaren Irrtums; denn wo solche mythischen Weltbilder, in denen, wie in jedem Mythos, sich nichts anderes spiegelt als die naive Stellungnahme des Frühzeitmenschen zu den Staunen erregenden Erscheinungen dieser Welt und der Versuch, in dieser Welt geheimnisvoller numinoser Mächte sich zu orientieren, für erkenntnismäßig richtige Einsichten in Weltbau und Naturgeschehen gehalten werden, da beginnt die Möglichkeit des Konfliktes zwischen Glauben und Wissen, in dem selbstverständlich objektiv erweisbare Irrtümer möglich sind.

Unter die Kategorie der Weltbilder gehören zunächst natürlich die mythischen Vorstellungen vom Werden der Welt. Zwei verschiedene Typen von Vorstellungen vom Werden der Welt begegnen uns in der Religionsgeschichte: einerseits der Gedanke, daß die Welt durch Emanation aus einem göttlichen Ursprungswesen entstand, und andererseits der Glaube an eine Schöpfertat eines großen Gottes. Wir wollen für beide Formen, sich die Weltentstehung vorzustellen, einige Beispiele anführen, damit erkennbar wird, wo hier die Möglichkeit des Irrtums besteht.

In den alten heiligen Büchern Chinas, im Yi-king und im Li-ki, begegnen uns mythische Vorstellungen über die Weltentstehung, auf denen z.B. auch die Lehren des Alchemisten Prinz Huei Nan-tse (gest. 122 v. Chr) beruhen. Hier heißt es: »Tao

9.
Irrtümliche Welterklärungen

beginnt in der großen Leere, diese erzeugt das Universum, und dieses das Fluidum. Darin erfolgt eine Scheidung: die reineren und helleren Teilchen sind dünner und feiner und bilden den Himmel. Die gröberen und trüberen ballen sich zusammen und werden zur Erde. Die Vereinigung der reineren und feineren Teilchen ist leichter, das Zusammenballen der gröberen und trüberen mühevoller und schwieriger, daher wird der Himmel zuerst erschaffen, und die Erde folgt erst nach. Die vereinigte Essenz von Himmel und Erde wird Yin und Yang, die besondere Tätigkeit von Yin und Yang bringt die vier Jahreszeiten hervor, und aus der Zerstreuung der Essenz der vier Jahreszeiten entstehen die zahllosen Dinge. Aus der Aufhäufung des heißen Yang-Fluidums wird Feuer, und die Essenz des Feuers wird zur Sonne. Aus der Ansammlung des kalten Yin-Fluidums wird Wasser, und die Essenz des Wassers bildet den Mond. Die geschlechtliche Vereinigung von Sonne und Mond führt zur Entstehung der Sterne. Der Himmel umfaßt Sonne, Mond und Sterne, die Erde enthält Wasser, Flüsse, Erde und Staub.« Alfred Forke schreibt über diese und ähnliche andere chinesische Weltbilder: »Trotz einiger Abweichungen in den Einzelheiten herrscht über den Schöpfungsvorgang doch ziemliche Übereinstimmung. Die Welt geht aus einem Chaos hervor, in dem zuerst die beiden Ursubstanzen oder Urkräfte Yin und Yang entstehen und Himmel und Erde gebildet werden. Als letzter Grund der Welt wird Tao, ›die große Einheit‹ oder die Monade, das Urprinzip oder das Absolute genannt. Von einem Schöpfer ist in diesen Untersuchungen nirgends die Rede.«[3] Daß die Welt so nicht entstanden ist nach moderner naturwissenschaftlicher Erkenntnis, bedarf keines Beweises. Hier liegt also dann ein Irrtum vor, wenn diese mythischen Anschauungen für wörtlich zu verstehende und rationale Erkenntnis genommen werden.

Im indischen Rigveda begegnen wir einer ähnlichen Weltentstehungslehre durch Emanation aus dem numinos Ureinen, das weder Sein noch Nichtsein war. Nachdem diese mythi-

---

[3] Vgl. Forke, Alfred: *Die Gedankenwelt des chinesischen Kulturkreises*, München 1927.

schen Spekulationen mitgeteilt sind, heißt es: »So haben durch Grübeleien im Herzen nachsinnende Denker versucht, die Verknüpfung des Seienden mit dem Nichtseienden ausfindig zu machen [...] Wer aber weiß dergleichen gewiß, wer hier kann sagen, woher diese Auseinanderschöpfung geworden ist?«[4] Wir begegnen hier bereits einer rationalen Skepsis gegenüber dem mythischen Weltbild.

Wir brauchen nicht weiter auszuführen, daß neben der Idee der Emanation der Welt aus dem Ureinen die der Weltschöpfung steht, wie sie etwa in Babylonien, ähnlich dem Alten Testament und vielleicht als Vorbild für dessen Schöpfungsmythos, zu finden ist. Während die Vorstellung vom Werden der Welt aus einem uranfänglichen Seienden in gewissem Einklang steht mit dem, was der Mensch um sich herum wahrnimmt; denn er sieht überall ein Werden aus einfacher Wurzel zu etwas mannigfach Gestaltetem, ist es bei den Vorstellungen von der Schöpfung anders; denn sie beobachtet der Mensch nicht in seiner Umwelt. Er kann nur glaubensmäßig von seiner eigenen Schaffenstätigkeit auf die des Schöpfers der Welt schließen. So wird es etwa in der babylonischen Religion vorgestellt, wo Gott Marduk die Welt aus dem Leibe Tiamats schafft, oder bei den Germanen, die die Welt aus dem Leibe des Riesen Ymir geschaffen glaubten, oder eben im Alten Testament, wo Jahve die Welt aus dem Chaos schafft und den Menschen aus einem Tonklumpen.

Die theistischen Religionen, auch die polytheistischen, die konkrete Vorstellungen von Gottheiten haben, die weltschaffend und das Naturgeschehen bedingend wirken, geraten leichter in Konflikt mit naturwissenschaftlichem Denken. Ohne die Geschichte solcher Konflikte hier im einzelnen aufzuzeigen, sei nur ein frühes Beispiel aus der Zeit beginnender objektiver Natur- und Weltbetrachtung in Griechenland angeführt: Aristophanes erfand in seinen ‚Wolken' ein Zwiegespräch zwischen einem aufgeklärten, also naturwissenschaftlich denkenden und einem im traditionellen Götterglauben und dessen

---

[4] Rigveda, Buch X, 129, 4.

9.
Irrtümliche Welterklärungen

Mythen befangenen Manne über die Naturerscheinung des Gewitters. Wir zitieren daraus folgende Stelle:

»Und Zeus, beim Himmel beschwör´ ich dich, sprich, ist Zeus, der Olympier, nicht Gott?«

»Wie, was für ein Zeus? Wie du faselst! Ein Zeus existiert gar nicht!«

»Wie du redest! Wer regnete denn? Das wolle zuvörderst und vor allem gefälligst mir sagen.«

»Die (Wolken) mein' ich! Doch ich will es sogleich dir erweisen mit sicherem Zeugnis. Denn ich frage: wo hast du wohl jemals schon ohne Wolken ihn regnen gesehen?«

»Jetzt sage mir, wer ist's, der donnert? Denn das macht immer mich zittern und beben.«

»Sie (die Wolken) donnern so, übereinander gewälzt.«

»Wer denn ist's, der so notwendig sie treibt, aufeinander zu stürzen, wenn Zeus nicht?«

»Nichts minder; der Wirbelwind ist's, der es bewirkt.«[5]

Hier wird also die vordergründig mythische Erklärung des Phänomens des Gewitters als Irrtum erwiesen und abgelehnt, was natürlich nicht zu bedeuten braucht, daß auch ein letzter metaphysischer Hintergrund der Welt geleugnet wird.

Irrtümer liegen also in konkreten, rational klingenden, vordergründigen phantasievollen Spekulationen über die Welt. Ganz analog steht es natürlich mit den mythischen Bildern vom Bau der Welt. Hier liegen die handgreiflichsten Irrtumsmöglichkeiten. Nehmen wir einige markante Beispiele solcher religiös begründeten Weltbilder.

Nach hinduistischer Auffassung besteht die obere Welt des kosmischen Eis aus sieben Schichten: Erde, Luftraum (Reich der Geister), Himmel (Reich der Himmelskörper), und vier weitere Himmelsregionen. Den untersten Teil der Erdenwelt nehmen die sieben Höllen ein, in der die bösen Wesen, die Verdammten,

---

[5] Vgl. Aristophanes: *Die Wolken*, übersetzt aus dem Griechischen und versehen mit einem Nachwort von Otto Seel, Stuttgart, 1969 S. 11. Das Werk entstand um 400 vor Christus.

büßen und Qualen erleiden; über den Höllen befinden sich die sieben Unterwelten von großer Schönheit, von Schlangengeistern und Dämonen bewohnt. Die Erdoberfläche bildet sieben Kontinente, von sieben Meeren umspült. In der Mitte der Inseln liegt wie eine große runde Scheibe die Rosenapfelbaum-Insel. Inmitten der Insel, und damit in der Weltmitte, erhebt sich der Götterberg Meru. An seinem südlichen Fuß steht der Rosenapfelbaum. Der Berg Meru besteht nach den vier Weltgegenden aus Silber (im Osten), aus Beryll (im Süden), aus Kristall (im Westen) und aus Gold (im Norden). Die Bläue des Himmels ist Abglanz der Südseite des Meru. Sein Gipfel ist von Palästen und Lusthainen bedeckt, in denen sich die 33 Götter, an deren Spitze Indra steht, vergnügen. Die Rosenapfelbaum-Insel umfließt ringförmig den Ozean. Daran schließen sich ebenfalls in Ringgestalt und in regelmäßigem Wechsel die übrigen Kontinente und Meere, die aus verschiedenen Flüssigkeiten bestehen: aus Salzwasser, Zuckersaft, Branntwein, Schmelzbutter, saurem Rahm, süßer Milch und Süßwasser. Eine gewaltige Gebirgskette schließt das letzte Meer ab und grenzt an der anderen Seite an die Schale des Welteneis.

An die Erdenwelt schließt sich die Luftraumwelt an, zu ihr gehören Sonne, Mond, Planeten, Fixsterne und die 28 Mondhäuser. Die Gestirne der Luftraumwelt kreisen bis auf den Polarstern um den Meru. Jenseits der Sternenregion beginnt der Bereich der Götterwelten. Den Abschluß bilden die drei höchsten Himmel, die Welt Brahmas.

Als letztes Beispiel eines mythisch gestalteten Weltbildes mag das vorderorientalische Weltbild dienen, das insofern besonders weitreichende Bedeutung gewann, als es auch das Weltbild der Bibel ist. Dreifach geschichtet ist nach babylonisch-astrologischer Anschauung das zweigeteilte Weltall: die himmlische Welt und die irdische stehen sich gegenüber und sind analog je dreifach gegliedert. Der Tierkreis ist nach der astrologisch orientierten Anschauung der Babylonier das himmlische Erdreich, auf dem die Götter wandeln. Darüber befindet sich der Götterhimmel mit dem Thron des höchsten Gottes. Das himmlische Erdreich ist auf den Himmelsozean

9.
Irrtümliche Welterklärungen

gegründet, der jenes umfließt. Diesem Bau der himmlischen Welt entspricht der der irdischen Welt, die aus Firmament, Erde und Unterwelt besteht. Die Unterwelt umschlingt als irdischer Ozean die Erde und bricht, da er die Erde auch unterspült, in Brunnen und Quellen aus der Tiefe hervor.

Auf dieser Weltlehre beruht, wie gesagt auch das Weltbild der Bibel; denn sowohl dem Alten wie dem Neuen Testament liegt die Anschauung vom dreigeteilten Weltall zugrunde: Himmel, Erde, die auf dem Meere ruht[6], und Unterwelt.[7] Der Himmel ist nach alttestamentlicher Auffassung gewölbt und fest gegossen.[8] Das Firmament ist festgestampft wie orientalische Dächer, und trennt den Himmelsozean von den sichtbaren irdischen Wassern und dem Erdreich. »Wenn die Fenster des Himmels«[9] geöffnet werden, kommt es zu Wolkenbrüchen. An die Feste des Himmels sind die Lichter Sonne, Mond und Sterne gesetzt.[10] Das Gewölbe des Himmels selbst ruht auf den »Säulen des Himmels.«[11] Auch der Himmel als Wohnort Gottes ist dreigeteilt, wie bei den Babyloniern. Der eigentliche Wohnsitz Gottes ist der dritte Himmel.[12]

Das Alte Testament spricht hinsichtlich der Erde von vier Ecken der Erde, die selber als Scheibe vorgestellt wird. Ihr Mittelpunkt ist für das Alte Testament Jerusalem und der Tempel. Die Vorstellungen über die Befestigung der Erde sind schwankend: Bei Hiob ist davon die Rede, daß die Erde über dem Nichts aufgehängt sei, also schwebe[13], während Hiob an anderer Stelle davon spricht, daß die Erde auf Säulen ruhe.[14] Erdbeben werden verstanden als Erschütterung der Säulen durch

---

[6] Ps. 24, 2.
[7] Hi. 26, 5.
[8] Hi. 57, 18.
[9] 1. Mos. 7, 11; 8, 2; 2. Kön. 7, 2.
[10] 1. Mos. 1, 14 ff.
[11] Hi. 26, 11.
[12] 2. Kor. 12, 2.
[13] Hi. 26, 7.
[14] Hi. 9, 6.

Gottes Hand.[15] Sonst ist die Erde von Wasser umflossen und unterspült: wird vom »Wasser unter der Erde' gesprochen.«[16]

Die Vorstellungen über den Bereich unter der Erde sind zwiefacher Art: einmal ist die Rede von dem Wasser unter der Erde, andererseits wird von der Unterwelt als dem Sitz der Verstorbenen gesprochen, dem Land ohne Wiederkehr.[17] Das ist die Scheol, eine unerfreuliche Schattenwelt.[18]

Wir haben in diesem Abschnitt im Unterschied zu den früheren auf keine konkreten Irrtümer hingewiesen. Es kam uns lediglich darauf an, zu zeigen, daß die mythischen Vorstellungen von der Welt, ihrer Entstehung und ihrem Bau, in dem naiven Gemüt des Menschen der Frühzeit entsprangen und phantasievolle Ausmalungen darstellen, die nur dann richtig verstanden werden, wenn sie als Erlebnisaussagen angesichts der rätselvollen Welt angesehen werden. Das aber geschieht in den rationalistisch eingestellten Spätzeiten, in denen der eigentliche Mythos bereits gebrochen ist und seine unmittelbare Aussagekraft verloren hat, nicht.

In den Orthodoxien der großen Religionen zumal werden die mythischen Vorstellungen über die Weltentstehung und die Naturerscheinungen zu rationalen Erkenntnisaussagen, die zur Offenbarung gehören und deshalb unfehlbar richtig sind. Hier entsteht dann der Konflikt zwischen Glauben und Wissen; denn solchen wörtlich genommenen Mythen von Natur und Welt tritt die inzwischen entstandene Naturwissenschaft entgegen und bezichtigt die Religion, die solche Anschauungen weiter wörtlich aufrecht erhält, des Irrtums. Daß gerade der Mythos in Gefahr steht, mißverstanden zu werden, zeigt die Religionsgeschichte an vielen Stellen. Dann kommt es oft dazu, daß diese

---

[15] Hi. 9, 6.
[16] 2. Mos. 20, 4.
[17] Hi. 10, 21.
[18] Vgl. Herzberg, Hans Wilhelm: *Griechisch-römisches Weltbild: II. Im AT*, in: Die Religion in Geschichte und Gegenwart. Handwörterbuch für Theologie und Religionswissenschaft, 3. völlig neubearbeitete Aufl., Bd. 6, hrsg. v. Kurt Galling, Tübingen 1962 (1615-1618) hier, Sp. 1615 ff.

9.
Irrtümliche Welterklärungen

naiven Mythen dem Hohn der Atheisten ausgesetzt werden, wie das etwa geschieht in den Museen für Atheismus in der Sowjetunion, in der die für modernes und religiös verständnisloses Denken kurios und unwissenschaftlich erscheinenden Götterbilder und mythischen Gottesvorstellungen bildhaft dargestellt werden, um eben die Unsinnigkeit religiösen Glaubens und Lebens überhaupt darzutun. Deshalb spielen in solchen Museen in Rußland (z.B. in Leningrad) die Astronauten eine Rolle, die auf ihrem Flug durch das Weltall weder die mythischen Weltbauvorstellungen bestätigt fanden, noch himmlischen Wesen begegnet sind. Oder man nimmt einen Standpunkt ein, wie ihn zuerst Auguste Comte (1798-1857) vertreten hat, der bekanntlich der Meinung war, daß das religiöse Frühstadium des Menschen durch ein metaphysisches Stadium abgelöst werde, dem dann das letzte, positivistische Stadium abschließend folge.

Comte war der Meinung, daß in diesem Entwicklungsgang menschlichen Geistes Religion ein überwindbares Frühstadium vorwissenschaftlicher Wissenschaft gewesen sei, der durch die nachfolgende wirkliche Wissenschaft der Boden entzogen werde. Hier werden also in beiden Fällen die sogenannten Irrtümer der Religion ernst genommen, aber sie werden eben mißverstanden. Nur dann ist die Rede vom Irrtum religiöser Weltbilder und Weltanschauungen berechtigt, wenn sie, wie gesagt, als auf derselben Ebene wie wissenschaftliche Erkenntnisse liegend angesehen werden.

10.
Sprachliche Irrtümer in den Religionen

Die Sprache hat in allen Religionen eine grundlegende Bedeutung. Dabei ist zu beachten, daß die Funktionen der Sprache in der Religion verschiedener Art sind. Ich habe an anderer Stelle diese Divergenz der Funktionen des Wortes und der Sprache in der Religion dargelegt.[1]

Um anschaulich zu machen, wie vielfältig die Bedeutung der Sprache zunächst hinsichtlich ihrer Funktionen ist, sei in aller Kürze nur auf die verschiedenen Funktionsgebiete der religiösen Sprache hingewiesen. Zunächst einmal sprachen viele Religionen von dem Wort der Gottheit, die z.B. das Schöpfungswort spricht und dadurch die Welt entstehen läßt, oder die Worte der Unterweisung an die Menschen bzw. an besondere Offenbarungsträger, wie Zarathustra oder Mohammed, richtet. Daneben begegnen uns besonders im Alten Testament Worte der Verheißung.

Ein anderes Gebiet, auf dem das Wort eine bedeutsame Rolle spielt, ist der Namenglaube. Der Name st in der frühen Religionsgeschichte bekanntlich mehr als bloße Benennung: der Name der Gottheit ist irgendwie mit ihrem Wesen verbunden, so daß das Aussprechen des Namens schon eine Art von Herbeirufung der Gottheit ist und deshalb ist es im Alten Testament verboten, den Namen Jahves ‚unnütz zu gebrauchen'.

Der Mythus als frühzeitliche Aussage der Menschheit über ihre religiöse Erfahrung wird natürlich ebenfalls in Worte gefaßt. Die Sprache ist das Medium der religiösen Aussage bereits der frühen Menschheit. Seher und Propheten sprechen Worte, in denen sie ihre Visionen und die Offenbarungen, die sie emp-

---

[1] Vgl. Mensching, Gustav: *Das Heilige Wort.* Eine religionsphänomenologische Untersuchung (Untersuchungen zur allgemeinen Religionsgeschichte, hrsg. v. Carl Clemen) Heft 9, Bonn 1937 S. 1-11.

fingen, denen verkünden, die sie betreffen. Auch die großen Meister der Religionen, die Stifterpersönlichkeiten, sind zugleich Meister des Wortes, das sie an ihre Jünger und Gemeinden richten. Offenbarte Worte der Gottheit finden ihren Niederschlag in heiligen Schriften. So gibt es das von ersten Offenbarungsempfängern gehörte und dann aufgeschriebene Wort als unveränderliches Medium zum Weiterleiten der religiösen Ersterfahrung an kommende Generationen.

Im Gebetswort wendet sich der Mensch an die Gottheit, im Bittgebet, im Dankgebet und im Gebet der Huldigung und der Verehrung. Im Kultus verwendet man rituelle Formeln, die feststehende Worte sind, die nicht verändert werden dürfen. Dabei macht sich vielfach eine magische Verwendung der rituellen Formel bemerkbar und der Zauberspruch entsteht, der per se wirkendes Wort ist.

Wir sprachen von der Divergenz der Funktionen der Sprache. Nun muß aber beachtet werden, daß auch in diesen divergenten Funktionen der Sprache eine Divergenz so zu sagen der Qualität der Sprache vorliegt, von der wir nun sprechen wollen. Unter den oben genannten Funktionen der Sprache begegnet uns nach der qualitativen Seite hin, verschieden von anderen Qualitäten, das Wort als wirkende Kraft.

Es handelt sich hier also darum, daß in verschiedenen Funktionsformen des Wortes das Gemeinsame in ihnen darin besteht, daß das wie immer verwendete Wort wirkende Kraft in sich trägt wie z.B. das Schöpfungswort, das Machtwort ist, das die Gottheit spricht, und durch das die Welt entsteht, oder durch das z.B. der babylonische Gott Marduk den Weltenmantel vernichtet und wiederherstellt. Das gleiche gilt von der rituellen Formel und auch der Mythos ist insofern wirkendes Kraftwort als er im Kultus nachvollzogen wird und im kultischen Nachvollzug die Erfassung der numinosen Wirklichkeit geschieht. Hier in dieser ersten Gattung der Qualitäten ist das Wort zu definieren als Geschehen, als Mittel der Verwirklichung. Gerardus van der Leeuw (1850-1950), hat in seiner ‚Phänomenologie der Religion' den Ausspruch getan: »Wer Worte

10.
Sprachliche Irrtümer in den Religionen

spricht, setzt Mächte in Bewegung.«[2] Genau das ist es, wovon hier die Rede ist.

Wir brauchen ja noch im säkularen Raum diesen Ausdruck ebenfalls, indem wir davon sprechen, daß jemand, der dazu befugt und befähigt ist, ein ‚Machtwort sprechen' soll, wobei das Sprechen von Bedeutung ist. In der Religion ist das Wort vielfach in diesem Sinne wirkend, indem z.B. Wünsche, die ausgesprochen werden, sich durch das Ausgesprochenwerden verwirklichen. Manche Märchen beginnen mit den Worten: »In den alten Zeiten, als das Wünschen noch geholfen hat« und in unserer Alltagssprache säkularen Bereich sagen wir noch heute, ohne an den religionsgeschichtlichen Ursprung zu denken: Man wolle Glückwünsche *aussprechen*, ohne damit den Gedanken zu verbinden, daß durch das Aussprechen die Wünsche sich erfüllen.

Eine zweite Form der Qualität der Sprache in der Religion ist die, daß Wort und Sprache Ausdrucksmittel religiöser Erfahrung und Erkenntnis sind: religiöse Lehre, Bekenntnisformeln – alles das sind Worte, in denen symbolhaft religiöse Erfahrung kundgetan wird. Auch das religiöse Lied gehört in diesen Zusammenhang; denn auch das Lied ist ja aus Worten gestaltet und bringt religiöse Erlebnisse und Gefühle zum Ausdruck.

Vom Ausdruck und dem Bedürfnis des Ausdrucks scheiden wir die Kommunikation. Sprache und Wort sind – und das ist die dritte Qualität der Funktionen der Sprache in der Religion – Mittel der Kommunikation von Gedanken und Stimmungen von Mensch zu Mensch. Hier handelt es sich also um Hinwendung zum Menschen, zu Gruppen und Gemeinschaften. Auch die Sprache ist gemeinschaftsbezogen und darum auch zugleich abhängig vom Sprachverhältnis der Gruppe, zu der gesprochen wird. Damit hängt es zusammen, daß die religiöse Sprache zugleich zeitbedingt ist und die Möglichkeit des Verstehens religiöser Rede nach Jahrhunderten erschwert ist.

Nun aber ist zu fragen, wie und wo innerhalb dieser dargelegten Funktionen der Sprache in der Religion und ihren diver-

---

[2] Vgl. Van der Leeuw, Gerardus: *Phänomenologie der Religion*, 2. Aufl., Tübingen 1956.

genten Qualitäten die Möglichkeit sprachlichen Irrtums gegeben ist. Damit stehen wir bei dem Thema dieses Abschnittes. Wir deuten zunächst nur an, wie sprachlicher Irrtum entstehen kann, um dann in größerer Ausführlichkeit davon zu sprechen, was sprachlicher Irrtum in der Religion bewirkt, worin die Möglichkeiten der Auswirkung sprachlichen Irrtums in der Religion bestehen.

Sprachlicher Irrtum kann dadurch entstehen, daß überlieferte Worte mit anderen bedeutungsverschiedenen Worten irrtümlich gleichgesetzt werden können wegen des etwa vorhandenen Gleichklanges oder auch nur Anklanges. Wir werden später Beispiele dafür anführen. Auch wirkt sich die Tendenz aus, unverständlich gewordene Worte der Überlieferung in verständliche umzuwandeln, wobei natürlich dann der Irrtum darin besteht, daß man das Umgewandelte für das Ursprüngliche hält. Eine weitere Quelle des Irrtums im sprachlichen Sinne entsteht durch falsche Übersetzungen von Worten und Begriffen der Tradition, sowie durch irrtümliche Deutung von überlieferten Worten.

Es läßt sich zeigen, daß durch sprachlichen Irrtum nicht etwa numinose Mächte entstehen, aber daß der Glaube an neu gefundene bzw. erfundene numinose Wesenheiten durch sprachlichen Irrtum geweckt werden kann. Von den verschiedenen Inhalten solchen Glaubens, der durch sprachlichen Irrtum entstanden ist, und der daher Aberglaube ist, soll zunächst gesprochen werden

Um mit dem Glauben an unpersönliche Mächte und Mächtigkeiten zu beginnen, so verdanken z.B. der Heilzauber und der Glaube an die Wirksamkeit der Amulette ihre Entstehung oft einer nicht mehr bewußten Wortassoziation. Alfred Bertholet hat in einer Akademie-Abhandlung reiches Material zusammengetragen, das wir in diesem Abschnitt dankbar verwerten. So bezeichneten z.B. mit dem Worte ‚amethyotos' die Griechen eine Person, die nüchtern im Sinne von nichtbetrunken war. Aus dem Wortanklang mit der Bezeichnung Amethyst

10.
Sprachliche Irrtümer in den Religionen

entstand der Glaube, dieser Stein schütze gegen Trunkenheit.[3] Araber aus Palästina tragen oft Weizenkörner als lebenserhaltende Kraftträger bei sich; denn das arabische Wort ‚´eš' bedeutet sowohl Weizenkorn wie auch Leben.

In diesen Beispielen liegt der Irrtum darin, daß hier die Kraft durch Vermittlung einer Wortassoziation einem Gegenstande beigelegt worden war und als ursprünglich dem Gegenstande zugehörig empfunden wurde. Ganz abgesehen davon, daß eine magische Deutungsbereitschaft vorhanden sein muß, wenn man an derartige Wirkungsmöglichkeiten glaubt. Obwohl es sich hier nicht um die Weckung neuen Glaubens handelt, sondern nur um eine irrtümliche Benennung eines religiösen Kultgegenstandes, der gleichfalls in magischer Weise verwendet wird, sei kurz vom ‚Rosenkranz' gesprochen; denn er verdankt seine Bezeichnung einem sprachlichen Irrtum. Im Sanskrit heißt ‚japa-mālā' Gebetskranz; denn ‚japa' heißt Gebet. Aber das gleiche Wort mit einem langen zweiten ‚a' also ‚japā' bedeutet Rose. Obwohl also dieser Kranz mit Rosen nichts zu tun hat, weil er dem Gebet dient und mit Recht Gebetskranz genannt werden müßte, hat sich, von den Kreuzfahrern vermutlich mitgebracht und irrtümlich benannt, die Bezeichnung ‚Rosenkranz' im Abendlande durchgesetzt.

Durch Personifikation von irrtümlichen sprachlichen Ableitungen kann nun auch der Glaube an bestimmte Geister und Dämonen entstehen. Ein bekanntes Beispiel für die Entstehung des Glaubens an ein nächtliches Spukwesen aus sprachlichem Irrtum ist die Gestalt der Lilith, die im Alten Testament ein in Ruinen und wüsten Orten wohnendes Spukwesen ist: »Nur die Lilith wird dort rasten und eine Ruhestätte für sich finden.«[4] Dadurch, daß ihr Name mit dem hebräischen ‚lajela' zusammengestellt wurde, was ‚Nacht' bedeutet, wurde Lilith zu einem Nachtgespenst.

Die in Goethes Faust erwähnte Bedeutung als ‚Adams erste Frau' beruht auf späterer jüdischer Überlieferung. Durch

---

[3] Vgl. Bertholet, Alfred: *Wortanklang und Volksetymologie in ihrer Wirkung auf religiösen Glauben und Brauch.* 9. Akademie-Abhandlung, Preußische Akademie der Wissenschaften, 1940.

[4] Jes. 34, 14.

sprachlichen Irrtum kann aus dem Namen eines Gottes ein Dämon entstehen bzw. der Glaube an ihn. Bekannt ist der alemannische Kobold ‚Fitzlibuzzli', dessen Name hervorging aus dem Namen des aztekischen Sonnengottes Uitzilopochtli, wobei man wahrscheinlich an die Worte fitze = schlagen, prügeln, und Butz = Kobold gedacht hat.

Mythen entstehen gewiß nicht nur und auch nicht häufig durch sprachlichen Anklang und Irrtum, aber es ist doch unverkennbar, daß Klangähnlichkeit und also irrtümliche Interpretation bisweilen auch mythenbildend gewirkt haben. Das gilt z.B. von der griechischen Sage von Deukalion und Pyrrha, das nach der Sintflut übriggebliebene Menschenpaar. Auf Geheiß der Themis warfen sie Steine über ihre Schulter, aus denen dann eine neue Menschengeneration entstand. Die Mitwirkung der Klangähnlichkeit liegt darin, daß ‚laos' (Volk) und ‚lãas' (Stein) an der Entstehung dieses Mythos mitgewirkt haben. Ein weiteres Beispiel dafür ist der Mythos von Aphrodite, der ‚Schaumgeborenen', der wohl dem Umstand sein Entstehen verdankt, daß aus dem Namen der Göttin das Wort ‚aphrós' (Schaum) herausgehört wurde, mit dem der Name Aphrodite ursprünglich nichts zu tun hatte.

Auch der biblische Mythos von der Sprachverwirrung als Strafe für die angebliche Hybris der Menschen in Babylon, die den dem Himmel zustrebenden Turm bauten, entstand durch sprachlichen Wortanklang; denn das Wort Babel brachte man irrigerweise in Verbindung mit dem hebräischen Verbum ‚babal' (Verwirrung). So wurde Babel der Ort der Sprachverwirrung. Oft sind auch Wortspiele, bei denen auch wieder Irrtümer möglich sind, Motive für Mythenentstehung. In Ägypten z.B. entstand aus dem Wortspiel zwischen ‚romet' (Mensch) und ‚remjet' (Träne) der Mythos, die Menschen seien aus den Tränen eines Auges des Sonnengottes Re entstanden.

Ein weites Feld sprachlichen Irrtums ist das Gebiet der Heiligenverehrung. Der Glaube an zahlreiche Heilige ist durch sprachliche Mißverständnisse und zu irrtümlicher Assoziation verleitenden Wortanklang entstanden. Das geschah vielfach dadurch, daß alte Namen nicht mehr verstanden wurden und dann neu und irrtümlich abgeleitet wurden. In Norwegen

10.
Sprachliche Irrtümer in den Religionen

nannte man den 14. Tag nach Weihnachten den ‚Eldbjoergdag' d.h. ‚Tag des Feuerlöschens'. Der Name wurde später nicht mehr verstanden und daher irrtümlich von einer Heiligen ‚Eldbjoerg' abgeleitet, die auf diese Weise als Glaubensgestalt entstand. Aus dem unverstandenen Ortsnamen Tripolis entstand ein Heiliger Tribulus.

Bertholet hat eine Untersuchung veröffentlicht über ‚Götterspaltung und Göttervereinigung', in der er darstellt, daß beide Phänomene in der Religionsgeschichte vorkommen also sowohl die Abspaltung einer Anzahl von göttlichen Wesenheiten von *einer* Gottheit, als auch der Zusammenschluß von Einzelgöttern zu einer Großgottheit.[5] Diese beiden Phänomene nun können auch im Zusammenhang sprachlichen Irrtums entstellen. So ist z.B. die attische Heilgöttin Hygieia wahrscheinlich eine Abspaltung von der Göttin Athene durch Verselbständigung ihres Beinamens Hygieia. Die entgegengesetzte Erscheinung, die Göttervereinigung, tritt besonders dort auf, wo zwei verschiedene Kulturen zusammentreffen.

Ein Beispiel dafür, daß zwei an sich verschiedene Gottheiten zu einer Einheit verschmolzen werden, auch im Namen, und daß dieser Name dann irrtümlich für den ursprünglichen gehalten wird, ist der Gott Serapis, der aus den Götternamen Osiris und Apis, die ägyptische Gottheiten waren, hervorgegangen ist durch Verschmelzung. Bisweilen wurden Götter, die nichts miteinander zu tun hatten, des Wortanklanges wegen miteinander verbunden wie z.B. der phrygische Gott Sabazios mit dem jüdischen Gott Zebaoth. Hier war wohl der Namensanklang der Grund für die Identifizierung. Daß auch die Bezeichnungen von Kultstätten dazu führen können, eigene Gottheiten entstehen zu lassen, zeigt die Entstehung des Gottes Beth-El; denn ursprünglich[6] ist Beth-El dem Wortsinn entsprechend ‚Haus eines El', ein Kultstein, dem ein numinoses Wesen, ein El, innewohnt. Daraus wurde später, wie gesagt, ein eigener Gott Bethel.

---

[5] Vgl. Bertholet, Alfred: *Götterspaltung und Göttervereinigung* (Sammlung gemeinverständlicher Vorträge und Schriften aus dem Gebiet der Theologie und Religionswissenschaft. 164), Tübingen 1933.

[6] 1. Mos. 28.

Verständlicherweise entstanden für solche aus Irrtum geborenen Gottheiten auch entsprechende Kulte, die sich auf sie bezogen. Interessant ist, daß der sprachliche Irrtum sich bisweilen auch auf die Opfermaterie erstreckte. So bestand z.B. die übliche Opfergabe für den chinesischen Schutzgott der Literatur Wen Chang in Zwiebeln. Der Grund dafür war, daß das chinesische Wort für Zwiebel, ‚tsung', gleichlautend ist mit dem Wort für Scharfsinn. So hoffte man, von dem Gott mit Scharfsinn belohnt zu werden, wenn man ihm Zwiebeln opferte.

Bisweilen kann die irrtümliche Ableitung zur Diffamierung eines Kultes dienen. Das geschah in einer Abhandlung des Antisemiten Apion, der den Sabbath von einem ägyptischen Worte ‚Sabbó' ableitete, das eine ekelhafte Drüsenkrankheit bezeichnet. Philo hat ihn dafür in einer Schrift angegriffen. Nach dieser Fehlinterpretation verdanke also der Sabbath seinen Namen der Erinnerung an den Marsch durch die Wüste, auf dem die Juden an dieser Krankheit gelitten haben sollen.

Unübersehbar groß ist natürlich auch der Einfluß des sprachlichen Irrtums im Bereiche des Volksglaubens, also jener Primitivform des Glaubens, die sich innerhalb der Universalreligion erhält. Das gilt besonders für das Gebiet der Landwirtschaft und der Volksmedizin. Am Bonifatiustag steckt man Bohnen in die Erde, Erbsen jedoch am Markustag, weil sie dann ‚markig' werden. Winterroggen muß am Tage des heiligen Magnus gesät werden, damit er groß wird. Am Tag des heiligen Gallus darf kein Wein gelesen werden, damit er nicht bitter wie Galle wird. In der Volksmedizin wird Reseda wegen des Wortanklangs an das lateinische Wort ‚resedare' (stillen) zum Zwecke der Blutstillung verwendet. Die Brennessel soll ‚brennende' Krankheiten, also Fieber und Entzündungen, heilen. Doch das ist nun schon nicht mehr Religion, auch nicht religiöser Aberglaube.

Ein weites Feld eröffnet sich nun, wenn wir nach dem Irrtum fragen, der darin besteht, daß numinosen Persönlichkeiten, Heiligen oder Geistern, Eigenschaften zugeschrieben werden, die man irrtümlich aus ihren Namen herausgelesen hat. Im nordischen Glauben wird z.B. der Elf an Bergflüssen lokalisiert, weil der Bergfluß ebenfalls Elf heißt. Der Engel Phanuel, einer

10.
Sprachliche Irrtümer in den Religionen

der jüdischen Erzengel, dessen Name ‚Angesicht Gottes' bedeutet, wurde zum Engel der Buße, weil man den ersten Teil seines Namens als Imperativus pluralis vom Verbum phana = sich wenden, sich bekehren, auffaßte. Interessant ist auch die irrige Ableitung von Beelzebub, der im Neuen Testament als ‚oberster der Dämonen' erscheint.[7] Beelzebub, ein Gott der Philister, bedeutet ‚Herr der Fliegen'. Durch einen Überlieferungsirrtum wurde Beelzebul aus dem Namen und aus Beelzebul hörte man das aramäische zebel (Mist) heraus, so daß es nahe lag, den ‚Mistgott' als obersten der Teufel anzusehen, wie es im Neuen Testament geschah.

Sehr häufig nun werden Eigenschaften und Funktionen der Heiligen durch sprachlichen Irrtum bestimmt. Ein klassisches Beispiel dafür ist der heilige Blasius, der mit dem blasenden Wind in Verbindung gebracht wurde, und dadurch zum Patron des Wetters und speziell zum Schutzheiligen der Windmüller wurde. Außerdem machte man ihn zum Patron der Instrumentalbläser. Doch damit nicht genug, heilt er nach deutschem Glauben oder Aberglauben auch Blasenleiden und nach flämischem Glauben sogar Hautblasen. Weil der Name an die medizinische Bezeichnung für die weibliche Brust (mamma) anklingt, glaubt man, daß der heilige Mamertus Krankheiten der Mutterbrust heile. In Frankreich ist er Patron der Ammen geworden. Gegen Augenleiden hilft der heilige Augustin. Das Lamm (agnus) wurde zum Attribut der heiligen Agnes wohl wegen des Anklanges des Namens.

Bekanntlich trägt auf den Darstellungen der heilige Christophorus das Jesuskind auf der Schulter. Diese Vorstellung aber entsprang aus der irrtümlichen Interpretation des Namens, der ursprünglich die Berufung bezeichnete, die Lehre Christi weiterzutragen und auszubreiten. Mit dem Tragen des Jesuskindes hatte das Wort ursprünglich nichts zu tun. Bekanntlich wurde Johannes der Täufer als ‚Rufer in der Wüste' bezeichnet. Hier liegt insofern ein Irrtum vor, als in der Textstelle Jesaja[8] die

---

[7] Mk. 3, 22.
[8] Jes. 40, 3.

Matthäus[9] zitiert und (natürlich irrtümlich) auf Johannes den Täufer bezogen wird[10], falsch getrennt wird; denn es heißt richtig: »Horcht, es ruft: in der Wüste bahnt einen Weg für den Herrn.« Also nicht: »es ruft in der Wüste.«

Häufig verdanken die Schutzpatrone ihre Funktionsgebiete einer irrtümlichen sprachlichen Ableitung ihres Namens. Der heilige Hubertus z.B. erinnerte in seinem Namen an die ‚Hupe', das Hifthorn des Jägers, so daß er zum Patron der Jäger wurde. Der Beiname ‚doctor melifluus', den bekanntlich Bernhard von Clairvaux wegen der Süße seiner Rede und seiner Beredsamkeit erhielt, machte ihn zum Patron der Bienenzüchter als welcher er oft mit einem Bienenkorb dargestellt wird.

Auch Götter können aufgrund sprachlicher Irrtümer neue Eigenschaften und Funktionen zugeteilt erhalten. Der griechische Lichtgott Lykos wurde zum Wolfsgott, weil sein Name mit lykos = Wolf gleichlautete. Der alte Hirten- und Jägergott Pan wandelte sich dadurch, daß man seinen Namen mit dem griechischen Wort ‚pan' = All irrigerweise in Verbindung brachte, zum All-Gott. Den Namen des ägyptischen Gottes Amon leitete man irrtümlich von dem Wort ‚amen' = verborgen ab und betonte in den Texten die geheimnisvolle Verborgenheit des Gottes.

Der umgekehrte Fall ist religionsgeschichtlich gleichfalls belegbar, daß die Funktion des Gottes eine Umgestaltung des Namens bewirkte: der aramäische Wetter- und Fruchtbarkeitsgott Ramman erscheint im Alten Testament als Rimmon, wie er nie geheißen hat, weil der Granatapfel (hebräisch rimmon) als Fruchtbarkeitssymbol galt.[11]

Wir haben an anderer Stelle von kultischen Motivverschiebungen gesprochen, über die Bertholet ebenfalls eine Akademie-Abhandlung veröffentlichte. Dabei zeigte sich das Phänomen, daß kultische Formen konstant bleiben und sich unverändert erhalten, daß aber ihre Deutung und Bedeutung wechselt, wobei dann der Irrtum darin besteht, daß man die gewandelte

---

[9] Mat. 3, 3.
[10] Wie dasselbe Wort die Qumranleute ebenso irrtümlich auf sich bezogen.
[11] 2. Kön. 5, 18.

10.
Sprachliche Irrtümer in den Religionen

Interpretation für die ursprüngliche und eigentliche ansieht. Dabei kann dann auch sprachlicher Irrtum eine Rolle spielen. Die häufigste Form einer solchen, von sprachlichen Anklängen her verursachten Verschiebung ist die Kultübertragung. In Griechenland z.B., besonders auf Kreta, gibt es Berge, die früher dem Helios und heute dem heiligen Elias geweiht sind. Hier wirkte zweifellos sprachlicher Anklang und sprachlicher Irrtum mit. Bertholet erzählt in der oben genannten Schrift ein weiteres Beispiel: »Das Margareten-Kloster in Köln war ursprünglich der ‚Maria ad gradus' geweiht; die Bezeichnung vereinfachte der Volksmund zu Margrad, womit der Übergang zu Margarete von selbst gegeben war.«

Oft wirkt sprachlicher Irrtum sich auch auf die Kultfeste aus. Das jüdische Jubeljahr ist aus Jobeljahr entstanden; denn jobel heißt das Widderhorn, mit dem der Beginn dieses alle 50 Jahre begangenen und bei Moses angeordneten Jahres angekündigt wurde. Es heißt da: »dann aber sollst du [...] die Lärmposaune erschallen lassen; am Sühnetage sollt ihr überall im Lande die Posaune erschallen lassen und sollt so das fünfzigste Jahr weihen und im Lande Freiheit ausrufen für alle seine Bewohner.«[12] Von dieser kultischen Sitte leitet sich der säkulare Gebrauch des Wortes ‚alle Jubeljahre' zur Bezeichnung, daß etwas sehr selten sich ereignet, ab.

Auch in der religiösen Kunst, der Dichtung wie der Plastik, kann sprachlicher Irrtum eine Rolle spielen. So ist z.B. die Bezeichnung Marias in dem bekannten Liede als ‚stella maris', als Meerstern, aus einem Hörfehler entstanden; denn es muß richtig ‚stilla maris' heißen und ‚stilla' heißt Tropfen. Die Worte ‚stilla maris' sind die Übersetzung des hebräischen ‚mar jam' bei Jesaja, wo es heißt: »Fürwahr, Völker sind wie ein *Tropfen am Eimer* und gelten ihm (Jahve) wie ein Stäubchen an den Wagschalen.«[13] Auch die Rose in dem bekannten Weihnachtslied ‚Es ist ein Ros' entsprungen [...]' war ursprünglich bei Jesa-

---

[12] 3. Mos. 25.
[13] Jes. 40, 15.

ja ein Reis: »Und aus dem Stumpfe Isais wird ein Reis ausschlagen, und aus seiner Wurzel ein Zweig hervorbrechen.«[14]

Ein merkwürdiger sprachlicher Irrtum liegt vor in der künstlerischen Gestaltung, die Michelangelo (1475-1564) dem Mose hat angedeihen lassen. Mose hat hier bekanntlich Hörner. Das beruht auf einem Übersetzungsfehler der lateinischen Bibelübersetzung, der Vulgata. Bei Moses ist von der Unterredung Jahves mit Mose die Rede.[15] Weiter heißt es: »Da sahen dann jedes Mal die Israeliten, daß die Haut des Antlitzes des Mose glänzte.«[16] So heißt es richtig. Das im hebräische Text verwendete Verbum ‚karan' heißt leuchten, das aber in der Vulgata mit ‚kéren' (Horn) verwechselt ist. So heißt es in der Vulgata »qui videbant faciem Moysi esse cornutum« (sie sahen, daß das Angesicht des Mose gehörnt war). Daher stammen die Hörner auf Michelangelos Mosesstatue.

Ein bekanntes Mißverständnis liegt in der germanischen Religionsgeschichte hinsichtlich des erwarteten Endereignisses des Götterkampfes vor. Dieses Endgeschehen wird ursprünglich ‚ragnaroek' (Göttergeschick) genannt. Das aber wurde verwechselt mit ‚ragnarokko' (Götterverfinsterung) und so entstand seit Simrock die auch von Richard Wagner übernommene Bezeichnung ‚Götterdämmerung'.

In der Religionsgeschichte ist die sogenannte Tagewählerei ein bekanntes Phänomen, das darin besteht, daß von der Vorstellung aus, daß die Tage an sich nicht alle gleich sind und daß es gute und böse Tage gibt, über die man sich daher für sein beabsichtigtes Handeln klar sein muß, um den günstigsten Tag zu wählen. Gerade hier spielt der sprachliche Irrtum eine erhebliche Rolle. Im ‚Handwörterbuch des deutschen Aberglaubens' wird z.B. berichtet, daß der Dienstag als ein günstiger Tag für den Antritt eines Dienstes angesehen wird, obwohl die Bezeichnung des Wochentages mit Dienst nichts zu tun hat; denn sie kommt von dem altgermanischen Gottesnamen Ziu, dem

---

[14] Jes. 11, 1.
[15] 2. Mos. 34.
[16] 2. Mos. 35.

10.
Sprachliche Irrtümer in den Religionen

der Tag geweiht war.[17] In manchen Gegenden besonders Norddeutschlands vermeidet man, am Donnerstag zu heiraten, weil es sonst in der Ehe ‚donnern' würde. Der Freitag dagegen gilt manchenorts als der rechte Tag zum ‚freien', obwohl auch hier keinerlei Beziehung außer dem Wortanklang vorliegt; denn Freitag ist der Tag der altgermanischen Göttin Freia.

---

[17] Vgl. Hoffmann-Kraver, E.: *Aberglaube,* in: Handwörterbuch des deutschen Aberglaubens, Bd. 1, hrsg. v. Hans Bächtold-Stäubli, Berlin 1927 (64-87).

11.
Irrtümliche religiöse Zukunftserwartungen

Viele Religionen haben sich Vorstellungen über ein Ende der Welt gemacht. Dafür können verschiedene Motive wirksam sein z.B. der Gedanke, daß die Lebenskraft (nach Analogie des Menschenlebens) allmählich nachläßt, wie es etwa im indischen Vishnu-Mythos vorgestellt wird, daß am Ende von tausend Weltperioden die Kraft der Erde erschöpft ist, völliger Mißwachs eintritt und moralischer Niedergang zu beobachten ist. Die Welt geht unter, aber ersteht danach wieder neu. So ist es bei den meisten der Weltuntergangsvorstellungen, daß nach dem Untergang, der mit Naturkatastrophen, mit Erdbeben, Überschwemmungen, mit dem Einsturz des Himmels oder einem Weltenbrand, aber auch, wie in Persien, mit winterlicher Todesstarre verbunden ist, die Welt aufs neue ersteht.

Im germanischen Glauben erwartete man Ragnarök, das Götterschicksal, also einen grandiosen Endkampf der Götter gegen die Welt der Dämonen. In der Edda stehen die Worte: »Es ist beschlossen, daß es mit den Göttern zu Ende geht.« Die Götter fallen im Streite und die Welt geht unter. Doch dann heißt es in der Edda:

»Dann hebt sich die Erde zum anderen Male
In ewigem Grün aus dem Grunde der See.«

Alles kommt wieder, auch die Götter, und das goldene Zeitalter beginnt von neuem. So gibt es in der Religionsgeschichte einerseits solche zyklischen Weltuntergangsideen, denen ein neuer Anfang folgt. In alle Ewigkeit kreist so das Leben der Welt und der Menschen. Aber es gibt auch die Vorstellung eines absoluten und endgültigen Weltunterganges, nämlich in Religionen mit einem teleologischen Geschichtsbild d.h. in jenen Religionen, in denen geglaubt wird, daß die Welt ein Ziel (telos) hat, auf das sie zustrebt.

In den mystischen Religionen, aber auch in den meisten Volksreligionen ist diese Idee eines Zieles der Volks- und Weltgeschichte nicht gegeben. Die Welt vergeht, wie die Menschen altern und sterben, und sie ersteht wieder neu wie die Natur sich alljährlich erneuert, aber ein Ziel ist hier nicht zu erkennen. Der Sinn der Welt liegt in ihrem Dasein, das möglichst lange zu bewahren ist. Darum sind hier auch keine eindeutigen Termine gesetzt für diese relativen Weltuntergänge.

Anders ist es indessen in den prophetischen Religionen, die ein Ziel in der Geschichte sehen und daher auch einen Sinn. Das ist z.B. in der iranischen Religion Zarathustras der Fall, wo das Ziel des die Weltgeschichte erfüllenden Kampfes zwischen dem guten und dem bösen Geist im Anbruch des Reiches Ahura Mazdas, des ‚weisen Herrn', und in der Wunderbarmachung der Welt gesehen wird. Dann bricht eine Heilszeit an, die nicht vergeht.

Ebenso ist es natürlich im Christentum, in der israelitischen Religion und im Islam. Von der christlichen Enderwartung wird ausführlicher hernach zu sprechen sein. In der israelitischen Geschichte glaubte man von jeher Jahve wirksam, der Ziele setzt und seinen Willen verwirklicht. Und auch im Islam ist von den Tagen der Propheten an die Erwartung des Endes und des Endgerichtes, vor dem Mohammed warnen sollte, lebendig.[1]

Eschatologische Zeit, die hier erwartet wird, ist sowohl Notzeit wie Heilszeit. Nöte der verschiedensten Art werden als Vorzeichen des Endgeschehens verstanden. Bei Matthäus heißt es: »Denn es wird sich empören ein Volk wider das andere und ein Königreich wider das andere und werden Pestilenz und teure Zeit und Erdbeben sein hin und wieder. Da wird sich allererst die Not anheben. Alsdann werden sie euch überantworten in Trübsal, und werden euch töten [...] Dann werden sich viele ärgern und werden sich untereinander verraten [...] und dieweil die Ungerechtigkeit wird überhand nehmen, wird die Liebe in vielen erkalten.«[2] Das ist solch eine Schilderung der

---

[1] Sure 74.
[2] Mt. 24, 7.

11.
Irrtümliche religiöse Zukunftserwartungen

Notzeit, in der sich das Ende ankündigt, das nun selbst auch nicht frei von Nöten ist; denn es ist eine Gerichtssituation, die erwartet wird.

Im Islam begegnet man den gleichen Vorstellungen. Im Koran z.B. werden die Vorzeichen des Endgerichtes in folgender Weise geschildert: »Wenn die Sonne zusammengefaltet und verhüllt wird und die Sterne herabfallen und die Berge sich fortbewegen und die schon zehn Monate trächtige Kamelstute der Milch entbehrt und die wilden Tiere zusammenlaufen und die Meere in Flammen aufgehen und die Seelen sich mit den Körpern wieder verbinden, und wenn man das lebendig begrabene Mädchen befragt, wegen welchen Verbrechens man es getötet hat, und wenn die Bücher offen gelegt und die Himmel weggezogen werden [wie die Haut vom Kamel], und wenn die Hölle lichterloh brennt und das Paradies nahegebracht wird, dann wird jede Seele wissen, was sie getan hat.«[3]

Die hier gemeinte Heilszeit ist also die entscheidende Zeitenwende, in der das Endziel der Geschichte sich verwirklicht. Hier bricht nach neutestamentlicher und gnostischer Vorstellung ein neuer Äon an, ein neues endgültiges und eigentliches Leben.

Wie steht es nun innerhalb dieser Glaubensvorstellungen mit dem Irrtum, wo ist er hier möglich und worin kann er bestehen? Selbstverständlich kann nicht der Glaube an ein Ende der Welt und an ein zukünftiges Heil oder ein kommendes Gericht als Irrtum bezeichnet werden. Auch moderne Kulte, die Enderwartungen enthalten, wie z.B. die Cargo-Kulte in Neuguinea, kann man nicht einfach unter den Begriff des Irrtums bringen, so sonderbar sie uns auch erscheinen mögen und so unwahrscheinlich ihre Erfüllung sein mag.

Über Glaubensanschauungen als solche haben wir nicht zu urteilen. Anders aber steht es, wenn hinsichtlich der Erwartungen und Verheißungen bestimmte Zeitangaben gemacht werden, die durch die ereignislos vergangene Zeit widerlegt sind. Dann handelt es sich eben um irrtümliche Zukunftserwartungen, weil sie sich in der Zeit, auf die sie bezogen waren, nicht

---

[3] Sure 81.

erfüllten. Solche Irrtümer nun gibt es in der Religionsgeschichte und wir werden einige Beispiele dafür mitteilen.

Wir beginnen mit dem Alten Testament und dem Judentum. Zunächst begegnet uns in der Geschichte der israelitischen Religion, daß Propheten die Erwartungen des Volkes einer durch Jahve bestimmten glücklichen Zukunft korrigieren und als Irrtum nachweisen. Es sind die sogenannten Unheilspropheten, an deren Spitze der Prophet Amos steht, der von dem ‚Tage Jahves' (jom jahwe) folgendes sagt: »Wehe denen, die sich den Tag Jahves herbeiwünschen! Was soll euch denn der Tag Jahves? Er ist ja Finsternis, nicht Licht.«[4]

Hier und an anderen Stellen des Alten Testamentes wird also die naive Zukunftserwartung, daß nämlich Jahve immer auf der Seite des von ihm erwählten Bundesvolkes stehe, und mit ihm in rechten und unrechten Taten stets verbunden bleibe, korrigiert und als Irrtum erwiesen. Auch Jesaja hat Zukunftserwartungen ausgesprochen, die eine Korrektur der überlieferten eudämonistischen Hoffnung darstellt, wenn er z.B. sagt: »Entfernen wird Jahve die Menschen und groß wird die Verödung im Lande sein. Und ist noch ein Zehntel drin, so muß er ins Feuer zurück, wie wenn von Eiche und Therebinte beim Fällen ihr Wurzelstamm übriggeblieben war [der im Feuer verbrannt wurde].«[5] Auch die von Jesaja ausgesprochenen Weissagungen haben sich nicht so erfüllt, wie sie gemeint und verkündet wurden.

Irrtümer im eigentlichen Sinne sind indessen die irrtümlichen Messiasidentifikationen, die in der israelitischen Religionsgeschichte vorgekommen sind. Natürlich ist auch hier wieder zu sagen, daß der reine und ursprüngliche Messiasglaube d.h. also die Erwartung eines kommenden heilbringenden Messias nicht irgendwie als Irrtum zu bezeichnen ist, so wenig wie die Erwartung des Buddha Maitreya, des Buddha der zukünftigen Welt, oder des Saoshyant, des Heilands im Parsismus. Wohl haben die Juden ihrerseits, wie oben erörtert wurde, die von den Christen geglaubte in Jesus geschehene Erfüllung der

---

[4] Am. 5, 18.
[5] Jes. 6, 12.

11.
Irrtümliche religiöse Zukunftserwartungen

alttestamentlichen Messiashoffnung für Irrtum erklärt. Aber es gab in der israelitischen Geschichte häufig falsche Messiasidentifikationen.

Eine solche irrtümliche Identifikation einer geschichtlichen Persönlichkeit mit dem erwarteten Messias lag z.B. vor als Bar Kochba von vielen für den Messias gehalten wurde. Um 132 n. Chr. war Simon ben Kosiba genannt ‚Bar Kochba' messianischer Führer eines jüdischen Aufstandes gegen die römische Fremdherrschaft (132-135/6). In der Überlieferung hat sich der Name Bar Kochba (= ‚Sternensohn' in Anlehnung an das messianisch interpretierte und von Rabbi Akiba auf Simon bezogene Wort vom ‚Stern aus Jakob' gebildet[6]) in der Kirchengeschichte erhalten, während in der rabbinischen Literatur Simon stets als ‚Bar koz(i)ba' = ‚Lügensohn' nach dem Scheitern seines Aufstandes genannt wird.

Diesen irrtümlichen Glauben an den Messias Bar Kochba haben damals viele Juden mit dem Leben bezahlen müssen. In dem sehr instruktiven Buche von Wolson Dallam Wallis, ‚Messiahs' werden weitere irrtümliche Messias-Identifikationen im späteren Judentum genannt.[7] Im 5. Jahrhundert wurde in jüdischen Kreisen eine Voraussage auf Grund der sibyllinischen Orakel gemacht, die besagt, der Messias werde zwischen 440 und 470 kommen. Ein Irrtum, der durch die ereignislos vergehende Zeit als solcher erwiesen wurde. Im Jahre 434 erklärte sich Dunaan für den Messias in Nigra in Arabien. Im gleichen Jahrhundert behauptete ein Moses von Kreta der Messias zu sein und wurde von allen Juden auf der Insel anerkannt. Eines Tages, so wird berichtet, habe er befohlen, daß die Gläubigen sich ins Meer stürzen sollten in dem Glauben, das Mittelmeer werde sich wie das Rote Meer zu Moses's Zeiten vor ihnen teilen. Dabei ertranken viele Juden.

Juden betrachteten den Erfolg des Islam als erstes Anzeichen seit dem Fall von Rom, daß das messianische Königreich nahe sei. Auch das war natürlich ein Irrtum. Auch während der er-

---

[6] 4. Mos. 24, 17.
[7] Vgl. Wallis, Wolson Dallam: *Messiahs*. Their role in civilization, Washington 1943.

sten drei Kreuzzüge gab es mehrere messianische Bewegungen unter den Juden. Die Christen ihrerseits verhöhnten die von ihnen unterdrückten Juden wegen dieser Erwartung. So gab es z.B. 1096 in der Mitte des ersten Kreuzzuges eine mächtige messianische Bewegung unter deutschen Juden, die dieses Jahr als Zeit ihrer Befreiung ansahen. Zahlreiche weitere Erwartungen in folgenden Jahrhunderten erwiesen sich ebenso wie jene als Irrtum. Selbst Napoleon Bonaparte (1769-1821) wurde von etlichen Juden als möglicher Messias oder doch als dessen Vorläufer betrachtet. Man kann daher sagen, daß die messianische Erwartung, die sich je und dann an bestimmte Persönlichkeiten der Geschichte heftet, ein ständiger Faktor im religiösen und sozialen Leben der Juden gewesen ist, mit dem jedoch in der Vergangenheit zahlreiche erweisbare Irrtümer verbunden waren.

Auch in der Geschichte des Christentums sind nachweisbare Irrtümer in Gestalt falscher Zukunftserwartungen vorgekommen. Das Urchristentum lebte in der Erwartung des von Jesus verkündeten nahen Endes der Welt und des Anbruches des Reiches Gottes. Soviel wir auf Grund der Textlage sehen können, hat Jesus die Naherwartung verkündet und von den Jüngern eine auf die Nähe des Reiches Gottes gerichtete Haltung verlangt. ‚Das Reich Gottes ist nahe herbeigekommen' heißt es in dem ältesten Evangelium nach Markus: »Die Zeit ist erfüllt, das Reich Gottes herbeigekommen; tut Buße und glaubet an das Evangelium.«[8] Bei Matthäus lesen wir: »Von da an begann Jesus zu verkünden und zu sagen: ›Tut Buße; denn das Reich der Himmel ist herbeigekommen.‹«[9] Was uns in diesem Zusammenhang interessiert, ist die Tatsache, daß fraglos Jesus das nahe bevorstehende Ereignis des Anbruches des Gottesreiches in der Zeit und auf dieser Erde erwartet hat. In einer Reihe von Aussprüchen Jesu ist diese Erwartung deutlich bezeugt.

Die Verkündigung des Gottesreiches ist gerichtet an ein Geschlecht, das jetzt lebt, und das das Ende noch erleben werde: »Und er sagte zu ihnen: Wahrlich, ich sage euch, es sind einige

---

[8] Mk. 1, 15.
[9] Mt. 4, 17.

11.
Irrtümliche religiöse Zukunftserwartungen

unter denen, die hier stehen, welche den Tod nicht kosten werden bis sie das Reich Gottes kommen sehen mit Macht.«[10] An anderer Stelle desselben Evangeliums lesen wir: »Wahrlich, ich sage euch, nicht wird dieses Geschlecht vergehen, bis daß dieses alles geschieht.«[11]

Was da geschehen soll, ist in den vorangehenden Versen ausführlich geschildert: »Aber in jenen Tagen nach jener Drangsal wird sich die Sonne verfinstern, der Mond wird seinen Schein nicht geben und die Sterne vom Himmel fallen und die Gewalten in den Himmeln werden erbeben und hierauf werden sie den Sohn des Menschen kommen sehen in Wolken mit großer Macht und Herrlichkeit und hierauf wird er die Engel aussenden und die Auserwählten versammeln von den vier Winden her, vom Ende der Erde bis zum Ende des Himmels.«[12] So hat Jesus fraglos das Kommen des Reiches für die allernächste Zeit erwartet. Das blieb auch noch die Haltung der Urgemeinde nach Jesu Tode.

Die Hoffnung auf die nahe Erfüllung der Wiederkehr Christi, der Parusie, wurde durch ständige Ermahnungen zur Geduld durch die Apostel immer wieder neu bestärkt. Es heißt z.B.: »So harret nun in Geduld, Brüder, auf die Ankunft des Herren [...] Machet eure Herzen fest, denn die Ankunft des Herrn ist nahe.«[13] Allmählich machte sich natürlich Enttäuschung bemerkbar wegen des Ausbleibens der Parusie. Spuren der Parusieverzögerung sind in den Evangelien zu bemerken, nämlich in Texten, in denen der Irrtum der Naherwartung des Wiederkommens Christi korrigiert wird.

Eine derartige Stelle findet sich bei Markus: Petrus, Jakobus, Johannes und Andreas fragen Jesus: »Sage uns, wann wird das sein, und was ist das Zeichen, wann dieses alles in Erfüllung gehen soll?«[14] Das sind also Fragen, wie sie von der Urgemeinde immer wieder und je weiter die Zeit fortschritt um so dringender gestellt wurden. Hier werden sie den Jüngern in den

---

[10] Mk. 9, 1.
[11] Mk. 13, 30.
[12] Mk. 13, 24-27.
[13] Jak. 5, 7 f.
[14] Mk. 13, 4.

Mund gelegt und Jesus antwortete darauf: »Sehet zu, daß euch niemand irreführt. Viele werden kommen auf meinen Namen und sagen: Ich bin es, und werden viele irreführen.« In einem Worte bei Lukas heißt es: »Gefragt von den Pharisäern, wann das Reich Gottes komme, antwortete er ihnen und sprach: Das Reich Gottes kommt nicht mit Aufsehen. Noch wird man sagen: Siehe, hier oder da ist es; denn siehe, das Reich Gottes ist unter euch.«[15]

Es kann also nach den Texten kein Zweifel sein, daß Jesus selbst die Naherwartung hegte und verkündete. Später trat sie zurück angesichts der sich nicht verwandelnden Welt. Die Christen richteten sich in der Welt ein. Bis heute ist die Theologie bestrebt, die eschatologischen Aussagen Jesu so zu interpretieren, daß das an und für sich d.h. objektiv gesehen zutreffende Urteil, Jesus habe sich hinsichtlich des Anbruches des Reiches Gottes geirrt, vermieden oder verschleiert wird.

Wie es im Judentum irrtümliche Messias-Identifikationen gegeben hat, so gab es auch im Bereich des späteren Christentums irrtümliche Christus-Identifikationen. Zwar in den ersten 15 Jahrhunderten gab es keine derartigen Selbstproklamationen. Der erste falsche Messias war Jan von Leiden, der um 1534 in Münster das ‚Königreich Zion' errichtete und selbst ‚König' dieses Reiches der Wiedertäufer für kurze Zeit war. Ein englischer Puritaner, James Nayler, erklärte sich 1651 für den inkarnierten Christus. Eine lange Liste russischer Aspiranten auf die Messiasschaft gibt es wie auch in den USA viele falsche Messiasse auftraten.[16]

Fehlgehende Voraussagen der kommenden Parusie finden sich natürlich häufiger bei den Sekten. Ohne hier erschöpfende Angaben zu machen[17] sei als besonders charakteristisch der

---

[15] Lk. 17, 20 f. Das entos hymon des Urtextes kann hier nicht, wie es oft, z.B. auch von Luther, übersetzt wurde, ‚inwendig in euch' heißen.

[16] Vgl. dazu das oben zitierte Buch von Wallis, Wolson Dallam: *Messiahs. Their role in civilization*, Washington 1943.

[17] Vgl. Hutten, Kurt: *Seher, Grübler, Enthusiasten*. Sekten und religiöse Sondergemeinschaften der Gegenwart, 5. erneut überarbeitete und erweiterte Aufl., Stuttgart 1958.

11.
Irrtümliche religiöse Zukunftserwartungen

Versuch des späteren Baptistenpredigers William Müller (1782-1849) erwähnt, der sich bemühte – und das ist typisch für die Sektentheologie –, die Prophezeiungen bei Daniel und in der Apokalypse zu entschlüsseln.

Im Buche Daniel stehen die Worte: »Da antwortete er ihm: Zweitausend und dreihundert Abende und Morgen – dann wird das Heiligtum wieder in den rechten Stand gesetzt werden.«[18] Das ist die Antwort auf die Frage, die in einer Vision des Daniel ein Heiliger an einen anderen richtet: »Wie lange dauern die durch das Gesicht verkündeten Greuel: die Aufhebung des täglichen Brandopfers und der entsetzliche Frevel, der im Schwange geht, seitdem er Heiligtum und Ehe der Zertretung preisgibt.«

William Müller nun setzte die 2300 Abende und Morgen mit 2300 prophetischen Tagen oder Erdenjahren gleich, die nach Daniel von 457 v. Chr. an als dem Jahr des Wiederaufbaus von Jerusalem zu rechnen seien.[19] So kam er auf 1843/44 als den Termin der Wiederkehr Christi. Er gewann seit 1831 200 Prediger und 50 000 Gläubige. Der von ihm genannte äußerste Termin (21.10.1844) verstrich ohne daß geschah, was erwartet wurde. Viele wandten sich daraufhin ab, Müller selbst wurde von der Baptistengemeinde ausgeschlossen und bekannte seinen Irrtum.

Ein charakteristisches Beispiel irrtümlicher Heilserwartung auf Grund einer falschen Messiasidentifikation wird uns von den Azteken berichtet. Montezuma, der Aztekenkönig, wurde 1511 durch Katastrophen in Mexiko veranlaßt, Hernando Cortez, (1485-1547) den spanischen Eroberer und Zerstörer der mexikanischen Religion und Kultur, 1519 als Erfüller der Prophezeiung des Gottes Quetzalcoatl anzusehen, daß nämlich nach dieser Weissagung ein weißer Mann von der See kommen werde und von Sonnenaufgang. Der Aztekenkönig Montezuma begrüßte Cortez mit folgenden Worten: »Meine Ahnen sagten mir vor langer Zeit, daß eines Tages, Quetzalcoatl, du

---

[18] Dan. 8, 14.
[19] Dan. 9, 24 f.

würdest zurückkommen und wiederum auf deinem alten Throne sitzen.«

Hier ist also der Glaube an die Wiederkehr Quetzalcoatls ausgesprochen, der vor der Ankunft der Spanier als messianische Erwartung lebendig war. Das aber war ein unheilvoller Irrtum.[20]

---

[20] Vgl. Wallis, Wolson Dallam: *Messiahs.* Their role in civilization, Washington 1943 S. 156 ff.

12.
Religiöse Vorurteile als unheilvolle Irrtümer

In diesem letzten Abschnitt erscheint der Irrtum im Bereich der Religion in der Form des Vorurteils. Angesichts der unübersehbaren Fülle des hier vorliegenden Materials beschränken wir uns auf die Erscheinungswelt des Christentums bzw. der christlichen Kirche. Es handelt sich im wesentlichen um drei Gegenstände des Vorurteils, die hier zu behandeln sind: Ketzer, Hexen und Juden. Letzten Endes läuft das Verhalten der Kirche diesen drei Menschengruppen gegenüber auf die Praxis derselben Institution hinaus, der Inquisition, die sowohl für Ketzer, wie für Hexen und für Juden zuständig war; denn sowohl Hexen wie Juden wurden den Ketzern gleichgestellt und daher derselben Institution unterworfen.

Wir werden zu erörtern haben, welche Vorurteile jeweils jeder dieser von der Kirche verfolgten Gruppen gegenüber in Betracht kommen.

Inmitten der christlichen Kirche des Mittelalters entstand eine Einrichtung, die in radikalstem Widerspruch stand zu Jesu ausdrücklicher Einstellung zur Gewalt: »Wisset ihr nicht, welches Geistes Kinder ihr seid«[1] sagte Jesus als die Jünger vorschlugen, auf die Samariter, die Jesus die Aufnahme bei sich verweigerten, Feuer vom Himmel herabregnen zu lassen, und »stecke dein Schwert in die Scheide, denn wer das Schwert nimmt, soll durch das Schwert umkommen«[2] sagte Jesus ebenfalls in einem Augenblicke der beabsichtigten Gewaltanwendung durch Petrus. Vor allem aber war es die Idee und das Ideal der Liebe, gegen die die Inquisition schwerstens verstieß. Ströme von Blut sind Jahrhunderte hindurch vergossen worden, wobei man das Prinzip verfolgte: »Es ist besser, daß hun-

---

[1] Lk. 9, 55.
[2] Mt. 26, 52.

dert Unschuldige umkommen, als daß ein Schuldiger entkommt.« Dabei ist natürlich zu fragen, ob die hier als Schuldige Bezeichneten in einem allgemein gültigen Sinne schuldig waren, oder ob es sich hier nicht eben um Irrtümer und Vorurteile handelte. Zweifellos ist an manchen Stellen der Religionsgeschichte Menschenblut namens der Religion vergossen worden, z.B. bei den Azteken in ihren grauenvollen Blutorgien zu Ehren des Sonnengottes.

Von unserem Standpunkte aus lag hier eine höchste Form der Inhumanität vor, aber man muß bedenken, daß es sich hier um religiöse Opfer handelte, wobei die ethische Erkenntnis des Wertes des Menschenlebens noch nicht vorhanden war, so daß diese Opfer in damaliger Zeit nicht gegen ethische Werte sowohl einer einheitlichen Menschheit als auch der ihr gegenüber gebotenen Menschlichkeit verstießen. Anders aber war es in der christlichen Kirche; denn Wert und Würde des Menschen waren durchaus erkannt und die Liebe zum Nächsten war, verbunden mit der Gottesliebe, nach Matthäus »Hauptgebot ersten Ranges.«[3] Jene Massenvernichtung in der Inquisition war kein Opfer, sondern eine Strafaktion für Vergehen religiöser bzw. kirchlicher Art. Hier kann nur von unheilvollen Verirrungen und bösem Irrtum gesprochen werden.

Besprechen wir zunächst die ideellen Voraussetzungen der Inquisition. Im alten, vorchristlichen Rom bestand ein sakraler Staat, der formal tolerant war d.h. er nahm ohne Bedenken fremde Kulte als ‚sacra peregrina' in sein Kultwesen auf. Der Maßstab für diese Duldung war die Einheit des Staates, die gewahrt werden mußte durch den einheitlichen Vollzug des Kaiserkultes. Christen und Juden, die dagegen verstießen, wurden in blutigen Verfolgungen dafür bestraft, nicht für den etwaigen Irrtum ihrer religiösen Überzeugungen, sondern wegen der Störung der Einheit der Staatsinstitution.

Genau analog sind auch die Ketzerverfolgungen des Mittelalters anzusehen; denn auch sie galten nicht in erster Linie irrigen Glaubensmeinungen, sondern der Störung der Einheit der Kirche und des mit ihr verbundenen Staates. Das Römer-

---

[3] Mt. 22, 38.

12.
Religiöse Vorurteile als unheilvolle Irrtümer

reich wurde zum christlichen Staate durch Konstantin, der zunächst durch das Toleranzedikt von Mailand 313 die Religionen sowohl des Christentums wie auch die angestammten nichtchristlichen Religionen duldete. Aber wenige Jahrzehnte später, 380 erließ der römische Kaiser Theodosius I. ein Edikt, nach dem der christliche Glaube von allen Untertanen des römischen Reiches gefordert wurde; denn das Christentum wurde Staatsreligion.

Damit bahnte sich die Verbindung des Staates mit dem sichtbaren Reiche Gottes, das die Kirche realiter zu verwirklichen glaubte, an. Die Konsequenzen dessen waren, daß die Kirche als sichtbares Reich Gottes sich erfüllt wußte von Kräften der jenseitigen Welt, die den kirchlichen Funktionären unterstellt waren. Deshalb war die Kirche die alleinige Besitzerin der Wahrheit. Da aber diese Wahrheit eine Heilswahrheit war, von der nach kirchlicher Lehre, Leben oder Tod der Gläubigen bzw. der Ungläubigen abhing, war sie für alle verpflichtend und zwar in dem doppelten Sinne, daß man der Wahrheit selbst zustimme und daß man sie verbreite. Damit verband sich dann sehr bald die Pflicht, Widerstrebende dieser Wahrheit bzw. ihren Verwaltern zu unterwerfen.

Der Staat ist nun nur noch als christlicher Staat berechtigt in Verbindung mit der Kirche. Das Christenvolk hatte nun eine doppelte Spitze, eine weltliche und eine geistliche, deren gegenseitiges Verhältnis in der Geschichte des Mittelalters schwankte; denn zuerst diente die Kirche dem Staat, dann kamen Zeiten, in denen die Kirche dem Staate übergeordnet war und dieser von jener abhängig war. Wir brauchen die geschichtliche Entwicklung hier nicht genauer zu verfolgen. Auf dieser Grundlage jedenfalls entstand die sogenannte Einheitskultur des Mittelalters.

Machen wir uns zunächst hinsichtlich dieser Entwicklung auf die Inquisition hin klar, welche christlichen Ideale verraten werden mußten, um sie zu ermöglichen. Zuerst war es die Überzeugung sowohl Jesu wie auch noch der frühen Kirchenväter, daß in geistlichen Dingen des Glaubens keine Gewalt anzuwenden sei. Lactantius z.B., der Lehrer des Sohnes Kaiser Konstantins, im 4. Jahrhundert, schrieb: »Wir müssen die Religion verteidigen, indem wir selbst für sie sterben, aber nicht andere töten, nicht durch Grausamkeit, sondern nur durch Geduld [...] Wer die Religion durch Blut, Martern und Übel zu verteidigen glaubt, verteidigt sie nicht mehr wahrhaft, sondern das befleckt und verletzt sie.«[4]

Hier werden also bereits Irrtümer genannt, Vorurteile, welche bei einer gewaltsamen Verteidigung des Christentums im Spiele sind. Im gleichen Sinne hat sich Chrysostomus geäußert: »Unser Meister verbietet es [...] ihr (der Irrgläubigen), Blut zu vergießen und sie zu töten.«[5] Aber der große Kirchenlehrer Augustin vertrat einerseits den Standpunkt: »Die Liebe der Kirche arbeitet darauf hinaus, die Irrgläubigen ihrem ewigen Verderben zu entreißen, ohne daß irgendeiner von ihnen dabei sterben muß.«[6] Andererseits jedoch hat Augustin aus dem Gleichnis Jesu vom großen Abendmahl die Worte: »Nötige sie hereinzukommen«[7] so interpretiert, daß alle Menschen zu Gliedern der Kirche Christi gemacht werden müssen und sei es mit Gewalt, sie müssen ‚gezwungen' werden, hereinzukommen.[8] Die Wirkung dieser irrtümlichen Schriftauslegung war überaus unheilvoll.

Die erste größere Ketzerverfolgung fand zu Lebzeiten Augustins 385 statt, als der Spanier Priscillian wegen Sektiererei von Kaiser Maximus zusammen mit 600 seiner Anhänger gefoltert und hingerichtet wurde. Noch war das Gewissen der Kirche nicht so abgestumpft, daß es den Irrtum solcher Verfahren nicht gesehen hätte. Deshalb mußten die leitenden Bischöfe dieses Ketzerprozesses auf Betreiben des Bischofs Martin von Tours ihre Ämter niederlegen.

Die im folgenden erwähnten Fakten entnehmen wir dem Buche von Henry Charles Lea ‚Geschichte der Inquisition im Mittelalter'.[9] Der fundamentale Irrtum, der der ganzen weiteren

---

[4] Divina instituta 1, 5, 10, 20.
[5] Hom. 46 in Mt. 1, 42.
[6] Vgl. Ep. 185 n. 32.
[7] Lk. 14, 25.
[8] Vgl. Vulgata: ‚coge intrare'.
[9] Vgl. Lea, Henry Charles: *Geschichte der Inquisition im Mittelalter*, (in drei Bänden), übersetzt und bearbeitet von Heinz Wieck und Max

12.
Religiöse Vorurteile als unheilvolle Irrtümer

Entwicklung zugrunde liegt, ist der, daß der kirchliche Glaube zur staatlichen Pflicht geworden war. Darum war er zu erzwingen durch kirchliche und staatliche Gewalt bzw. die Abweichung von ihm mußte und konnte bestraft werden, nicht nur mit kirchlichen Strafen, wie Bann und Klosterhaft, sondern auch mit weltlichen Strafen.

Das erste Sanctum Officium der Inquisition, deren Geschichte hier nicht zu behandeln ist, wurde unter Friedrich II. eingerichtet, der selbst der Ketzerei beschuldigt und exkommuniziert wurde, als er sich weigerte, einen Kreuzzug durchzuführen. In der Lombardischen Constitution von 1224 war es in das Belieben des Richters gestellt, Ketzer dem Feuertod zu überliefern oder ihm die Zunge herauszuschneiden. 1238 sieht das Edikt von Cremona für das ganze Reich den Scheiterhaufen als Todesstrafe vor. Der ‚Sachsenspiegel' (1215-35) enthält die Sätze: »Welcher Christ, Mann oder Weib, ungläubig ist oder mit Zauberei umgeht oder mit Vergiftung, und der dessen überführt wird, den soll man auf dem Scheiterhaufen verbrennen.« Seit Friedrich II. wurden die Gesetze gegen Ketzerei auch kirchlicherseits immer unmenschlicher. Päpste wie Gregor IX., Innozenz IV., Alexander IV., Urban IV., und Clemens IV. werden in den Inquisitionshandbüchern rühmlich erwähnt.

Paul von Hoensbroech (1852-1923) hat in seinem berühmten Buche ‚Das Papsttum in seiner sozial-kulturellen Wirksamkeit' 1933 Auszüge veröffentlicht aus diesen Ketzergesetzen, denen wir die folgenden Sätze als Beispiel dafür entnehmen, welchen Geistes diese Gesetze waren und wie sehr sie erfüllt waren von Vorurteilen und Irrtümern: »Die Söhne und Erben der Ketzer, ihre Begünstiger und Verteidiger, werden bis ins zweite Glied aller öffentlichen Ämter und Ehren entkleidet, damit sie, eingedenk des väterlichen Verbrechens, in beständiger Trauer dahinschwinden; denn wir wissen, daß Gott ein Eiferer ist, und daß er die Sünden der Väter an den Kindern machtvoll straft [...] Barmherzigkeit aber soll denen gegenüber geübt werden, die den väterlichen Verbrechen nicht folgen, die heimliche Treulo-

---

Rachel, hrsg. v. Joseph Hansen [Nachdruck der Ausgabe, Bonn 1905], o. J., Nördlingen.

sigkeit ihrer Väter zur Anzeige bringen.« »Alle Ketzer [...] beiderlei Geschlechts verurteilen wir zur ewigen Infamie, wir erklären sie für rechtlos und gerichtet, ihr Vermögen soll beschlagnahmt werden, ihre Söhne erbunfähig sein [...] Sie können kein Testament machen, niemanden vor Gericht fordern, [...]. Das Urteil eines Richters, der ihnen Recht gesprochen hat, ist ungültig [...]. Die Häuser der Ketzer, ihrer Begünstiger und Verteidiger sollen zerstört und niemals wieder aufgebaut werden.« »Wer erfunden wird als vom katholischen Glauben, wenn auch nur in einem Punkte, abgewichen und ermahnt, die teuflische Finsternis zu verlassen, dennoch den Gott des Lichts nicht anerkennen will, den [...] verurteilen wir durch dieses Gesetz zum Tode; er soll ihn erleiden, indem er den Flammen übergeben, öffentlich bei lebendigem Leibe verbrannt wird.«[10]

Innozenz IV. befahl in seiner Bulle ‚Ad extirpanda' von 1252 dem weltlichen Gericht, die mit dem römischen Recht eingeführte Tortur auch in Glaubensangelegenheiten anzuwenden. Im 13. Jahrhundert schrieb Thomas von Aquin in seiner ‚Summa theologica': »Die Ketzerei ist eine Sünde, durch welche man verdient, nicht nur von der Kirche durch die Exkommunikation, sondern auch von der Welt durch den Tod ausgeschlossen zu werden. Bleibt der Ketzer bei seinem Irrtum, soll die Kirche es aufgeben, ihn zu retten, und, für das Heil der anderen Menschen sorgend, indem sie durch ein Exkommunikationsurteil ihn aus ihrem Schoße ausschließt; das übrige überläßt sie dem weltlichen Richter, damit er ihn durch den Tod von dieser Welt verbanne. Ketzer, die bereuen, werden zwar von der Kirche zur Buße zugelassen, es wird ihnen dafür aber nicht das Leben geschenkt.«[11]

Die bevorzugten Objekte der Inquisition waren die Sekten. Im 11. Jahrhundert nämlich begann innerhalb der katholischen Kirche die Sektenbildung, deren Motive fraglos in der sittlichen Verwahrlosung des damaligen Klerus lagen. Daneben entstan-

---

[10] Vgl. Hoensbroech, Paul von: *Das Papsttum in seiner sozial-kulturellen Wirksamkeit* (1901), Leipzig 1933.
[11] Vgl. Thomas von Aquin: *Summa Theologica*, Bd. 15, hrsg. v. der Albertus-Magnus-Akademie, Walberberg bei Köln, 1950, hier Bd. II, 2. 9. 11. Art. 3, 4.

12.
Religiöse Vorurteile als unheilvolle Irrtümer

den allmählich Zweifel an den Dogmen der Kirche, weil man sie als im Widerspruch zum Urchristentum stehend empfand. Innozenz III. schrieb um 1200: »Die Verderbtheit des Volkes hat ihre Hauptquelle in der des Klerus.

Hieraus entspringen die Übel des Christentums: der Glaube schwindet, die Religion nimmt ab, die Freiheit ist in Fesseln gelegt, die Gerechtigkeit mit Füßen getreten, die Ketzer vermehren sich, die Schismatiker werden kühn, die Ungläubigen stark, die Sarazenen siegreich.« Interessant ist dabei, daß der Papst, der zuerst die Ketzer inquisitorisch bekämpft, die Sektenbildung, die sich doch gegen die oben genannten Übel des Christentums wandte, unter den Übeln mit aufzählt. Also auch das Bemühen, urchristliche Verhältnisse wiederherzustellen, erschien dem klerikalen Denken als Übel, das auszurotten ist. Eine dieser Sekten nannte sich die der ‚Katharer', der Reinen. Von diesem Worte ‚katharos' = rein stammt das Wort ‚Ketzer'. Das war eine Gemeinschaft, in der altes Manichäertum fortwirkte, und die besonders in der Gegend von Toulouse und Albi (daher auch Albigenser genannt) sich ausbreitete.

Gegen diese Albigenser wurde geradezu ein lange währender Krieg geführt, von 1209-1229. Daneben standen die Waldenser, aus einem asketischen Laienpredigerorden entstanden und von Petrus Waldes, einem Kaufmann in Lyon, begründet. In Frankreich waren es weiter die Hugenotten, welche verfolgt wurden, und deren in der Bartholomäusnacht von 1572 etwa 30 000 getötet wurden.

Ein kurzes Wort sei noch über die Methode der Inquisition gesagt. Da ist zunächst die Denunziation zu erwähnen, die verlangt wurde. In einem Glaubensedikt, das dem spanischen Volke alljährlich vorgelesen wurde, heißt es: »Erhebet eure Hände! und jeder möge bei Gott und der heiligen Maria und bei den Worten des heiligen Evangeliums auf dieses Kreuz schwören, daß er den heiligen katholischen Glauben und die heilige Inquisition und ihre Diener und Angestellten unterstützen und verteidigen werde, daß er jeden Ketzer wie jeden Begünstiger und Helfer der Ketzerei und alle, die das Heilige Officium stören, angeben werde, daß er ihnen keine Gunst tun, noch sie verbergen, sie vielmehr der Inquisition verraten werde, sobald er von ihnen erfährt. Wer sich hieran nicht hält, den möge Gott so behandeln wie einen, der mit Wissen einen Meineid schwört. Nun spreche jeder Amen!«

Hier liegen erstaunliche Ähnlichkeiten vor mit Bestimmungen des alttestamentlichen Gesetzes: Bei Mose wird der mit dem Tode bedroht, der Auflehnung predigt: »Jener Prophet oder Träumer soll getötet werden –, denn er hat gegen Jahve, euren Gott, der euch aus Ägypten weggeführt und dich aus der Sklaverei befreit hat, Auflehnung gepredigt, um die abwendig zu machen von dem Weg, auf dem du nach dem Befehl Jahves, deines Gottes, wandeln sollst. Und sollst so das Böse aus deiner Mitte hinwegtilgen.«[12]

Weiterhin wird eine genaue Nachforschung, also eine Inquisition, verlangt: Bei Mose heißt es: »Wenn du etwa hörst, in einer deiner Städte, die dir Jahve, dein Gott, zur Wohnung gibt, seien nichtswürdige Leute aus deiner Mitte aufgetreten, und hätten die Bewohner ihrer Stadt abwendig gemacht, indem sie sprachen: Laßt uns doch hingehen und anderen Göttern dienen! – Göttern, die ihr nicht kennt, – so stelle genaue Nachforschung und gründliche Untersuchung an, und ergibt sich dann, daß es sich in der Tat so verhält, daß solcher Greuel in deiner Mitte verübt ist, so sollst du die Bewohner jener Stadt mit dem Schwerte töten.«[13] Auch die Tötung auf Denuntiation hin wird in Moses verlangt: »Auf die Aussage zweier oder dreier Zeugen hin soll der zum Tode Verurteilte getötet werden.«[14] Das »Böse aus Israel austilgen«[15] – das ist es, was in dieser Volksreligion verlangt wird. Der Grund dafür, daß solche Entfernung des Bösen (bzw. dessen, was man dafür hielt) gefordert wurde, ist, daß man der Ansicht war, daß dadurch die Gemeinschaft des Volkes verdorben werde. Entsprechendes sagte man in der Kirche von den Ketzern.

Haft und Folter waren die Mittel, die angewandt wurden, um ein Geständnis zu erzwingen. Da bei der Folterung natürlich Blut vergossen wurde, verstieß man damit gegen den

---

[12] 5. Mos. 13, 6.
[13] 5. Mos. 13, 13.
[14] 5. Mos. 17, 6.
[15] 5. Mos. 17, 7.

12.
Religiöse Vorurteile als unheilvolle Irrtümer

Grundsatz ‚ecclesia non sitit sanguinem' (die Kirche vergießt kein Blut). Deshalb gab es ein Absolutionsrecht der Inquisitoren, damit sie sich gegenseitig für das bei der Folterung vergossene Blut Absolution spendeten.

Was die Strafen betrifft, so unterschied man zwischen Haupt- und Nebenstrafen. Hauptstrafe war natürlich der Feuertod und die Abschwörung der Ketzerei. Als Nebenstrafen galten Vermögenseinziehung, Kerker, Galeere, Peitsche, Geldstrafen, Entrechtung, Degradation, Pranger und geistliche Strafen, worunter Bann und Klosterhaft zu verstehen sind. Rückfällige Ketzer erlitten mit Sicherheit den Tod, ebenso der Ketzerlehrer.

Um sichtbar zu machen, in welchem Maße sich hier die Kirche auf einem Irrweg, also im Irrtum, befand, sei kurz erörtert, was heute noch zur Verteidigung der Inquisition gesagt wird. In ‚Die Religion in Geschichte und Gegenwart' werden von katholischer Seite unter dem Stichwort ‚Inquisition' folgende Gesichtspunkte angeführt, die die Inquisition rechtfertigen bzw. ihre Greueltaten milder zu beurteilen lehren sollen:

Zunächst wird darauf hingewiesen, daß die Kirche einen schweren Existenzkampf damals zu führen hatte gegenüber den als Ketzerei aufgefaßten Sektenbildungen. Doch dagegen ist zu bedenken, daß andere Religionen, wie der Buddhismus und der Hinduismus, Sekten durchaus bestehen ließen, ohne bis heute selbst unterzugehen. Diese Religionen verteidigen keine institutionelle Einheit und eben das war es, was in erster Linie seitens der Kirche verteidigt wurde, die Einheit der Institution, die durch den religiösen Individualismus der Sekten in Gefahr geriet. Es ist aber im übrigen die Frage, ob die institutionelle Einheit ein so hoher Wert ist, und vor allem, ob er mit unchristlichen, ja mit von Jesus selbst verurteilten Mitteln erkämpft werden darf. Sodann weist der Verfasser auf die allgemeine Grausamkeit der damaligen Justiz hin.[16]

Doch dagegen ist zu sagen, daß das christliche Ideal der Nächstenliebe ein Schutz hätte sein müssen gegen die Über-

---

[16] Vgl. Erler, Adalbert: *Inquisition,* in: Die Religion in Geschichte und Gegenwart. Handwörterbuch für Theologie und Religionswissenschaft, 3. völlig neubearbeitete Aufl., Bd. 3, hrsg. v. Kurt Galling, Tübingen 1959 (769-772), hier Sp. 770 ff.

nahme solcher unchristlichen, grausamen Methoden aus dem außerkirchlichen Raum. Doch das gilt nicht nur für die Kirche selbst, sondern auch für den weltlichen Staat, der doch in dieser Zeit ein christlicher Staat war und also durch die Gebote und Verbote des Christentums dagegen hätte geschützt sein müssen, sich der allgemeinen Grausamkeit anzupassen. Aber diese Verpflichtung zur Nächstenliebe wurde beiseite geschoben, weil der religiöse Imperialismus höher gestellt wurde. Die Religionen Asiens sind daher auch ohne grausame Glaubensprozesse ausgekommen. Zu erwähnen ist in diesem Zusammenhang noch, daß kirchliche Verteidiger der gewaltsamen Inquisition auch den Gesichtspunkt vorbringen, gerade weil die Kirche die Menschen liebe, müsse sie um des Heiles der Ketzer willen, also aus Liebe, über sie das Todesurteil sprechen.

Der Verfasser des genannten Artikels ‚Inquisition' weist weiter darauf hin, daß es psychopathische Erscheinungen im Mittelalter gegeben habe, Massenneurosen, denen also auch die Kirche sich nicht entzogen hat. Aber gerade dagegen hätte die Kirche ein Bollwerk sein sollen.

Es wird ferner darauf hingewiesen, daß die moderne Kritik an der Inquisition, aus modernem und liberalem Staatsdenken erfolge, daß aber das Mittelalter anders dachte. Hier bildeten Staat und Kirche eine Einheit, so daß der Angriff auf die Religion zugleich ein Angriff auf den Staat war, der seinerseits dann mit seinen Mitteln auf Angriffe gegen die Religion bzw. die Kirche reagierte. Aber es war ja tatsächlich die Kirche selber, welche die Erforschung des strafbaren Tatbestandes (also die inquisitio) vollzog und dann den Ketzer dem weltlichen Arm des Staates übergab in der ausdrücklichen Absicht, daß ihr Urteil vom Staate vollzogen würde.

Vor allem aber – und das ist der grundlegende Irrtum – liegt hier eine Verwandlung der Idee des christlichen Glaubens in eine gewaltsam erzwingbare Pflicht vor und hier befand man sich ohne Frage im Gegensatz zum Neuen Testament und zu der frühen Kirche. Es bleibt also die Frage, wieso die Kirche diese ihr vom Ursprung her fremde, ja, entgegengesetzte Haltung einnehmen konnte. Die Antwort kann nur lauten, daß hier eine nominell christliche, in Wahrheit aber entchristlichte kleri-

12.
Religiöse Vorurteile als unheilvolle Irrtümer

kale Herrschafts-Institution ihre Herrschaftsinteressen, ohne durch christliche Ideale sich hindern zu lassen, mit brutalen Mitteln durchsetzte.

Auch die Mittel der Strafverfolgung, die vom Staate in die Kirche übernommen wurden, sind keine Entschuldigung; denn Jesus hatte die Gewalt abgelehnt. Der katholische Kritiker Adalbert Erler meint in seinem Beitrag ‚Inquisition' zusammenfassend, nicht die Inquisition selbst sei zu beanstanden, sondern ihre Auswüchse. Eine echte Beurteilung aber sei nicht auf geschichtlicher Basis möglich, sondern nur auf religionsphilosophischer Ebene. Hier entstehe die Frage, ob die Kirche das Recht oder die Pflicht hat, den ‚irrenden Bruder' um seiner Seligkeit willen und um des Bestandes der Kirche willen notfalls auch mit Gewalt zu ‚überzeugen'.

Dazu ist zu sagen: schon die Inquisition als solche ist ein in sich unmögliches Unternehmen; denn Glaube ist im Neuen Testament eine innere Größe, die sogar nicht auf eigener Willensentscheidung beruht, sondern als Geschenk der Gnade Gottes angesehen wird. Paulus sagt z.B.: »Gott ist es, der in euch wirksam macht das Wollen wie das Wirken.«[17] So ist also beides unmöglich: Glauben zu fordern von den Menschen und inquisitorisch festzustellen, ob dieser Glaube vorhanden ist. Feststellbar ist nur die äußere Übereinstimmung mit den Kirchenlehren, was aber nicht im Sinne des Neuen Testamentes Glaube ist, und die äußere Befolgung kirchlicher Kultverpflichtungen. Eine religiöse Haltung, religiöses Leben, ist nicht durch inquisitorische Maßnahmen erkennbar. Dadurch wird nur äußerer Gehorsam erweckt und eine Oboedienzreligion ins Leben gerufen. Da, wie gesagt, Glaube nicht mit Gewalt erzwingbar ist, so ist der Satz des oben zitierten Autors, man müsse gegebenenfalls den ‚irrenden Bruder' mit Gewalt ‚überzeugen', ein Widerspruch in sich.

So kann das Urteil über die Inquisition nur lauten, daß es sich hier um die schlimmste Verirrung der christlichen Kirche gehandelt hat, wie sie prophetischen Religionen, nicht aber der Mystik, als Gefahr stets droht. Dafür gibt es zwei Motive ganz

---

[17] Phil. 2, 13.

analog der Struktur totalitärer und autoritärer Staaten: einerseits besteht hier, wie außerhalb der Kirche im Totalitarismus, das dringende Anliegen der Organisation, die sich als Kirche für heilsnotwendig hält, die institutionelle Einheit zu verteidigen, auch mit Mitteln, die, wie gezeigt wurde, dem ursprünglichen und eigentlichen Anliegen widersprechen, nämlich dem Ideal der Nächstenliebe.

Zweitens herrscht in solchen Institutionen, die selbst zu einer Herrschaftsform sich entwickeln, ein religiöser Imperialismus, welcher die Unterwerfung aller unter die Institution und ihre Funktionäre verlangt. Abweichungen können nicht geduldet werden, da der totale Herrschaftsanspruch keinen Individualismus, also auch keine persönliche und individuelle Art von Frömmigkeit, erträgt. Das aber war ein eindeutiger Verrat von Grundideen des Evangeliums Jesu.

In diesem Zusammenhang ist verständlich, daß die Ketzerverfolgung, also die Inquisition, von oben d.h. von der kirchlichen Führungsspitze ausging, nicht vom Volke, dem sie vielmehr aufgezwungen wurde. Grundsätzlich anders steht es dagegen mit der zweiten Verirrung, dem Hexenwahn und der Hexenverfolgung; denn hier kam die Anregung vom Volke, in dem der Hexenwahn lebendig war und bisweilen noch heute ist, wie jüngste Ereignisse beweisen. Erst von da aus kam er dann nach oben, in die Führungsspitze, die dann die inquisitorische Verfolgung der Hexen organisierte, indem sie die Hexen den Ketzern gleichstellte.

Wir wenden uns nun dem Hexenwahn und der Hexenverfolgung zu als zweiter grober Verirrung, die aus Vorurteilen entsprungen ist. Zwischen Ketzer- und Hexenverfolgung besteht insofern ein charakteristischer Unterschied als die Ketzer, wie auch immer man zu ihnen stand, als solche keine Erfindung waren, keine Wahnvorstellung, sondern realiter existierten innerhalb der Kirche selbst. Wenn auch, wie wir sagten, das Vorhandensein religiösen Lebens mit den Mitteln der Inquisition nicht möglich war, so konnte man doch Übereinstimmung mit kirchlichen Lehren oder Abweichungen von ihnen sowie gehorsame Befolgung kirchlich-kultischer Sitten bzw. Abwei-

12.
Religiöse Vorurteile als unheilvolle Irrtümer

chungen von ihnen äußerlich feststellen, wenn man diese Abweichungen auch falsch deutete.

Anders steht es jedoch mit den Hexen; denn sie sind nicht auf gleiche Weise in der Wirklichkeit feststellbar, da dafür die Voraussetzung der Glaube an die Existenz von Hexen ist, also jenes Vorurteil, daß Menschen und insbesondere Frauen von Dämonen besessen werden können. Das nennt man allgemein ‚Hexenwahn', womit bereits der Irrtumscharakter angedeutet ist.

Fragen wir kurz, aus welchen Elementen sich dieser Hexenglaube, der die Voraussetzung dafür bildete, daß man nach Hexen suchte, zusammensetzt. Da ist zunächst der Teufelspakt und die Buhlschaft mit dem Teufel zu nennen. Das bedeutet, daß hier der Glaube besteht, daß Dämonen von Menschen Besitz ergreifen oder mit ihnen ein Bündnis schließen. Nun muß man freilich sagen, daß Dämonenglaube, also die Vorstellung, daß die vorfindliche Welt und die Menschen in ihr unter der Herrschaft des Satans und seiner Dämonen stehen, bereits im Neuen Testament als Glaube der Zeit, den Jesus teilte, bestand. Bekanntlich vollzog Jesus Heilungen von allerlei Krankheiten, die man auf jene dämonische Besessenheit zurückführte.

Bei Lukas heißt es: »ein Mensch, besessen von einem unreinen Dämon.«[18] Und bei Lukas erhalten die Jünger Jesu »Kraft und Vollmacht über alle Dämonen und Krankheiten zu heilen.«[19] Bei der Apostelgeschichte wird von Jesus gesagt »der umhergezogen ist und hat wohlgetan und gesund gemacht alle, die vom Teufel überwältigt waren.«[20]

Ehe wir auf die kirchliche Fortentwicklung dieser Anschauungen und die gegenüber der Einstellung Jesu völlig veränderte Haltung der Kirche solchen Dämonischen gegenüber zu sprechen kommen, sei noch kurz hinzugefügt, welche Elemente weiter den Hexenglauben bestimmen.

Neben Teufelsbesessenheit und Teufelsbuhlschaft ist es das angenommene Teufelsbündnis, das den Hexen ermögliche,

---

[18] Lk. 4, 33.
[19] Lk. 9, 1.
[20] Apg. 10, 38.

Schadenzauber anzurichten. So wird ihnen zugeschrieben, daß sie die Ernte vernichten, Tiersterben, Feuersbrünste und Krankheiten verursachen können. Hinzukommt die immer wieder den Hexen vorgeworfene angebliche Teilnahme an teuflischen Zusammenkünften z. B. auf dem Blocksberg, wohin sie auf dem Besen durch die Luft zu fliegen pflegen. Endlich ist die Verwandlung in Tiere zu nennen, die man den Hexen zutraut. So bestand der Wahn, daß es sogenannte Werwölfe gegeben habe oder gebe.

Wir schildern diesen Wahn am besten mit den Worten eines jesuitischen Verfassers Friedrich von Reiffenberg, der in seinem Buche ‚Historia Societatis Jesu ad Rhenum inferiorem' 1764 schreibt: »Zu Bedburg (bei Neus) wurde ein Werwolf ergriffen, der unter den Qualen der Folter freiwillig bekannt hat, er habe 25 Jahre lang mit einem Teufel in Weibsgestalt geschlechtlich verkehrt; sein Teufel habe ihm einen Gürtel geschenkt, durch den er sich in einen Werwolf verwandeln konnte. Als Wolf habe er 13 Kinder, darunter seinen eigenen Sohn, aufgefressen, auch zwei Männer und eine Frau totgebissen, aus heiterem Himmel habe er Blitze und Feuer herabfallen lassen, Unwetter erregt, Getreidefelder zerstört, Männern die Zeugungskraft genommen. Dieser Verbrechen wegen wurde er zu einem schrecklichen Tode verurteilt: an zwölf empfindsamen Stellen seines Leibes wurde er mit glühenden Zangen gekniffen, dann gerädert und endlich enthauptet. Sein Körper und die Körper von zwei Frauen, die seine Mitschuldigen waren, wurden auf dem Scheiterhaufen verbrannt. Sein Kopf wurde zum abschreckenden Beispiel einem aus Holz geschnitzten Wolf aufgesetzt und lange Jahre so aufbewahrt.«[21]

Seit dem 13. Jahrhundert wurden die Teufelsvorstellungen weit über das hinaus, was im Alten- und Neuen Testament in dieser Hinsicht bezeugt ist, in der Kirche ausgebildet. Was die Dämonenvorstellungen Jesu betrifft, so muß hier freimütig bekannt werden, daß Jesus in dieser Hinsicht Kind seiner Zeit war und den allgemein verbreiteten Anschauungen über Teu-

---

[21] Vgl. Reiffenberg, Friedrich von: *Historia Societatis Jesu ad Rhenum inferiorem*, Köln 1764 S. 240 f.

12.
Religiöse Vorurteile als unheilvolle Irrtümer

felsbesessenheit anhing. Da wir heute solche im Neuen Testament geschilderten Zustände der Besessenheit als Geisteskrankheiten verstehen, befand sich Jesus mit seiner Zeit in dieser Hinsicht im Irrtum. Anders steht es jedoch mit seinen Heilungen, deren manche ihre Entsprechung haben in der modernen Psychotherapie.

In seinem Buche ‚Geschichte der Hexenprozesse in Bayern' 1896 schreibt Sigmund von Riezler: »Ihre [der Hexenprozesse] Tatsache [...] ist so ungeheuerlich, daß alle anderen Verirrungen des Menschengeistes daneben zurücktreten.«[22] Die früheste Bulle über die Hexenverfolgung stammt von Gregor IX.: ‚Vox in Rama' 1233. Sie enthält den Aufruf zur Tötung jener, die mit »dem Frosch- und Katerteufel verkehren.« Allen, die deren Ausrottung betreiben, werden Ablässe und Vorrechte wie den Kreuzfahrern in das heilige Land versprochen. Hier findet sich die erste Spur abergläubisch-irrtümlicher Vorstellungen über Hexen in kirchlichen Verlautbarungen. Die weitere Ausbildung geschah durch die Päpste Johannes XXII. und Benedict XII. Viele Bestimmungen gingen in das kanonische Recht ein.

Zugleich bemühten sich die Scholastiker, die Anschauungen vom Bunde mit dem Teufel und dem Geschlechtsverkehr mit ihm wissenschaftlich zu begründen. Für Thomas von Aquin ‚Summa theologica' gab es keinen Zweifel, daß es Hexen gibt.[23] Damit war der Hexenbegriff geboren. Nach der Ansicht der Scholastiker sind es vornehmlich Frauen, die sich mit dem Teufel verbinden, nachts zu Versammlungsorten auf Besenstielen durch die Luft fliegen und zum Lohne vom Teufel schädigende Macht erhalten.

Diese Verdächtigung der Frauen geschah natürlich aus der asketischen Geringschätzung der verheirateten Frau heraus. 1275 fand die erste Hexenverbrennung auf Grund eines Inquisitionsurteils in Toulouse statt; 1326 stellte Papst Johannes XXII. in seiner Bulle ‚Super illius specula' die Hexen und Zauberer

---

[22] Vgl. Riezler, Sigmund von: *Geschichte der Hexenprozesse in Bayern.* Im Lichte der allgemeinen Entwicklung dargestellt (1896), Aalen 1968.
[23] Vgl. Thomas von Aquin: *Summa Theologica,* Bd. 15, hrsg. v. der Albertus-Magnus-Akademie Walberberg bei Köln, 1950, I. 62-64/II. 95, 2, 3.

den Ketzern gleich, womit sich für die Inquisition die Möglichkeit ergab, die Hexenprozesse hinfort an sich zu ziehen. 1484 erließ Papst Innozenz VIII. die Bulle ‚Summis desiderantes', die die wichtigste Grundlage für die Hexenverfolgung bildete. Hier erhielt die Vorstellung von der Teufelbuhlschaft ihre päpstliche Bestätigung und löste Greueltaten ungeheuren Ausmaßes aus. In dieser Bulle heißt es unter anderem: »Mit glühendem Verlangen, wie es die oberhirtliche Sorge erfordert, wünschen wir, daß der katholische Glaube wachsen und die ketzerische Bosheit ausgerottet werde. Deshalb verordnen wir gerne und aufs neue, was diese unsere Wünsche zum ersehnten Ziele bringt. Nicht ohne ungeheuren Schmerz ist jüngst zu unserer Kenntnis gekommen, daß in einigen Teilen Deutschlands [...] sehr viele Personen beiderlei Geschlechts, uneingedenk ihres eigenen Heils und abirrend vom katholischen Glauben, sich mit Teufeln in Manns und Weibsgestalt [daemonibus incubis et succubis] geschlechtlich versündigen und mit ihren Bezauberungen, Liedern, Beschwörungen und anderem abscheulichen Aberglauben, zauberischen Ausschreitungen, Lastern und Verbrechen die Niederkünfte der Weiber, die Leibesfrucht der Tiere, die Früchte der Erde, die Weintrauben und die Baumfrüchte wie auch die Menschen, die Frauen [NB. zwischen Mensch und Tier stehend!], die Haustiere und andere Tierarten, auch die Weinberge und die Obstgärten, die Wiesen und Weiden, das Getreide und andere Erdfrüchte verdorben und umkommen machen, auch peinigen sie die Menschen, die Weiber, die Zucht-, Last- und Haustiere mit fürchterlichen inneren und äußeren Schmerzen.«

Frucht dieser Hexenbulle war der ‚Der Hexenhammer' der Dominikanerinquisitoren Jakob Sprenger und Heinrich Institoris von 1487, der das Gesetzbuch der Hexenprozesse wurde. Darin ist die ganze scholastische Hexenlehre zusammengestellt und die angeblichen Ausschweifungen der Hexen sind hier

12.
Religiöse Vorurteile als unheilvolle Irrtümer

höchst zynisch beschrieben. Bis 1669 ist der Hexenhammer 29mal gedruckt worden.[24]

Auch die Protestanten bedienten sich dieses Gesetzbuches für ihre Hexenverfolgungen. Von diesem Hexenhammer sagen Kritiker, er sei »das unzweifelhaft ungeheuerlichste Denkmal des Aberglaubens, das die Welt hervorgebracht hat.« Neben dem Hexenhammer gab es noch andere Hexengesetzbücher so die ‚Disquisitiones magicae' des Jesuitenprofessors der Universität Graz Delrio von 1679 und den ‚Tractatus de confessionibus maleficorum et sagarum' des Trierer Weihbischofs Binsfeld. Delrio schreibt: »Ketzer wie Luther und Melanchthon behaupten, daß die Hexenfahrten nicht wirklich, sondern nur eingebildet seien. Die wahre Ansicht ist aber, daß die Hexen auf Ziegenböcken und Besenstielen zu ihren Zusammenkünften reiten.« »Wer behauptet, diese Dinge seien Träume und Phantasie, verfehlt sich zweifellos gegen die Ehrfurcht, die er unserer Mutter, der Kirche, schuldet. Denn die katholische Kirche bestraft keine Verbrechen, außer sie seien gewiß und offenbar [...] Wer also behaupten will, die Kirche irre in einer zum Glauben gehörigen Sache, der sei verflucht.« Weiter heißt es: »Die Hexen sind zu töten, auch wenn sie keinen Menschen durch Gift getötet haben, auch wenn sie weder den Feldern, noch dem Vieh geschadet haben; sie sind zu töten, weil sie mit dem Teufel im Bunde stehen und an den Hexenzusammenkünften teilnehmen.«

Es genügt also der durch den Nachweis schädigender Taten nicht erwiesene, völlig unbegründete Verdacht, um jemanden als Hexe zu verurteilen; denn jenes Teufelsbündnis und die Teilnahme an Hexezusammenkünften dürften sich, da es sich um Wahnideen handelte, schwerlich haben erweisen lassen. Die biblische Begründung für die Verfolgung der Hexen sah man in dem alttestamentlichen Gebot: »Eine Zauberin sollst du nicht am Leben lassen.«[25] So wurden die Hexen dem Feuertode überantwortet.

---

[24] Vgl. Sprenger, Jakob und Heinrich Institoris: *Der Hexenhammer*, von 1487 (Malleus Maleficarum deutsch) übersetzt von J. W. R. Schmidt (in drei Bänden), Berlin 1920.
[25] 2. Mos. 22, 17.

Die Mittel, die man anwandte, um ein Geständnis zu erzwingen, waren mannigfaltiger Art. Vielverwendet wurde das Ordal, das Gottesurteil. Sofern das Ordal in Zeiten praktiziert wurde, in denen der Glaube an persönliche Gottheiten nicht dominierte, beruhte der zugrunde liegende Glaube auf der magischen Vorstellung, daß der Unschuldige Träger einer Kraft ist, welche die bei den verschiedenen Ordalen ins Spiel gebrachten vernichtenden Kräfte überwiegt und sie unschädlich macht. Als die Kirche diese Ordale übernahm, suchte man den Einfluß des Teufels und der Dämonen durch sogenannte Weiße Magie auszuschalten. Diese Praktiken der Weißen Magie oder Theurgie sind Zwangzauber, bei denen unter Anrufung und Beschwörung Gottes, Christi, des heiligen Geistes, der Jungfrau Maria oder der Heiligen alle das Ordal störenden Zaubereien gebannt werden sollen.

Auch die Segnung machthaltiger Elemente, durch die das Gottesurteil vollzogen wurde, gehörte zu den Vorbereitungen durch einen Geistlichen. Fiel das Gottesurteil positiv aus, so war die Beschuldigte wiederum der Hexerei verdächtig, weil der Teufel ihr dann mutmaßlich geholfen habe. Beim negativen Ausgang des Ordals versuchte man auf gütlichem Wege d.h. durch Hunger und Durst ein Geständnis zu erlangen. Half auch das nicht, so wurde die Angeklagte der sogenannten Nagelprobe unterzogen. Man suchte auf dem Körper der angeblichen Hexe nach einem Muttermal, in das man einen Nagel hineinstach; blutete das Mal, so war die Betreffende der Hexerei überführt; denn Muttermale galten als Stigmata Diaboli, die der Teufel Frauen aufgedrückt habe, die einen Pakt mit ihm geschlossen haben, bei denen aber vermutet wurde, daß sie ihm untreu werden könnten.

Man hat es hier also mit einer völlig irrtümlichen Diagnose des Muttermals zu tun. Blutete das Muttermal bei der Nagelprobe jedoch nicht, so hatte es der Teufel ausgelöscht. Man sieht, daß in jedem Falle der Schuldbeweis als gegeben angenommen wurde, d.h. das Vorurteil bestimmte die Deutung der irrtümlich zu Maßstäben der Wahrheit gemachten Phänomene.

Selbstverständlich wurde wie bei den Ketzern auch bei den angeblichen Hexen die Folter verwendet. Ein Beispiel aus ei-

12.
Religiöse Vorurteile als unheilvolle Irrtümer

nem Folterprotokoll einer Hexe Aenneke Fürsteners aus Coesfeld mag statt vieler Zeugnisse angeführt werden: »Die Angeklagte wurde in die Folterkammer geführt, entblößt, angebunden und über die Anklagepunkte befragt. Sie blieb beim Leugnen. Es wurden ihr die Daumenschrauben angelegt, und weil sie ständig geschrien hat, ist ihr der Knebel in den Mund gesteckt worden. Obgleich die Schrauben 50 Minuten angeschraubt waren, so hat sie doch nichts bekannt, sondern nur gerufen: Ich bin unschuldig, o, Jesus stehe mir bei! Dann wurden ihr die Spanischen Stiefel angelegt; aber sie hat die 30 Minuten ausgehalten. Dann wurde die Angeklagte in die Höhe gezogen und mit Ruten bis zu 30 Streichen geschlagen. Sie begehrte, man möge sie doch nicht weiter peinigen; sie wolle gestehen, daß sie es getan, wenn es nur keine Sünde sei. Als man ihr aber die Anklagepunkte vorlas, leugnete sie. Da wurde sie rückwärts aufgezogen, so daß die Arme gerade über dem Kopf standen und beide Schulterknochen verdreht wurden. Sechs Minuten hing sie so und wurde während dieser Zeit gegeißelt, aber sie gestand nicht.« Das geschah 1724.

Ein Hofrat in München erließ 1715 eine Verordnung, daß, wenn die Hexen trotz Folter kein Geständnis ablegten, man ihnen Terpentin-Öl mit Weihwasser gemischt zu trinken geben solle.

Über die Bemessung des Strafmaßes hat Delrio sich in dem oben genannten Gesetzbuch folgendermaßen geäußert: »Die Strafe ist zu bemessen nach der Größe des Verbrechens, die sich richtet nach der Person des Beleidigten. Durch die Hexe werden aber Gott, die Jungfrau Maria, die Bewohner des Himmels, die ganze Kirche, das ganze Menschengeschlecht, die belebte und unbelebte Natur beleidigt. Die Hexen verüben Götzendienst schlimmer als Juden, die das Goldene Kalb anbeteten; denn die Hexen geloben sich dem Teufel, sie essen und trinken mit ihm, sie tanzen und singen vor ihm, sie vergehen sich geschlechtlich mit ihm. Wer so schauderhafte Verbrechen, wie sie die Hexen begehen, nicht mit Feuer und Schwert strafen will, der entbehrt des gesunden Menschenverstandes [...] Wer die Hexe zeitig durch Tötung ihren Schandtaten entreißt, sorgt am besten für ihr ewiges Heil.«

Hier begegnet uns die zynische Behauptung, daß die Hexentötung zum Heil der Seele der Hexe geschah. Interessant ist, daß neuerdings erkannt worden ist, daß manche der in den Geständnissen der Hexen enthaltenen Teufels- und Dämonenvorstellungen auf die im Mittelalter weit verbreitete Verwendung von Rauschmitteln und Giften zurückgehen. Als Hauptbestandteile der Hexensalben wurden Gifte wie Teufelsmilch, Teufelsklaue, Tollkirsche, Bilsenkraut, Stechapfel und Eppich festgestellt. Nach neueren Untersuchungen haben Versuchspersonen, die sich mit einer aus solchen Bestandteilen hergestellten Salbe einrieben, die gleichen Wahnvorstellungen gehabt, wie sie in den Hexenprotokollen geschildert werden. Die der Hexerei Angeklagten fühlten sich aus diesem Grunde oft wirklicher Vergehen schuldig, da sie eben diese Vorstellungen aufgrund der Gifte wirklich hatten.

Fassen wir kurz die Motive des Irrtums hinsichtlich des Hexenwahns und der Hexenverfolgung zusammen. Zunächst liegt natürlich der Irrtum darin, daß man kirchlicherseits der Meinung war, man handele im Sinne Christi, wenn man unter Zugrundelegung des bereits zitierten Gebotes des Alten Testamentes bei Moses (»Eine Zauberin sollst du nicht am Leben lassen«[26]) das Reich Christi auf Erden von satanischen Mächten in Gestalt angeblicher Hexen befreite. Weiter wurde, wie gezeigt, die christliche Nächstenliebe dahin pervertiert, daß man glaubte durch Tötung der Hexen rette man ihre Seele, so daß die Hexentötung geradezu als eine karitative Maßnahme erschien. Wenn man sie am Leben ließe, würde sie weiter mit dem Teufel verkehren und anderen Menschen schaden bzw. sie zum Verkehr mit dem Satan verführen. Auf Wahnvorstellungen beruht natürlich auch die Durchführung der Gottesurteile, von denen oben die Rede war. Obwohl sich die Kirche seit dem 9. Jahrhundert um eine Abschaffung der Ordale bemühte und Ordal-Verbote erließ, bediente sich die Inquisition dennoch dieser Maßnahmen.

Um noch einmal deutlich zu machen, auf welch irrigen Voraussetzungen diese Ordale beruhten, sei hier von der Form des

---

[26] 2. Mos. 22, 18.

12.
Religiöse Vorurteile als unheilvolle Irrtümer

Gottesurteils gesprochen, das besonders häufig Anwendung fand, von dem ‚Hexenbad', einer Sonderform der Wasserprobe. Dabei lag der Gedanke an die magisch reinigende Kraft des Wassers zugrunde: die der Hexerei Angeklagte wurde, an Händen und Füßen gebunden, ins Wasser geworfen. Ging sie unter, was davon abhing, ob ihre Kleider als Luftkissen wirkten oder nicht, so war sie unschuldig. Die Anwendung dieses Hexenbades ist noch bis 1740 in Deutschland nachweisbar.

Eine andere Form wahnvoller Wahrheitserkenntnis war die Feuerprobe, wobei die Hand ins Feuer gehalten werden mußte oder ein brennender Holzstoß durchschritten werden oder glühendes Eisen in der Hand getragen werden mußte. Bei Hexen kam noch die Wägeprobe hinzu, da die Hexen nach dem Volksaberglauben besonders leicht sein sollten. Die Feuerprobe wurde selten bei Hexen angewandt aus dem Wahngedanken heraus, daß die Hexen gegen Feuer unempfindlich seien.

Daß man Hexen verbrannte, begründete man wiederum irrigerweise mit einer Bibelstelle: Bei Johannes wird ein Wort Jesu wiedergegeben, das lautet: »Wenn einer nicht in mir bleibt, so wird er hinausgeworfen wie die Ranke und verdorrt, und man sammelt sie und wirft sie ins Feuer, da brennt sie.«[27] Daß es sich hier um eine irrtümliche Textinterpretation handelt, bedarf kaum eines Hinweises. Andererseits wurde behauptet, daß das Verbrennen der Hexen eine besonders humane Todesart sei, da sie ja, wie oben bereits bemerkt, gegen Feuer unempfindlich seien. Vermutlich aber spielt dabei auch die irrtümlich angenommene magische Reinigungskraft eine Rolle.

Ein weiterer unheilvoller Irrtum ist dann die Ansicht, daß die Frau das Böse als Prinzip verkörpere und daher minderwertiger sei als der Mann. Wir begegneten oben ja bereits jener merkwürdigen Aufzählung ‚Menschen, Frauen und Tiere', in der die Frauen nicht zu den Menschen gerechnet wurden. Diese weder im Alten Testament noch im Neuen Testament zu findende Lehre hat Thomas von Aquin für genuin christlich erklärt.

---

[27] Joh. 15, 6.

Daß es sich hier um Wahnideen handelte und also um Irrtum, wird natürlich auch kirchlicherseits heute nicht bestritten. In dem ‚Religionswissenschaftlichen Wörterbuch', das Franz König, heutiger Erzbischof von Wien, 1956 herausgab, heißt es in bezug auf diesen Hexenwahn: »Alle diese Hexenwahnideen sind von der Kirche auch frühzeitig als solche erkannt worden [...] Die Kirche drang trotz zähen Kampfes gegen den Aberglauben nicht durch.«[28] Nun stimmt es zwar, daß der Jesuit Friedrich von Spee 1630 gegen die Hexenprozesse sich wandte, aber er wandte sich nur gegen das Verfahren, den Hexenglauben ließ er noch unangetastet. Es gab zwar Stimmen, die gegen die Hexenprozesse und den ihnen zugrunde liegenden Wahn protestierten, sie wurden aber nicht beachtet; denn der Glaube an die Wahrheit der durch die Folter erzwungenen Bekenntnisse der Angeklagten mußte erst erschüttert werden. Das geschah durch Christian Thomasius (1655-1728) in seiner Schrift ‚Theses de crimine magiae' 1701.

Die entscheidende Gegenkraft gegen diesen unheilvollen Wahn war die Aufklärung. Sie überwandt den Hexenwahn endgültig. Die letzte Hexenverbrennung geschah in Deutschland 1775 in Kempten. Die letzte Hexenverbrennung überhaupt soll 1884 in Mexiko stattgefunden haben.

Zum Abschluß dieses Abschnittes über die zweite Gruppe der wahnhaft Verfolgten sei auf folgenden aufschlußreichen Unterschied aufmerksam gemacht: die Dämonischen, also die nach dem Glauben der Zeit des Neuen Testamentes von Dämonen Besessenen, waren im Neuen Testament Kranke, auf die sich die helfende und heilende Liebe Jesu richtete; im Mittelalter waren die für besessen gehaltenen Frauen in den Augen der Kirche Christi Hexen, welche getötet wurden. Man kann den Irrweg, den die Kirche hier gegangen ist, nicht überzeugender kennzeichnen.

Neben Ketzern und Hexen stehen nun die Juden als dritte Gruppe der kirchlicherseits Verfolgten. Auch diese Verfolgungen geschahen auf Grund von Irrtümern und Vorurteilen. Im

---

[28] Vgl. König, Franz: *Religionswissenschaftliches Wörterbuch*. Die Grundbegriffe, hrsg. v. Franz König, Freiburg 1956.

12.
Religiöse Vorurteile als unheilvolle Irrtümer

12. Jahrhundert schrieb Pierre Abaelard (1079-1142) in seinem ‚Dialogus': »Keine Nation hat derartiges für Gott erlitten. Unter allen Nationen zerstreut, ohne König oder weltliche Fürsten werden die Juden mit schweren Steuern bedrückt, als ob sie jeden Tag von neuem ihr Leben loskaufen sollten. Juden zu mißhandeln hält man für ein Gott wohlgefälliges Werk; denn eine solche Gefangenschaft, wie sie die Juden erleiden, können sich diese nur aus dem höchsten Haß Gottes erklären. Außer dem Himmel haben sie keinen sicheren Zufluchtsort.« Diese hier beklagte Verfolgung der Juden und die Feindschaft gegen sie nennt man seit 1879 als Wilhelm Marr in einer Flugschrift ‚Der Sieg des Judentums über das Germanentum' diese irreführende Bezeichnung prägte; Antisemitismus. Dieser Ausdruck ist deshalb unzutreffend, weil zu den Semiten auch andere Völker gehören z.B. die Araber, die selbst, zumal heute, Antisemiten sind. Es geht also um Judenhaß und Judenverfolgung.

Machen wir uns zunächst das geschichtliche Phänomen des sogenannten Antisemitismus klar. Antisemitismus gab es bereits im Altertum. Das Buch Esther (etwa aus dem 4. Jahrh. v. Chr.) berichtet über Juden in der Diaspora. Dem König der Perser Xerxes, der im Text Ahasveros genannt wird, sagt Haman »Es gibt ein Volk, das zwischen den Völkern in allen Provinzen deines Reiches zerstreut und abgesondert lebt. Ihre Gesetze sind von denen jedes anderen Volkes verschieden und sie befolgen nicht die Gesetzt des Königs.«[29] Daher rät Haman dem König die Ausrottung der Juden. Dieselbe Einstellung fand sich allenthalben in der antiken Welt. Der Versuch, die Juden zu hellenisieren, mißlang, da die Juden die Hellenisierung ablehnten. So kam es zu vielfachen Verfolgungen unter Claudius (41-54 n. Chr.), als die Juden aus Rom ausgewiesen wurden. Vorher bereits hatte Caligula (37-41) der gesamten Judenschaft des römischen Reiches Verfolgung angedroht, als die Juden dem Kaiser die göttliche Verehrung verweigerten. Aber Caligula starb ehe er seine Drohung wahrmachen konnte. 38 n. Chr. fand in Alexandria eine große Judenverfolgung statt. Die Juden wurden als ‚Feinde des Menschengeschlechtes' verfolgt.

---

[29] Vgl. Est. 3, 8.

Wir werden später auf die Motive der Judenverfolgungen eingehen und stellen zunächst die geschichtlichen Tatsachen kurz dar. Im christlichen Mittelalter setzte sich der Antisemitismus mit veränderten Motiven fort. Von Justinian im 6. Jahrhundert an ist eine judenfeindliche Gesetzgebung festzustellen. Drei Verbote wurden hier erlassen: Juden dürfen keine christlichen Sklaven besitzen und nicht mit ihnen Handel treiben. In der Osterwoche dürfen die Juden sich nicht öffentlich sehen lassen, auch dürfen die Juden keine Stellungen einnehmen, die ihnen Autorität Christen gegenüber geben. 1081 schrieb der damalige Papst an den König von Kastilien: »Was bedeutet es anders, den Juden die Christen unterzuordnen und diese dem Urteilsspruch jener unterzuordnen, als die Kirche Gottes zu erniedrigen und die Synagoge des Satans zu erhöhen.«

Dem entsprach die Praxis. Die Juden wurden jetzt als Feinde des Christentums verfolgt also als diejenigen, die Christus ans Kreuz geschlagen haben. Päpstliche Ghetto-Vorschriften wurden erlassen. Alle Juden mußten an einem Orte leben, an dem es nur einen Ein- und Ausgang gab um der Kontrolle willen. Der Besitz an Grund und Boden war verboten, weil Grundbesitz im Mittelalter soziale Rechte der Über- oder Unterordnung verlieh.

Überall stoßen wir auf Wahnvorstellungen über die Juden. So schrieb Pater Constant, daß die Juden der Inquisition unterworfen würden, weil sie Dämonen anrufen und ihnen Opfer bringen. Der Verfasser bemerkt weiter, die Kabbala verdanke ihr Entstehen dem intimen Verkehr der Rabbinen mit dem Teufel.[30] Im Zusammenhang der in Europa entstehenden Kreuzzugsidee, die das Ziel verfolgte, das sogenannte Heilige Land den Feinden des Christentums zu entreißen, kam man bald auch auf den Gedanken, daß man auch die Juden als Feinde des Christentums verfolgen müsse. Von eifernden Predigern vertreten entstand die Vorstellung, daß die Tötung eines Juden die Vergebung aller Sünden und den Erlaß der Fegefeuerstrafen bewirke. Von ganzen Scharen wurde das Gelübde abgelegt, mindestens einen Juden mit dem Schwerte umzubringen bevor

---

[30] Vgl. Constant: *Les Juifs devant l'Eglise et l'Histoire*, 1897.

12.
Religiöse Vorurteile als unheilvolle Irrtümer

man den Boden des Heiligen Landes betrete, um so das Schwert durch das Blut der Juden zu weihen und unbesiegbar zu machen. So war der Weg der Kreuzzüge vom Blut der Ermordeten gezeichnet. Am entsetzlichsten wütete man in Deutschland entlang dem Rhein. Die jüdischen Gemeinden in Köln, Trier, Mainz, Worms und Speyer waren der Willkür besonders der Kreuzfahrerhorden ausgeliefert.

Die Bischöfe von Worms und Trier verlangten, als sie um Schutz der Juden angegangen wurden, daß sich die Juden taufen ließen. »Taufe oder Tod« – das war die Alternative, vor die die Juden hier und vielerorts gestellt wurden. Die Feindschaft gegen die Juden, die ganz Europa von Deutschland aus erfüllte, spiegelte sich in den Bestimmungen der Kirche. Das 3. und 4. Laterankonzil von 1179 und 1215 stellte die Juden den Ketzern gleich und verlangte eine vollständige Isolierung der Juden von den Christen. Kein Jude durfte einen christlichen Beruf ausüben. Diese Bestimmungen führten, wie bereits erwähnt, zur Errichtung der Ghettos und dazu, daß die Juden eine besondere sie als Juden kenntlich machende Tracht verwenden mußten. Der Geschlechtsverkehr eines Juden mit einer Christin wurde mit dem Tode bestraft. Die Berufe, die die Juden bis dahin ausgeübt hatten, nämlich Landbau, Handwerk, Handel und Heilkunde wurden ihnen jetzt verwehrt. Sie durften nur noch einen Beruf ausüben, den des Geldverleihers, den das 3. Laterankonzil als unmoralisch und für einen Christen nicht ausübbar gebrandmarkt hatte.

Über das Verhältnis der Kirche zur jüdischen religiösen Tradition hat Adolf von Harnack in seinem Buche ‚Die Mission und Ausbreitung des Christentums' 1924 sich folgendermaßen geäußert: »Eine solche Ungerechtigkeit, wie die der Heidenkirche gegenüber dem Judentum, ist in der Geschichte fast unerhört. Die Heidenkirche streitet ihm [dem Judentum] alles ab, nimmt ihm sein heiliges Buch und während sie selbst nichts anderes ist als transformiertes Judentum, durchschneidet sie jeden Zusammenhang mit demselben: die Tochter verstößt die

Mutter, nachdem sie sie ausgeplündert hat.«[31] Das paßt auch auf die inhumanen Vorschläge, die Martin Luther in seiner Schrift ‚Von den Jüden und ihren Lügen' 1543 hinsichtlich der Entrechtung der Juden machte. Er schlug nämlich vor, die Synagogen anzuzünden, das Alte Testament ihnen zu entreißen, das Geld ihnen abzunehmen, das Aussprechen des göttlichen Namens bei Verlust des Leibes und Lebens zu verbieten.[32]

Der stets wachen Tendenz, nach Schuldigen bei irgendwelchem allgemeinen Unheil zu suchen, lieferte die Pest einen willkommenen Anlaß; denn mit der Pest erreichte auch die Judenverfolgung des Mittelalters ihren Höhepunkt. Die Bevölkerung war irrsinnig vor Angst und brauchte einen Schuldigen und das wurde das Judentum.

Der Graf Amadeo IV. von Savoyen ließ einen jüdischen Arzt so lange foltern bis dieser aussagte, die Pest sei darauf zurückzuführen, daß die Juden die ganze Christenheit ausrotten wollten und zu diesem Zwecke alle Brunnen, Flüsse und Seen mit Schlangen, Fröschen, Spinnen, geweihten Hostien und Herzen von Christen vergiftet hätten. Schon vorher war den Juden oft Hostienschändung und Ritualmord vorgeworfen und diese Vorwürfe, obwohl auf reinen und bösartigen Erfindungen beruhend, waren auch geglaubt worden. Jetzt aber kannte die Volkswut keine Grenzen mehr. 1349 erklärte die Versammlung der Magistrate, des Adels und der Geistlichkeit die Juden für vogelfrei.

Wir verzichten darauf, die grauenhaften Berichte über die Untaten gegen die Juden hier wiederzugeben. Nur der Vollständigkeit halber sei erwähnt, daß der Antisemitismus durch das Aufkommen der Rassentheorie im 19. Jahrhundert neue Impulse und Motive erhielt. Es entstand der politische Rassenantisemitismus, der die theoretischen bzw. ideologischen Grundlagen bildete für die grauenhafteste und beschämendste Auswirkung des Antisemitismus in den Vernichtungslagern des sogenannten Dritten Reiches, in denen Millionen jüdischer

---

[31] Vgl. Harnack, Adolf, von: *Die Mission und Ausbreitung des Christentums in den ersten 3 Jahrhunderten* (1902), Bd. 1, 4. verbesserte Aufl., Leipzig 1924 S. 76.

[32] Vgl. Luther, Martin: *Von den Jüden und ihren Lügen*, 1543.

12.
Religiöse Vorurteile als unheilvolle Irrtümer

Menschen aus allen europäischen Ländern umgebracht wurden. In dieses Meer von Blut und Tränen unschuldiger Menschen mündet die Geschichte des Antisemitismus in Deutschland. Doch hier befinden wir uns außerhalb der Religionsgeschichte, so daß dieses Kapitel des Antisemitismus nicht in unsere Betrachtung fällt; denn wir sprechen von religiösen Wahnideen.

Nach dieser kurzen Darstellung der Tatsachen wenden wir uns den Motiven zu, die die Antisemiten selbst angeben, die wir unterscheiden wollen von den wirklichen Motiven. Wir sprachen von dem Antisemitismus in der Antike. Hier ist als Motiv ersichtlich das religiöse Sonderdasein der Juden. Ringsherum lebten polytheistische Völker, die wesensmäßig tolerant waren; denn nach dem Glauben aller polytheistischen Religionen haben alle Völker ihre besonderen und eigenen Götter, deren Existenz niemand bestreitet. Andererseits hat auch niemand in diesen Religionen das Bedürfnis, die eigene Volksreligion auszubreiten. Aber der Gott des Alten Testamentes war ein ‚eifersüchtiger' Gott, der keine anderen Götter neben sich duldete. Bei der Apostelgeschichte wird berichtet, daß Petrus in das Haus des nichtjüdischen Hauptmanns Cornelius kam, obwohl es doch, wie es da heißt, »einem jüdischen Manne verboten war, in das Haus eines Nichtjuden zu gehen.«[33] Verdächtige Riten, das Verbot des Schweinefleischessens, die sonst unbekannte Sabbathruhe und die damit verbundene Weigerung, am Sabbath zu militärischen Zwecken herangezogen zu werden, die Beschneidung – alle diese Lebensformen begründeten das Mißtrauen der antiken Völker gegen die Juden. In dem oben zitierten Buche schreibt Harnack: »Nichts ist schwerer, als daß die Juden in dem Römerreiche als ein besonderes Volk gegenüber allen anderen Völkern unterschieden wurden. Ihre bildlose Gottesverehrung und ihre Ablehnung des Staatskultes sowie ihre Exklusivität hoben sie als einzigartig aus allen Nationen heraus [...]. Eben diese Einzigartigkeit wurde ihnen als Mangel

---

[33] Apg. 10.

an Gemeinsinn und Patriotismus, als Schimpf und Schande ausgelegt.«[34]

Dieses Anderssein liegt natürlich in der Religion begründet, die tatsächlich und nach eigenem Urteil sich als einmalig empfand und bezeichnet. Bei Moses z.B. heißt es: »Wo gäbe es ein großes Volk, das so gerechte Satzungen und Rechte besäße wie dieses ganze Gesetz, das ich euch heute vorlege«[35] – sagt Jahve. Die Verweigerung des Kaiserkultes, der polytheistischen Völkern keine Schwierigkeiten machte, exklusiven Jahveverehren jedoch unmöglich war, war ein Staatsvergehen, durch das die Einheit des Sakralstaates gefährdet wurde. Dieselben Vorwürfe in dieser Hinsicht erhob man ja auch gegen die Christen, die daher mit den Juden zusammen in den Verfolgungen zu leiden hatten.

Völlig anders aber sind die Motive im Mittelalter. Es sind wieder irrtümliche Schriftinterpretationen, die uns als Begründungen des Judenhasses begegnen. Die wichtigsten Stellen, auf die man sich bezog, sind, wo von den Juden gesagt wird, daß sie »den Herrn Jesus töteten«, daß sie Gott nicht gefallen und allen Menschen zuwider sind. »Aber schon ist der Zorn Gottes über sie gekommen.«[36] Der Ausruf der Volksmenge vor Pilatus, von dem man die Hinrichtung Jesu verlangt »Sein [Christi] Blut komme über uns und unsere Kinder«[37] war sozusagen eine Selbstverfluchung, die nun durch die Christen vollzogen werden mußte. Obwohl antijüdische Tendenzen im Neuen Testament nicht zu finden sind, da sich ja die palästinensische Urgemeinde stets als Glied der Synagogengemeinde verstand und Paulus sich selbst als gesetzestreuen Juden betrachtete und bei seiner Missionstätigkeit in den Synagogen predigte, wurden die oben genannten Stellen doch dahin ausgelegt, daß erstens Christus um der Gerechtigkeit willen an seinen Mördern gerächt werden müsse und daß man an dem Judenvolke das vollziehe,

---

[34] Vgl. Harnack, Adolf von: *Die Mission und Ausbreitung des Christentums in den ersten 3 Jahrhunderten* (1902), Bd. 1, 4. verbesserte Aufl., Leipzig 1924 S. 281.
[35] 5. Mos. 4, 8.
[36] 1. Thess. 2, 15.
[37] Mt. 27, 25.

12.
Religiöse Vorurteile als unheilvolle Irrtümer

was sie durch Selbstverfluchung auf sich herabgerufen hätten. Es war also die Bestrafung der Juden für die Verwerfung und Tötung des von ihnen nicht anerkannten Messias Jesus.

Hier aber liegen fundamentale Irrtümer zugrunde. Zunächst muß betont werden, daß die Frage, ob Jesus sich selbst als der im Alten Testament verheißene Messias verstanden hat, wissenschaftlich eine noch offene Frage ist. Es ist sehr wahrscheinlich Gemeindetheologie, die nach Jesu Tode jene Identifikation Jesu mit dem erwarteten Messias vollzog und in die Evangelien einzeichnete. Wir sagten schon oben, daß auf jeden Fall Jesus in der Erscheinung, in der er den Evangelien zufolge auftrat als jener Messias, den das Alte Testament zeichnet, nicht zu erkennen war; denn den messianischen Weissagungen entsprach seine Erscheinung nicht, da er kein politischer Messias war.

Aber abgesehen davon ist nicht zu verstehen, wieso eine christliche Kirche an den mittelalterlichen Juden eine Strafe vollziehen konnte für Handlungen, die mehr als tausend Jahre zuvor von ganz anderen Menschen begangen waren, und zwar auf Grund eines Häresieprozesses; denn das war das Verfahren gegen Jesus. Es lag also ein Ketzerprozeß vor entsprechend denen, die später von der mittelalterlichen Kirche ebenfalls vollzogen wurden. Die jüdische Gemeinde zur Zeit Jesu war eine Art Kirche ihrer soziologischen Struktur nach, die deshalb auch in gleicher Weise wie die spätere christliche Kirche gegen religiösen Individualismus, dessen sich Jesus schuldig machte, reagierte, nämlich mit Ketzerprozessen.[38]

Dabei ist ferner zu betonen, daß nach der kirchlichen Lehre Jesu Kreuzestod im Heilsplan Gottes eingeschlossen war, so daß also eigentlich die Juden nicht für die von ihnen vollzogene Verwirklichung der göttlichen Heilspläne verantwortlich gemacht werden konnten.

Aber es ist noch eine mittelalterliche Tendenz neben der Bestrafung der Juden zu erwähnen, nämlich, daß man die Juden aufbewahren wollte für eine Bekehrung, von der das Wiederkommen Christi abhängig sei. So wurden nach dieser Vorstel-

---

[38] Vgl. Mensching, Gustav: *Soziologie der großen Religionen*, Bonn 1966 S. 236.

lung die Juden und ihre Bekehrung von entscheidender Bedeutung für den Verlauf der christlichen Heilsgeschichte. In seiner Schrift ‚Le salut par les Juifs' 1892 schreibt Léon Bloy: »Juden sind die Kerkermeister der Erlösung. Jesus und die Kirche sind ihre Gefangenen. Erst wenn die Juden sich bekehren, steigt Jesus endgültig vom Kreuz herab. Die Juden allein sind imstande, den Qualen Christi und der Welt ein Ende zu bereiten.« Ganz ähnlich hat sich auch Karl Barth (1886-1968) geäußert: »Wenn ganz Israel sich im Glauben an Jesus als seinen Messias versammeln wird, dann wird das Verborgene offenbar werden, dann wird Jesus Christus wiederkommen.«[39]

Während die Kirche Jahrhunderte hindurch die Vorurteile gegen die Juden, die oben dargelegt wurden, beibehalten und in bestimmten kirchlichen Texten, die alljährlich verlesen wurden, bekundet hat, ist in jüngster Zeit schon durch Papst Johannes XXIII. ein grundlegender Wandel eingetreten. Besonders hat das 2. Vatikanische Konzil in einer ‚Declaratio' vom Oktober 1965 über das Verhältnis der Kirche zu den nichtchristlichen Religionen ausdrücklich sich dagegen verwahrt, Juden als von Gott verworfen und verflucht hinzustellen, was eben früher durch die Kirche geschehen war. Die Kirche beklagt »mit Entschiedenheit alle Haßausbrüche und Verfolgungen, alle Manifestationen des Antisemitismus«, die sich gegen die Juden gerichtet haben.

Hier sind also unheilvolle Irrtümer korrigiert worden. Wir stehen am Ende unserer Untersuchung der Rolle des Irrtums in der Religionsgeschichte. Auch der Irrtum – das sollte gezeigt werden – gehört zum Erscheinungsbilde der Religion, da sie in ihrer konkreten Gestaltung menschlicher Irrtumsfähigkeit unterliegt; denn die geschichtlichen Erscheinungsformen der Religion sind menschlichen Ursprungs, wie diese Analyse der typischen Irrtumsformen beweist. Die Religionen stehen heute in einem Stadium der Neubesinnung auf das, was ihr eigentliches Leben ausmacht. Die hier nachgewiesenen Irrtumsmöglichkeiten zu erkennen und zu berücksichtigen, mag auch dem Läuterungsprozeß der Religionen dienen.

---

[39] Vgl. Barth, Karl: *Die Kirchliche Dogmatik II*, Zürich 1948 S. 310.

Nachwort

Genau 30 Jahre ist es her (März 1973), da bat mich Prof. Dr. Dr. h.c. Gustav Mensching, ein Vorwort zu der amerikanischen Übersetzung seiner Untersuchung ‚Der Irrtum in der Religion' zu schreiben. Ich bin diesem Wunsch gern nachgekommen. Die amerikanische Ausgabe ist – aus welchen Gründen auch immer – leider nie erschienen, mein Vorwort seit vielen Jahren nicht mehr auffindbar. Daß ich für die vorliegende Neuausgabe nun ein Nachwort beisteuern soll, versetzt mich in eine zugegebenermaßen heitere Stimmung.

Re-lecture nach drei Jahrzehnten. Damals war ich der Meinung, daß der ‚Irrtum' nicht in die erste Reihe der Werke meines Lehrers gehörte. Viele Jahre habe ich diese Untersuchung auch nicht beachtet. Als Hamid Reza Yousefi an mich mit der Bitte um ein Nachwort herantrat, habe ich zunächst gezögert. Seit dem ursprünglichen Erscheinen dieses Buches hat sich das Gesicht der Religionswissenschaft erheblich verändert. Kann man nach 31 Jahren ein Werk wie den ‚Irrtum' überhaupt wieder neu herausgeben? Haben sich inzwischen nicht Forschungslage, theoretisch-methodischer Ansatz geändert?

Als Mensching 1978 starb, endete zugleich die Ära einer hermeneutisch ausgerichteten ‚Religionswissenschaft des Verstehens'. Mensching hatte sie neben Gerardus van der Leeuw, Friedrich Heiler, Kurt Goldammer, Mircea Eliade u.a. mitkreiert. Mensching gilt selbst denen, die ihn kaum gründlich gelesen haben können, als Repräsentant eines veralteten religionswissenschaftlichen Designs. Heutige Religionswissenschaft versteht sich als humanwissenschaftliche Disziplin. Als ihren Gegenstand betrachtet sie die empirischen Religionen. Merkmale dieser Art von Religionswissenschaft sind: Rationalität, Exaktheit, intersubjektive Überprüfbarkeit, ‚methodischer Atheismus', Deskription und – zumindest theoretisch – Verzicht auf Wahrheits- und Werturteile.

Im Laufe meiner langjährigen Beschäftigung mit Menschings Arbeiten, seine theologischen Frühwerke eingeschlossen, ist mir klar geworden, daß Menschings Untersuchungen durchweg einem *praktischen Wissenschaftskonzept* verpflichtet sind. Wenn sich Mensching auch, aristotelisch gesprochen, durchaus mit den ‚von sich aus vorliegenden Dingen' beschäftigte und eine Reihe bemerkenswerter phänomenologischer Untersuchungen vorlegte, so nehmen viele seiner Arbeiten letztlich Gegenstände des menschlichen Handels ins Visier, untersuchen, mit Aristoteles gesprochen, die ‚menschlichen Angelegenheiten'. Je länger ich mich mit dem Werk Menschings auseinandersetze, desto weniger zögere ich, Menschings Anliegen als das einer *Praktischen Religionswissenschaft* zu charakterisieren. Sicher, nicht alle seine Werke lassen sich ohne Friktionen mit diesem Etikett versehen, aber eben doch sehr viele und entscheidende.

Eine gewisse Widersprüchlichkeit bleibt bestehen: Mensching betonte immer wieder, daß die Religionswissenschaft verstehend, deskriptiv, analytisch ausgerichtet zu sein habe, keineswegs aber Urteile fällen dürfe oder Orientierung vermitteln wolle. *Normative* Handlungstheorien seien nicht aus religionswissenschaftlichen Prämissen ableitbar. Solchen Gedanken entgegen steht jedoch sein jahrzehntelanger Einsatz für Toleranz – ein Thema, das sich wie ein roter Faden durch Menschings Lebenswerk zieht.

Mensching war einer der Bahnbrecher für religiöse und interkulturelle Toleranz im 20. Jahrhundert. Sein in zahlreiche europäische und außereuropäische Sprachen übersetzter Toleranzklassiker ‚Toleranz und Wahrheit in der Religion' (1955/1966/1996) will nicht nur als akademischer Beitrag im Sinne einer l'art pour l'art verstanden sein. Die Schrift ist ein Plädoyer für ‚inhaltliche Toleranz'. Diese aber ist erst möglich auf der Grundlage eines grundsätzlichen Offenseins für die spirituellen und ethischen Werte fremder Völker und Religionen. Diese auf die ganz frühen wissenschaftlichen Tage (seit Anfang der 1920er Jahre) Menschings zurückgehende Haltung mußte Mensching zeit seines Lebens immer wieder kämpferisch verteidigen. Sein Einsatz für Völkerversöhnung und friedvoll-dialogische Begegnung der Religionen wird in seinem Einsatz für die ‚Gesellschaft zur Gründung einer Welt-Universität' deutlich, die sich 1960 konstituierte. Nobelpreisträger und Gelehrte von Weltruf waren damals von der Idee einer Welt-Universität als Mittelpunkt der Völkerverständigung beseelt[1], um einen neuen, erdumspannenden Humanismus zu begründen.

In seiner Ansprache zur Eröffnung des Inauguralkurses hob Mensching die Inter- und Transdisziplinarität der an ihr vertretenen Fächer hervor: »Die Welt-Universität soll weltumspannend und weltbestimmend werden. Weltumspannend soll sie in doppeltem Sinne sein: Hinsichtlich der Beteiligung aller Völker einerseits und hinsichtlich der Problematik und der Forschungsaufgaben andererseits. [...] Gegenstand der Forschung sollen nicht Spezialfragen einzelner Disziplinen sein, sondern Probleme, an deren Lösung oder doch Förderung die Welt interessiert ist. [...] Um solche Ziele anzustreben, bedarf es besonderer Persönlichkeiten als Lehrende und Lernende, akademische Lehrer und erprobte Praktiker aus allen Ländern sollen berufen werden, die nicht nur in ihren Fächern Wertvolles leisten, sondern sowohl den Blick über die Grenzen ihres Faches hinaus auf große Synthesen zu richten gewillt und fähig sind, sondern auch gesinnungsmäßig sich verpflichtet fühlen, für eine verständnisvolle und friedliche Zusammenarbeit aller, die guten Willens sind, zu wirken.«[2]

Die Aufgaben der Religionswissenschaft beschrieb Mensching – Gedanken u.a. eines Ninian Smart vorwegnehmend – so: »Hier an der Welt-Universität wäre in einmaliger Weise die Möglichkeit gegeben, nicht nur aus den Textquellen der Religionen, sondern durch lebendige Anschauung im täglichen Umgang mit Anhängern der verschiedenen Religionen und durch das sachliche Gespräch jenes Erkennen der letzten Einheit und ein Verstehen der verschiedenen Religionen, ihrer Anhänger und damit der von diesen Religionen vorzugsweise bestimmten Völker zu führen. Wenn also das erklärte Ziel der Weltuniversität darin bestehen soll, den Frieden der Welt durch

---

[1] Vgl. Stefan Moses, *Für die Bruderschaft des Geistes*. In: Revue, Nr. 32, vom 6. August 1960, 8 f.
[2] Zitiert aus dem Bericht der monatlich erscheinenden Illustrierten ‚Das Schönste' (September 1960), S. 26 f., hier S.26.

Der Irrtum in der Religion
Eine Einführung in die Phänomenologie des Irrtums

eine Mobilisierung der Seelen und Geister zu gründen und zu sichern, dann dürfte [...] ein Studium der vergleichenden Religionswissenschaft geeignet sein, die Vertreter der verschiedenen Religionen auf der Basis erkannter letzter Einheit einerseits und des Rechtes der religiösen Eigenart anderseits zu echter inhaltlicher Toleranz zu führen [...].«[3]

Mensching betrieb keine Religionswissenschaft im Elfenbeinturm. Dies macht ihn modern, läßt ihn zu einem Vordenker der *Praktischen Religionswissenschaft* werden,[4] die Lösungsangebote für Gegenwartsprobleme bereitstellen könnte. Mensching schrieb nicht nur eine komparatistische Ethik (,Gut und Böse im Glauben der Völker', 1941, 2. Aufl. 1950), sondern griff immer wieder auch in aktuelle Diskussionen ein, zum Beispiel in den Streit um Bekenntnisschule und konfessionellen Religionsunterricht.

Das relativ späte Werk ,Der Irrtum in der Religion' ist – entgegen dem Bekunden des Autors – weit mehr als eine Phänomenologie bzw. Typologie des Irrtums. So wie Toleranz und Offenheit gegenüber dem Fremden bei Mensching mit einer aufklärerischen Grundeinstellung gepaart waren, ist auch dieses Werk von einem aufklärerisch-religionskritischen Impetus im Allgemeinen und einer kirchenkritischen Einstellung im Besonderen getragen. Mensching beschreibt im letzten Satz seiner Untersuchung fast schon en passant das wichtige Anliegen dieser Schrift: »Die hier nachgewiesenen Irrtumsmöglichkeiten zu erkennen und zu *berücksichtigen* (U.T.), mag auch dem *Läuterungsprozeß* (U.T.) der Religionen dienen.«[5] Das klingt ein wenig resignativ. Mensching wirft den Religionen gleichsam den Ball hin, den diese nur noch aufzunehmen brauchen. Aber aufgrund jahrzehntelanger Forschung mußte Mensching klar geworden sein, daß sein aufklärerisches Anliegen, sein Einsatz

---

[3] *Wesen und Bedeutung der Religionswissenschaft an der Welt-Universität.* Referat gehalten am 7.12.1957 bei der Arbeitstagung in Stuttgart (Paper hrsg. v. Internationale Vereinigung zur Gründung einer Welt-Universität).

[4] Vgl. Udo Tworuschka, *Angewandte Religionswissenschaft.* In: BThZ (=Berliner Theologische Zeitschrift) Heft 1/2002, S. 5-24.

[5] Vgl. vorliegendes Werk, S. 218.

für eine frei verantwortete, am ‚primären' Anliegen jeder Religion ausgerichtete Religion, angesichts kirchlich-theologischer Engführungen auf wenig Gegenliebe stieß.

Es gibt für Mensching gute oder schlechte Religion: Religion, die befreit oder versklavt (fundamentalistische ‚Gehäusefrommigkeit'), die dem Menschen Erkenntnisse vermittelt oder die ihn dumm hält bzw. macht. Die zehn großen Abschnitte des Buches lesen sich wie ein Dekalog gegen die schier unausrottbare Tendenz zur (religiösen) Verdummung der Menschen. Die Religionswissenschaft ist u. a. dazu da, die Gläubigen der diversen Religionen über ihre eigenen Traditionen ‚aufzuklären', sie selbstreflexiver zu machen, naive Selbstgewißheiten zu erschüttern, also immer wieder auch Mythen und Legenden zu zerstören, die einem zeitgemäßen Verständnis der Religionen entgegen stehen.

Karl Hoheisel, Schüler Menschings in Bonn, hat vor Jahren Menschings Ansatz, ohne dies unmittelbar zu beabsichtigen, treffend zusammengefaßt: »Da das Bild, das sich eine Religion von ihrem eigenen Werden macht, nicht immer mit der geschichtlichen Wirklichkeit übereinstimmt, ist Religionswissenschaft unweigerlich stets Religionskritik. Sie darf sich nicht damit begnügen zu beschreiben, zu klassifizieren und innere Gründe aufzuspüren, sondern muß die gefundenen Ergebnisse im Lichte gültiger Maßstäbe beurteilen, ‚Lob und Tadel' aussprechen.«[6] Um Bilderstürmerei geht es dabei nicht, sondern immer um Läuterung, damit das ‚eigentliche', ‚primäre' Anliegen der Religion(en) zum Ausdruck gelangen kann. Darüber hinaus hat die Religionswissenschaft die Aufgabe, gegenseitige Vorurteile wenn schon nicht abzubauen, so doch bewußt zu machen.

Ich lese den Text von 1969 durch die Brille einer Praktischen Religionswissenschaft –, die in einer von vielfältigen, (auch) religiös begründeten Konflikten, gar vom ‚Clash of civilizati-

---

[6] Karl Hoheisel, *Rückwirkungen abendländischer Religionsforschung auf neuere Entwicklung in den Weltreligionen.* In: Gunther Stephenson (Hg.), Der Religionswandel unserer Zeit im Spiegel der Religionswissenschaft, Darmstadt 1976, S. 262-275, hier S. 274.

Der Irrtum in der Religion
Eine Einführung in die Phänomenologie des Irrtums

ons' bedrohten Welt, mithelfen kann, nach pazifierenden, konflikthemmenden, humanisierenden Impulsen, die aus den religiösen Traditionen stammen, Ausschau zu halten.[7] Die Wertvorstellungen der verschiedenen Gesellschaften sind nur zu verstehen und zu beurteilen durch einen Rückblick auf ihre ideengeschichtliche Wurzeln und deren Entwicklungen. Diese Wertvorstellungen knüpfen an philosophische Welt- und Sinnklärung ebenso wie an die Sinnstiftungen durch die Religionstraditionen. Sie haben die Geschichte der Menschheit geprägt und wirken – wie auch immer modifiziert – bis in unsere Gegenwart hinein.

Auch wenn Mensching in seiner Einleitung zum ‚Irrtum' unterstreicht, daß »Glaubensentscheidungen und Glaubensüberzeugungen, deren Wahrheit oder Irrtum nicht Gegenstand einer ihrer Grenzen bewußten Religionswissenschaft sein können«, so sehr hat er seine Religionswissenschaft auf die Folgen innerhalb der ‚menschlichen Angelegenheiten' focussiert und durchaus nicht mit Lob und Tadel gespart.

Prof. Dr. Udo Tworuschka
Friedrich-Schiller-Universität Jena
Theologische Fakultät
Lehrstuhl für Religionswissenschaft
Im März 2003

---

[7] Vgl. die Arbeiten Richard Friedlis, u. a. im Rahmen der von Udo Tworuschka/Forschungsstelle Gustav Mensching mit Archiv an der FSU Jena herausgegebenen neuen Schriftenreihe ‚Gustav-Mensching-Vorlesungen für religiöse Toleranz' (Nr. 1: *Toleranz und Intoleranz als Thema der Religionswissenschaft*. Zur Aktualität des Begriffs ‚Lebensmitte' nach Gustav Mensching für die Konfliktforschung), Frankfurt/Main 2003.

Herausgeber und Autoren

Klaus Fischer, Jahrgang 1949, ist Professor und Inhaber des Lehrstuhls für Philosophie und Wissenschaftstheorie an der Universität Trier. Neben der Wissenssoziologie ist er auf Natur- und Neurophilosophie spezialisiert.

Udo Tworuschka, Jahrgang 1949, ist Professor und Inhaber des Lehrstuhls für Religionswissenschaft an der Friedrich-Schiller-Universität Jena.

Hamid Reza Yousefi, Jahrgang 1967, ist Doktorand der Philosophie an der Universität Trier und arbeitet zur Zeit an ‚phänomenologische Toleranzkonzeption Gustav Menschings und interkultureller Dialog'.

Namensverzeichnis

Aaron 67
Abaelard, Pierre 211
Abraham 58, 59, 60, 67, 129
Absalom 128
Abū Bakr 72
Adam 134, 169
Agnes 173
Akiba 183
Albertus Magnus 172, 194, 203
Alexander IV. 193
Amadeo IV. 214
Aminas 78
Amos 182
Andrae, Tor 133
Andreas 185
Aphrodite 170
Apion 172
Aristophanes 158, 159
Aristoteles 103, 220
Arius 72
Arnobius 56
Augustinus, Aurelius 57, 173, 192
Bächtold-Stäubli, Hans 82, 91, 102, 177
Barge, Hermann 70
Barjesus 109
Barth, Karl 218
Bautz, Traugott 39
Beer, Georg 58
Benedict XII. 203
Bernhard von Clairvaux 174

Bertholet, Alfred 125, 168, 169, 171, 174, 175
Bileam 77
Binsfeld 205
Bismarck 101
Blasius 98, 104, 173
Bloy, Léon 218
Bonaparte, Napoleon 184
Braun, Ina 8, 12, 14, 19, 20, 22, 24, 28, 39
Braun, Joseph 47
Brutus 69
Buddha 78, 79, 112, 113, 128, 132, 134, 182
Caesar 69, 103
Caligula 211
Cassius 69
Catilina 72
Christian, William 152
Christophorus 173
Chrysostomus 192
Claudius 211
Clemen, Carl 165
Clemens IV. 193
Comte, Auguste 163
Constant 212
Cornelius 215
Cortez, Hernando 187
Damascenus, Johannes 61, 69
Dandolo, Andrea 61, 110
Daniel 187
Dante Alighieri 69, 110
David 128, 140, 141, 142, 152

Namensverzeichnis

Del Rio 84
Delrio 205, 207
Dilthey, Wilhelm 16
Diodor 103
Dunaan 183
Dunkel, Dieter 113, 114
Eckhart, Meister 48
Eliade, Mircea 219
Elias 175
Emerick, Katharina 86
Erler, Adalbert 197, 199
Esra 67
Esther 211
Eulogius von Cordoba 61
Euripides 77
Fauset, Arthur Huff 152
Firmicus Maternus 56
Fischer, Klaus 8, 12, 24, 39, 225
Forke, Alfred 157
Franz von Assisi 86
Friedli, Richard 15, 24, 28, 29, 224
Friedrich I. 117
Friedrich II. 104, 193
Fürsteners, Aenneke 207
Galling, Kurt 86, 87, 94, 117, 162, 197
Gandhi, Mahatma 13
Gantke, Wolfgang 17
Ghazāli, Abū Hamid Mohammad ibn Mohammad 29, 35
Gmelin, Hermann 110
Goethe, Johann Wolfgang 75, 131, 169
Goldammer, Kurt 219
Görgens, René A. 39

Grabner-Haider, Anton 34
Gregor IX. 193, 203
Gregorius 129
Grunebaum, Gustave E. 139
Haman 211
Hansen, Joseph 193
Harnack, Adolf von 147, 213, 214, 215, 216
Hegel, Georg Wilhelm Friedrich 16
Heiler, Friedrich 17, 219
Heim, Karl 112
Henoch 111
Heraklit 66
Herodes 142
Herzberg, Hans Wilhelm 162
Hesekiel 46, 108
Hieronymus 145
Hildebert von Lavardin 61, 110
Hildesheimer, Wolfgang 115
Hiob 161
Hoch, Dorothee 81
Hoensbroech, Paul von 193, 194
Höfer, Josef 93
Hoffmann-Kraver, E. 82, 91, 102, 177
Hoheisel, Karl 15, 223
Holsten, Walter 70
Homer 102, 103
Hosea 142
Hubertus 174
Huei, Nan-tse 156
Husserl, Edmund 16
Hutten, Kurt 186
Innozenz III. 195

Innozenz IV. 193, 194
Innozenz VIII. 204
Institoris, Heinrich 205
Isenkrahe, Caspar 82, 84
Jakob 127, 183, 204
Jakobus 49, 145, 185
James, King 152
Jaminet, Jérôme 39
Jan von Leiden 186
Jaspers, Karl 16
Jensen, Adolf Ellegard 98
Jeremia 108, 130, 143, 152
Jesaja 55, 85, 130, 140, 142, 144, 173, 175, 176, 182
Jesus 57, 58, 59, 60, 61, 67, 68, 73, 79, 80, 99, 102, 116, 117, 118, 124, 125, 133, 134, 135, 140, 141, 142, 143, 144, 145, 146, 147, 148, 149, 150, 151, 159, 173, 182, 184, 185, 186, 187, 189, 191, 192, 197, 199, 200, 201, 202, 203, 206, 207, 208, 209, 210, 216, 217, 218
Johannes 49, 79, 102, 118, 145, 150, 174, 185, 209
Johannes der Täufer 73, 129, 173
Johannes von Damaskus 110
Johannes von Nikiu 69
Johannes XXII. 203
Johannes XXIII. 218
Joseph 127, 141, 142
Joses 145
Josua 128
Judas 101, 143, 145
Justinian 212
Justus, Jonas 72

Kant, Immanuel 13, 16, 21, 35, 92
Kirste, Reinhard 13
Kleist, Edwald von 83
Klopas 145
Köhler, Manfred 70, 71, 72
König, Franz 210
Konstantin 56, 117, 191
Kriß, Rudolf 115
Kritias 119
Kümmel, Werner Georg 117
Lactantius 191
Lähnemann, Johannes 22
Lea, Henry Charles 192
Lechler, Elisabeth 86
Leibniz, Gottfried Wilhelm 16
Lessing, Theodor 13
Lukas 78, 141, 144, 146, 147, 186, 201
Luther, Martin 48, 60, 61, 70, 94, 124, 146, 148, 186, 205, 214
Mall, Ram Adhar 15, 29
Mamertus 173
Mani 107
Maria 59, 67, 68, 82, 128, 141, 142, 144, 145, 146, 175, 195, 206, 207
Markus 145, 147, 184, 185
Marr, Wilhelm 211
Martin von Tours 192
Matthäus 140, 141, 142, 143, 144, 146, 147, 148, 174, 180, 184, 190
Matthys, Jan 111
Maximus 192
Medea 77

229

Melanchthon 70, 71, 72, 73, 205
Mellin, Georg Samuel Albert 93
Mensching, Günther 39
Mensching, Gustav 7, 8, 11, 12, 13, 14, 15, 16, 17, 18, 19, 20, 21, 22, 23, 24, 25, 26, 27, 28, 30, 31, 32, 33, 34, 35, 36, 37, 38, 39, 41, 43, 63, 78, 79, 96, 153, 165, 217, 219, 220, 221, 222, 223, 224, 225
Messias 57, 58, 59, 60, 182, 183, 184, 186, 217, 218
Michelangelo Bounarrōti 23, 176
Mirbt, Carl 48
Miriam 67
Mohammad 59, 61, 62, 67, 68, 69, 70, 71, 72, 73, 78, 80, 109, 110, 118, 119, 129, 133, 165, 180
Mohr, Richard 93
Montezuma 187
Moorman, John Richard Humpidge 116
Moses 23, 67, 68, 73, 76, 126, 127, 175, 176, 183, 196, 208, 216
Moses von Kreta 183
Müller, William 187
Nagarjuna 113
Nayler, James 186
Nero 72
Neumann, Therese 86
Noah 67
Origenes 113
Otto III. 117

Otto, Rudolf 8, 13, 17, 19, 73, 138
Ovidius Naso, Publius 111
Paulus 50, 116, 124, 134, 140, 149, 199, 216
Petrus 49, 146, 147, 185, 189, 215
Petrus Waldes 195
Petry, Sandra 39
Pharao 72
Philipp, Wolfgang 86
Philo 172
Pio von Pietilicina 86
Platon 116, 119
Poimandres 50
Pontius Pilatus 216
Priscillian 192
Rachel, Max 193
Rachmaninow 101
Radhakrishnan, Sarvepalli 62, 73
Rahner, Karl 93
Rāmānuja 138
Reifenberg, Friedrich von 202
Richter, Theodor 7
Riezler, Sigmund von 203
Röhlich, Lutz 94
Rösch, Erich 111
Rosenkranz, Gerhard 112
Sacharja 143
Sara 72
Scheler, Max 16
Schleyer, Franz 81, 85, 86, 87
Schneider, Carl 124, 125
Schneider, P. A. 84
Schwarzenau, Paul 13
Scotus, Michael 104

Namensverzeichnis

Seel, Otto 159
Sergius 71
Shankara 111, 137, 138
Shaw, George Bernard 115
Silvester I. 117
Simon 145, 183
Simon ben Kosiba 183
Simon, Gottfried 62, 69
Smart, Ninian 221
Smiths, Wilfred Cantwell 22
Söderblom, Nathan 17
Spee, Friedrich von 210
Sprenger, Jakob 204, 205
Stefan, Moses 221
Stephensohn, Gunther 223
Tagore, Rabindranath 13
Tatians 147
Tertullian, Quintus Septimius Florens 55
Theodosius I. 191
Thomas von Aquin 194, 203, 209
Thomasius, Christian 210
Timotheus 116
Titus 116
Titus, Flavius Vespasianus 61
Tröger, Karl-Wolfgang 19
Tworuschka, Udo 8, 12, 13, 15, 22, 24, 26, 39, 222, 224, 225
Urban IV. 193
Valla, Laurentius 117
Valot, Thérèse 81
Van der Leeuw, Gerardus 17, 166, 167, 219
Vespasian, Titus Flavius 60
Voltaire, Arouet, François Marie 62, 110
Vossberg, Herbert 70
Wagner, Richard 176
Wallis, Wolson Dallam 183, 186, 188
Walpurga 84, 86
Weitbrecht, Hans Jörg 87
Wieck, Heinz 192
Wolff, Christian 16
Xerxes 211
Yousefi, Hamid Reza 8, 12, 14, 19, 20, 22, 24, 28, 39, 219, 225
Zarathustra 165, 180
Zilleßen, Dietrich 22